FINANCIAL THINKING

YUSUKE ASAKURA

ファイナンス思考

日本企業を蝕む病と、再生の戦略論

朝倉祐介

ダイヤモンド社

はじめに

日本になぜアマゾンは生まれないのか

日本からアマゾンのように大きくスケール（成長）する企業が輩出されないのはなぜか。なぜバブル崩壊以降、先進的な技術や優秀で勤勉な人材を抱えているはずの日本企業が、総じて停滞してしまっているのか。

どうすれば、日本から真に社会的インパクトを発揮する企業や新産業を創出することができるのか。

こうした問題意識を出発点に執筆したのが本書です。

日本経済の低迷が叫ばれて久しく、過去20年以上にわたり、低成長がもはや定常化した状態が続いています。「失われた10年」というフレーズがいつの間にか「失われた20年」にすり替えられ、今となっては「失われた30年」に改称されようとしています。近年では「スタートアップ」と呼ばれる新興企業群への資金流入が進み、にわかに盛り上がりを見せてはいるものの、その進展はアメリカや中国といった他国と比べると遅々としたものがあり、いまだに大きなブレークスルーには至っていません。

こうした現状の背後に、少子高齢化と人口減少による生産・消費の停滞といった社会構造の変化が大きな影響を及ぼしているということは、広く共有されている理解でしょう。ですが、こと、ビジネスの当事者や仕事の現場に目を向けると、「ファイナンス思考」の有無が、企業・経済の成長を大きく左右しているように思われてなりません。

「PL脳」という病

今、多くの日本企業を病魔が蝕《むしば》んでいます。「PL脳」という病です。

「PL脳」とは、目先の売上や利益を最大化することを目的視する、短絡的な思考態度のことです。

「売上や利益を引き上げることこそが経営の目的」という主張は、一見するとそれらしく思える考え方かもしれません。ですが、目先の損益計算書（ＰＬ）の数値の改善に汲々《きゅうきゅう》としすぎるあまり、大きな構想を描きリスクをとって投資するという積極的な姿勢を欠き、結果として成長に向けた道筋を描くことができていないのが、現在の日本企業ではないでしょうか。

こうした考え方が、経営者や投資家、従業員やメディアといった、会社を取り巻く多くの人々の脳裏に深く根づいているために、多くの日本企業は思い切った一手を打つことができず、内向き志向で縮小均衡型の衰退サイクルに入ってしまっていると私は考えています。

「ＰＬ脳」に基づく経営は、高度経済成長期には一定の合理性をもっていました。直線的な成長を続け、将来のビジネス環境についての予測可能性の高い経済環境下では、昨年よりもよい業績を作るために改善を続ける「ＰＬ脳」が、十分有効に機能したのです。

ところが、社会が成熟化し、かつてのような直線的成長が望めない社会や、技術革新のスピードがかつてなく速く、既存のビジネスが急速に陳腐化しかねない不確実な事業環境においては、より意志をもった主体的な経営の舵取りが求められます。

「ＰＬ脳」では、21世紀の事業環境を御することはできないのです。

ファイナンス思考とは？

高度経済成長期の勝ちパターンである「ＰＬ脳」の呪縛《じゅばく》を解き、バブル以降の停滞状況を抜け出すためには、時代の変化に即した新たな考え方、パラダイムを理解することが必要です。そして、成熟化した不確実な時代を切り拓くパラダイムとして、本書で提起するのが「ファイナンス思考」です。

ファイナンスとは、会社の価値を最大化するために、外部からの調達や事業を通じてお金を確保し、そのお金を事業への投資や資金提供者への還元に分配し、これらの経緯の合理性をステークホルダーに説明する一連の活動のことです。

本書で述べる**「ファイナンス思考」とは、こうしたファイナンスを扱う土台となる考え方**です。「会社の企業価値を最大化するために、長期的な目線に立って事業や財務に関する戦略を総合的に組み立てる考え方」のことであり、より広く解釈すれば、**「会社の戦略の組み立て方」**ともいえます。

「ファイナンス思考」は単に会社が目先でより多くのお金を得ようとするための考え方ではなく、**将来に稼ぐと期待できるお金の総額を最大化しようとする発想**です。この点で、ファイナンス思考は、**価値志向**であり、**長期志向**、**未来志向**です。

現在、世界を牽引するグーグル（Google。社名はアルファベット）、アップル（Apple）、フェイスブック（Facebook）、アマゾン（Amazon）という米国のＩＴ４社のことを、その頭文字を取って〝ＧＡＦＡ〟と呼びます。〝ＧＡＦＡ〟に象徴される、スケールする急成長企業を本気で日本から生み出そうと考えると、「ＰＬ脳」の発想では到底実現できません。そうであるにもかかわらず、大企業ばかりか、新進気鋭の新興企業までもが、前時代的な古いパラダイムに即した経営に終始していることに、私は忸怩《じくじ》たる思いを抱えています。

未来の社会を支える新たな産業を創出するためには、モノづくりの精緻さや技術の磨き込みだけではままなりません。ビジネスに対する考え方のＯＳを根本的に入れ替え、「ＰＬ脳」から「ファイナンス思考」にアップデートすることで、「21世紀型の日本的経営」を再構築することが必要だと考えるのです。

個人にとって武器となる「ファイナンス思考」

「日本から新たな産業を創出する」などと聞くと、どこか遠い世界の出来事に聞こえてしまうかもしれません。ですが、「ファイナンス思考」は、日本の企業で働くビジネスパーソンにとって必須の基礎教養です。まずもって、日本企業が「ファイナンス思考」に基づいて機能するためには、そこで働く人々の理解が不可欠だからです。今後、私たちを取り巻く世の中はますます複雑になります。**将来の見通しが困難な環境において、「ファイナンス思考」は答えのない時代を生き抜く武器**になるでしょう。

また同時に、ファイナンス的なモノの考え方は、会社経営や経済活動のルールそのものでもあります。オセロや将棋と同様に、日々の会社の活動についても根本のルールを知らないことには、何が正しいのか、何が起こっているのかを理解できるはずがありません。従業員として言われた指示を場当たり的にこなしているのでは、オセロや将棋の「駒」になってしまいます。ファイナンスの考え方について知ることは、自分たちが取り組む目の前の仕事が会社全体の活動とどのように紐《ひも》づいているのかを理解することにつながります。それは、現代における経済の枠組みのダイナミズムを理解することにも通じるでしょう。

そして投資家にとっては、ファイナンスについて理解を深めることが、事業の本質を見抜き、真に成長する企業を特定するセンスを培うことにつながります。ＰＬ上の業績数値は、極めて理解しやすい指標です。それだけに、ともすると個人投資家は、こうした指標の増減に依存して、投資先の会社の良し悪しを測ってしまいがちです。しかし、指標の裏側に込められた意思を理解することによって、無機質な数字の羅列であった業績数値がより立体的に浮かび上がり、会社の本質的な成長に関する見立てがしやすくなるはずです。

また私としては特に、これからの日本社会を支える若い世代の方々にこそ、食わず嫌いをせずに「ファイナンス思考」を身につけていただくことを願っています。「ＰＬ脳」に基づく経営は、長期的な成長に向けた投資よりも目先の業績指標の増加を優先するという点で、会社の未来の価値を毀損し、将来の利益を先食いする手法だからです。

長期的な価値の向上が後回しにされ、将来の利益が減ることで悪い影響を受けるのは、現在の若い世代です。そうした若い世代こそが「ファイナンス思考」を身につけ、理論武装することによって、会社の価値を毀損するような活動に異議を唱えなければなりません。いまだに高度経済成長期の成功体験に固執する老人たちに、私たちの未来を委ねるわけにはいかないのです。

幸いにして、**「ファイナンス思考」を理解するために複雑な数学の知識などは必要ありませんし、コツをつかむこと自体はそれほど難しくありません。**単に、知っているか知らないかの違いにすぎません。ですが、こうした理解の有無が、後々には大きな違いを生むのです。

ＰＬ脳にとらわれかけたミクシィ時代

正直に白状すると、かく申す私もかつてはＰＬ脳にとらわれかけていたひとりです。

前職であるミクシィの代表に就任した２０１３年のことです。6月25日の株主総会をもって正式に代表取締役に就任し、５日後の６月30日には第１四半期が終わりましたが、ここでミクシィは、上場以来初の赤字に転落しています。

当時のミクシィは業績も株価も一貫して悪化傾向にあり、苦境を脱する糸口をつかめない状況が続いていました。社内外ともに経営状況の見通しについて悲観的なムードが漂っていた時期です。赤字転落することは以前から予見されていたことですし、そうした環境でも腹をくくって会社の再生に取り組んでいくことが大前提だったとはいえ、それでも、実際に目の前の業績が悪化し続け、下げ止まる見込みが立たない状況は辛く、暗澹《あんたん》たる日々でした。そうした状況が醸し出す空気感が、気持ちに大きな負担となってのしかかったものです。

経営者であれば、業績の悪化を避けたいのは当然です。ましてや監査法人から「事業継続に重要な疑義」や「継続企業の前提に関する注記」を付しかねない旨をちらつかせられると、心が折れそうになるものです。そうした状況下であれば、たとえ頭では本質ではないことを理解していたとしても、易《やす》きに流れ、本書中で解説するような「ＰＬを作る」手法の誘惑に心惑わされてしまうのが人情というものでしょう。

なんとかそうした局面でも踏みとどまり、目先の業績や株価は脇において、ファンダメンタルな価値創出に骨太に取り組んできたつもりでいますが、常に足元ではダークサイドへの誘惑の落とし穴が大きな口を開けていました。

同じ赤字でも、新たな事業の開発に紐づいて生じる赤字と、成熟した事業で生じる赤字とでは、意味合いが180度異なります。往々にして、前者は産みの苦しみで生じる健全な出血であるのに対し、後者は失血死に至りかねない構造的な赤字であるものです。新たな事業に投資しないことには、将来の収益は望めぬ一方で、会社全体が沈みゆく中で積極的な投資を実行するのには、相応の覚悟と胆力を要します。リンクトイン（LinkedIn）の創業者であるリード・ホフマン氏は、「スタートアップとは、崖の上から飛び降りながら、飛行機を作るようなものだ」と述べていますが、**会社の再生とは、浸水して沈みゆく船を操舵しながら、新しい船を作るような芸当**なのです。

ミクシィ在任時に私が意識していたのは、いかにして沈みゆく既存事業の受け皿となり、それに代わる新たな事業を築いていくかということです。いわば、「ノアの方舟」を作るような心持ちで、日々の意思決定を下していました。既存事業では止血のために予算を抑制する一方で、新たな事業への投資を断行しなくてはいけません。これは、あたかもブレーキとアクセルを同時に踏むような行為です。こうした局面で、特に既存事業サイドの現場において大きな軋轢《あつれき》が生じることは想像に難くないでしょう。

ここで再成長に向けた戦略を貫けないと、貯め込んだキャッシュを温存するために新規投資を抑制するなど、縮小均衡に向かって突き進んでしまいます。目先のコスト増は防げるかもしれませんが、それでは問題を先送りしているに過ぎません。そうした立ち居振る舞いは社会から要請されている会社の機能ではありませんし、そうこうしているうちに再浮上の機会を逸し、ズブズブと深みにはまってしまうのです。

たとえ反発を買おうとも、ファイナンス思考に基づき、直感とは異なる施策をやりきらなくてはならない局面というものが、会社にはあります。会社は現状を維持するための装置ではないのです。

本書の特徴と伝えたいこと

一般的には、ファイナンスの理論は、主に投資家にとっての最適な投資行動について考えるための「投資理論」と、投資家からの出資を受けた会社が、最適な資金調達や投資を行うための「企業金融理論（コーポレート・ファイナンス）」の2つに大別されます。両者は投資家（会社に投資をして、リターンを得る立場）と企業（投資家からの資金を受けて、リターンを返す立場）という、立場の異なるプレーヤーからの視点で会社の活動をとらえるものであり、表裏一体の関係にあります。本書で述べる「ファイナンス」とは、後者の「コーポレート・ファイナンス」を指します。主に会社側の立ち位置からファイナンス的なモノの見方を提示するのが、本書の特徴です。

また本書の目的は、ファイナンスの「理論」や「知識」を事細かく解説することではありません。**ファイナンスを扱う土台となる「思考」を紐解《ひもと》くことに力点**を置いています。財務の担当者でもない一般のビジネスパーソンにとっては、詳細なテクニックよりも、実務に反映し得る考え方こそが重要であると思うからです。

この点で本書は、**ファイナンスにまったく縁のなかった初心者、一定のファイナンス知識を有する中級者の双方にとって、意味のある内容**となることを心がけています。本文の内容自体は最低限のファイナンスの予備知識を有していることを前提に書かれていますが、初心者の方は、巻末の特別付録「会計とファイナンスの基礎とポイント」を先にお読みいただくことで、理解を進められるでしょう。

また、ややもすると曖昧で多義的な「ファイナンス」という言葉を、本書では以下の4点に分類し、構造化して定義づけています。

会社の企業価値を最大化するために、

A　事業に必要なお金を外部から最適なバランスと条件で調達し、**（外部からの資金調達）**

B　既存の事業・資産から最大限にお金を創出し、**（資金の創出）**

C　築いた資産（お金を含む）を事業構築のための新規投資や株主・債権者への還元に最

適に分配し、（資産の最適配分）

D　その経緯の合理性と意思をステークホルダーに説明する（ステークホルダー・コミュニケーション）

という一連の活動

金融業界のプロフェッショナルの方々やアカデミックな観点からすれば、単純化しすぎた乱暴な整理に思われるかもしれません。しかしながら、**ファイナンスの初心者・中級者が、「ファイナンス思考」のエッセンスをつかむうえでは、この水準の整理が必要十分**であり、これ以上の情報量はノイズになると思います。

よりファイナンスの知識、理論について理解を深めたい読者の方には、本書中でご紹介する関連書にあたっていただければ幸いです。

最後に、私の自己紹介をさせてください。

私自身は大学でファイナンスを専門に学んではいませんし、金融機関などでの勤務経験をもつ人間でもありません。

零細スタートアップの経営者として、また上場企業の経営者として、ファイナンスにまつわる考え方がいかに会社経営にとって重要であるかを、身をもって体験した実務家です。

私は競馬の騎手候補生と競走馬育成牧場の調教助手という、少々風変わりな職歴を経て東京大学に入学し、卒業後はマッキンゼー・アンド・カンパニーの経営コンサルタントとしてキャリアを再スタートしました。その後、大学時代に友人たちと設立したスタートアップに復帰し、代表としてその会社をミクシィに売却した経緯で、同社の経営再建にも携わりました。その際の体験は前述したとおりです。

またその後、スタンフォード大学の客員研究員として研究するかたわら、仲間たちと立ち上げたTokyo Founders Fundでのベンチャー投資を通じて、特に北米のスタートアップがリスクマネーを獲得し、ダイナミックに成長していく様子を観察する機会にも恵まれました。こうした経験の中で得たエッセンスを、本書を通じてお届けできればと考えています。

本書の執筆にあたっては、私とともにシニフィアン株式会社を設立した村上誠典、小林賢治、両名とのディスカッションを重ね、2人の知見をおおいに反映しています。

村上は東京大学大学院在学中に超小型衛星開発プロジェクトに従事。その後、宇宙科学研究所（現ＪＡＸＡ）で惑星探査機「はやぶさ」や「イカロス」の研究に従事した後、ゴールドマン・サックスの投資銀行部門で14年間にわたって、グローバル市場での金融サービスを提供してきたプロフェッショナルです。また小林は、経営コンサルティング・ファームであるコーポレイトディレクション（ＣＤＩ）を経て、ディー・エヌ・エーで事業側と管理側を含めた幅広い業務に従事し、執行役員、取締役として経営企画やＩＲにも取り組んできた人物です。

バックグラウンドが異なる３人ですが、それぞれの実務経験を通じ、「『ファイナンス思考』こそが日本企業が活力を取り戻し、大きく羽ばたくうえで必須である」という課題意識を共有しています。

本書が読者のみなさんにとって「ファイナンス思考」を体得し、世の中の企業の活動を理解するための一助となれば、私にとってこれ以上の喜びはありません。

ファイナンス思考　目次

第2章 ファイナンス思考なくして日本からアマゾンは生まれない

第3章 ファイナンス思考を活かした経営

事例：アマゾン、リクルート、JT、関西ペイント、コニカミノルタ、日立製作所

第4章 PL脳に侵された会社の症例と末路

第5章 なぜPL脳に陥ってしまうのか

特別付録　これだけは押さえておきたい！

会計とファイナンスの基礎とポイント

第1章

PL脳に侵された日本の会社とビジネスパーソン

日本に巣食う「ＰＬ脳」とは何か

みなさんは、こんなフレーズを耳にしたことはないでしょうか。


「増収増益を果たすことこそが社長の使命である」

「業績をよくするために売上を増やそう。けれども利益は減らすな」

「今期は減益になりそうだから、マーケティングコストを削ろう」

「うちは無借金だから健全経営です」

「黒字だから問題ない」


こうした発言には、次のような見方や考え方が抜け落ちています。

・会社の価値を向上させるために、先行投資をするという視点
・自分たちがどのような資産をもっているのかという自覚
・その資産を有効に活用して成果を得ようとする発想

　近年では入門書の充実などもあって、会計の基礎的な知識についてはビジネスパーソンの間でも理解が深まってきたようです。知識量に個人差こそあれ、ビジネスにおける会計の重要性を否定する人はいないでしょう。

　その一方で、ファイナンス的な物事の見方や思考法については、重要性を十分に認識されていないように思われます。もしも冒頭のようなフレーズが自分の周囲に溢れているとしたら、それはその組織が「ＰＬ脳」に陥っている証かもしれません。


「ＰＬ脳」とは、「売上高や利益といった損益計算書（以下、「PL」。図表1参照）**上の指標を、目先で最大化することを目的視する思考態度」**のことです。

　四半期、あるいは1年という期間で会社がどれだけのお金を稼いだのかを示すＰＬの数字は、誰にとっても直感的にわかりやすいという利点があります。同じ会社の前期の業績と比較して、売上高や利益の増減から会社の成長度合いを測ったり、同業他社の数値と照らし合わせてその会社の稼ぐ力を比較したりするために、しばしばＰＬは活用されています。また、社内の管理指標や事業部単位での目標数値としても、多くの会社が売上高や利益といった損益計算書上の数値を活用しています。

　一方で、**損益計算書の内容はあくまで、過去の一定期間における業績の「結果」**を示して

図表1　損益計算書

	売上高
−	売上原価
	売上総利益（粗利）
−	販売費および一般管理費（販管費）
	営業利益
±	営業外損益
	経常利益
±	特別損益
	税引前利益
−	税金
	当期利益（純損益）

いるにすぎません。一定期間の売上高や利益といった損益計算書上の数値を最大化しようとする取り組みは、必ずしも会社の長期的な成長につながるとは限りません。

たとえば会社の製品開発を強化するための研究開発投資や、商品の宣伝や企業ブランドの浸透にかけるマーケティング投資を抑えると、短期的には利益を底上げできます。しかし、長期的な競争力向上に必要な投資を手控えることで、場合によっては会社の根源的な価値を損なう事態につながりかねません。

基本的な会計に関する知識は広がってきた一方で、このようなPL指標の最大化を優先する考え方が日本の経済界に根深く浸透しているために、多くの日本企業が思い切った一手を打てず、縮小均衡の衰退サイクルに入ってしまっている、と私は考えています。

ＰＬ脳に代わって身につけたい発想法

日本企業は世界に誇るべき技術力や優秀な人材を抱えているにもかかわらず、そうした潜在能力を十分に発揮できているとはいえません。「失われた10年」というフレーズはいつの間にか「失われた20年」にすり替えられ、今となっては「失われた30年」に至ろうとしています。

その背景には、社会の成熟化や人口減少に加えて、「ＰＬ脳」が日本のビジネスパーソンに深く根づいた結果、「国民総ＰＬ脳」とでも呼ぶべき状況に陥っていることが一因なのではないでしょうか。かつては製品クオリティや価格競争力で圧倒していたはずのアメリカ企業や、成長著しい中国企業の後塵を我々が拝するに至った背景には、「ＰＬ脳」に基づく内向きで縮小均衡型の企業体質が多分に影響しているように思えてなりません。

バブル以降の日本を取り巻く停滞状況と負のサイクルを抜け出すために、私たちは「ＰＬ脳」の呪縛から脱する必要があります。そのためには、会社に関わるすべてのビジネスパーソンがＰＬ脳に代わる新たな発想法を身につけなくてはなりません。そのカギとなるのが、ファイナンス的な物の見方や考え方であると、私は思うのです。

本書では、**ファイナンス的な「物事の考え方」**のことを**「ファイナンス思考」と呼びます。**

多くの日本企業がはまり込んでいる「PL脳」に代わる概念として、「ファイナンス思考」が一体どのようなものであり、どのように日々の業務に活かされるのかについて理解を深めていただくのが本書の狙いです。

ファイナンス思考は、事業を通じて個々人が、社会により大きなインパクトを与えるために、また会社の成長に貢献するために、欠かすことのできない基本的な考え方です。会社のあらゆる活動に紐づいているという点で、ファイナンス思考が必要なのは、財務部門の担当者だけではありません。**会社の業務に取り組むあらゆる職種の方々が体得しておくべき思考法**です。また、会社が発表する戦略や実際の活動が、会社の価値の向上にどのようにつながるのかを理解するうえで、ファイナンス思考は会社の実務に携わる方だけでなく、投資家の方にとっても重要な基礎教養であるといえるでしょう。

財務責任者であれば、実務上の専門的なファイナンスの「知識」が求められますが、一般のビジネスパーソンにとっては、細かな「知識」は必ずしも必要ありません。それよりも大事なのは、その根本を支える考え方です。**「ファイナンス知識」がコンピューターのアプリケーションだとすれば、「ファイナンス思考」はそれを下支えする〝OS〟のような存在**といえます。

本章では、多くの日本企業に浸透している「PL脳」と、それに代わるべき「ファイナンス思考」について解説します。ただその前に、解説の前提として、そもそも我々が日常生活で接する「会社」とは一体どのような存在であるかを、改めて確認しておきましょう。会社の起源とその生い立ち、性質を理解することが、「ファイナンス思考」の重要性や意義を理解するうえで不可欠であるからです。

プロジェクト的な発想で生まれた「会社」

「会社は何のために存在しているのか？」と10人に問えば、おそらく10通りの答えが返ってくるのではないでしょうか。従業員やその家族、顧客、投資家といったステークホルダーごとの会社との関係の違い、立ち位置の違いによって、各々にとっての会社の存在意義もまた変わってくるはずです。

日本に初めて「会社」という概念をもち込んだのは、1万円札でおなじみの福澤諭吉であったといわれています。１８６６年、著書『西洋事情』の中で福澤は、近代的な会社の概念を次のように紹介しています。

「西洋の風俗にて大商売を為《な》すに、一商人の力に及ばざれば、五人或は十人、仲間を結てその事を共にす。之れを商人会社と名づく。」

ここで注目すべきは、会社というものが「大商売を為すために事を共にす」ることであると、説明されていることです。

アメリカの経営学者であるジェームス・アベグレンは『日本の経営』の中で、**終身雇用、年功序列、企業別労働組合の3点が日本的経営の特徴**であり、これらによって成り立つ擬制家族のような集団主義こそが、戦後日本経済の発展の源泉であると述べています。バブル経済崩壊後の失われた20年を経て、90年代後半の金融危機における山一證券や北海道拓殖銀行、日本長期信用銀行といった金融機関の経営破綻、カネボウやJAL（日本航空）といったかつての超優良企業の経営破綻を目のあたりにした今となっては、「日本的経営」をナイーヴに信奉するビジネスパーソンは、さすがに少数派なのではないでしょうか。

その一方で、就業者の9割近くが被雇用者であり、労働流動性が低く、大企業ではいまだに「終身雇用」が謳われている現代の日本において、会社のことを「事業を実現するためのひとつの手段・形式」である以上に、「永続的なコミュニティ」として人々が認識するのも無理からぬことではあります。そうした認識が根強いからこそ、我々は会社をあたかも実体をもった存在であるかのように感じてしまうのです。

ですが、『西洋事情』における会社の説明を読む限り、**初期的に想定されていた会社の姿とは、特定の目的をもち、期間限定で集結するプロジェクト的な側面が強かった**ことが見て取れます。なにもこれは日本に限った話ではありません。西洋においても、会社というのはその起源の時点で、プロジェクト的な発想から生み出されたものなのです。「会社」を「会社」として成り立たせているのは、そのプロジェクトを成し遂げようとする人々の意志であると言えるでしょう。

一転、上場会社が求められる「永続性」

世界最初の株式会社は、1602年に設立された連合東インド会社（オランダ東インド会社）だといわれています。同社はもともと、東南アジアにおける香辛料の取引を行うために設立された会社です。その仕組みは、活動に必要な出資金を外部から募り、10年間経った時点で交易から得た利益を出資者に配分して清算するというものでした。清算後は再び資本金を募って新しい会社を設立するといった方式が、約200年にもわたって継続されたそうです。株主が負う責任は出資額にとどめられる有限責任制を採用し、近代的な会社組織の原形となっていました。

東南アジアでの商業取引という目的に共鳴する資本家が集まって資本を投じ、一定期間の経過や航海の完了を契機に清算するありさまからは、株式会社の起源が多分にプロジェクト的性質を帯びた仕組みであったことがわかります。この点で、株式会社の起源であるオランダ東インド会社の性質に現代においてより近いのは、株式会社よりも、「ＡＩ」や「ロボティクス」のような事業カテゴリー、「ブラジル」や「南アフリカ」といった地域への投資に特化した、テーマ型投資ファンドなのかもしれません。

現代における上場企業の場合、自社の株式が資本市場で流通しているといった事情から、当初の株式会社とは少々異なる性質を帯びています。上場企業は、継続して運営を続けること（**ゴーイング・コンサーン**）を前提としています。ある日突然、運営を止めてしまうような会社であれば、投資家は安心して株式に投資することができません。会社は、当初の**プロジェクト的な目的に加えて、その存続、永続的な企業価値の向上を図っていかなければならない**のです。こうした異なる2つの条件の達成を志向していくことが、上場企業の舵取りの難しい点でもあります。会社の継続をおざなりにして、ミッションの達成をめざすだけではいけませんし、かといって、単に儲けを上げればよいというものでもありません。

この点で、「道徳を忘れた経済は、罪悪である。経済を忘れた道徳は、寝言である」という二宮尊徳の言葉は、21世紀における上場企業のあり方にもそのまま当てはまることでしょう。

会社は3つの市場に評価される

会社のプロジェクト的な性質と永続性について確認しましたが、経済学の観点からも、会社が社会で求められる役割について考えてみましょう。

会社を評価する3つの市場

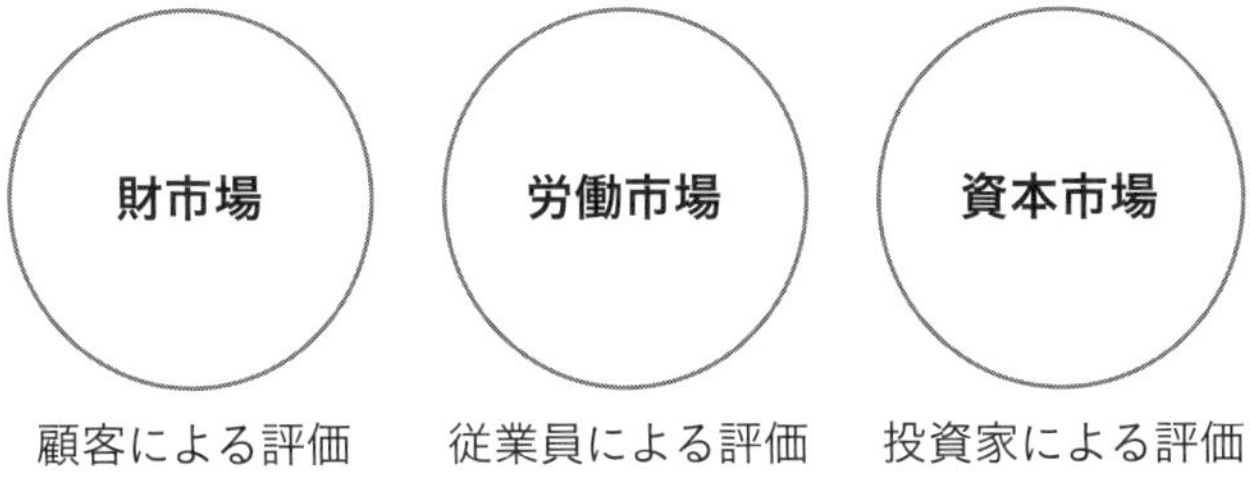

一般的に経済学では、会社（特に上場企業）は主に3つの市場の評価にさらされていると言われています。すなわち、**財市場、労働市場、資本市場**の3つです。

財市場での評価とは、会社が提供する商品やサービスを消費・利用する顧客の立場から見た場合の会社の評価です。もしもすぐに故障する不良品ばかりを販売する家電メーカーがあったならば、財市場におけるそのメーカーの評価は低くなります。悪い評判が立てば、誰もその会社が発売する新商品を買おうとは思いません。

労働市場における評価とは、会社で働く従業員の立場から見た会社の評価です。その会社がどれくらい理想的な職場環境を提供しているかが問われます。給与や福利厚生といった労働条件に関する評価から、社風や仕事のやりがいといったソフトな要素も含めて、労働者はさまざまな観点から働く環境としての会社の魅力を評価しています。より魅力的な環境であることが認知されれば、求人広告に多くの応募者が殺到し、会社は有為な人材を採用できます。逆にひどい職場だと思われると、社員は会社から離れていくでしょう。

資本市場とは、会社の株式や債券を売買する市場のことです。日本であれば、東京証券取引所などがそれにあたります。投資家は、投資銘柄としての魅力度合いから会社を評価し、日々、資本市場で売買します。上場企業であれば、自社の株式が市場で売買されることによって株価が決まり、会社の値段とでも呼ぶべき時価総額が定まります。会社の事業がより発展しそうな魅力的なものであれば、投資家はその会社の株式を好んで買い、株価が上がることでしょう。

ポイントは、**財市場、労働市場、資本市場における会社の評価の良し悪しが合致しない**ということです。顧客と従業員と株主といった立場の違いによって、会社に求める要素は当然異なります。したがって、**それぞれの人々にとっての「よい会社」の意味もまた、当然異なる**のです。

ひとたび会社の事業がうまく伸びず、悪い循環に入ってしまうと、顧客、従業員、株主にとっての望ましい会社の方針が食い違うこともあります。たとえば、従業員は安定的な雇用と待遇の向上を求めるのに対し、株主は従業員の削減を通じた財務体質の改善を求めるといった状況が生じかねません。ここまで極端な例ではなくても、顧客、従業員、株主にとっての「よい会社」は、極めて危ういバランスのうえで成立しているのです。

会社を取り巻く3つの市場という経済学的な切り口から考えてみると、経営者の重要な役目のひとつは、こうした悪いサイクルに入ることを防ぎつつ、会社の事業と組織を育て、適切にステークホルダーとコミュニケーションをとることによって、関係者の目線を同じ方向に向けることであると言えるでしょう。

ヒト・モノも「お金」で測られる

このように、**「よい会社」の条件や、会社の意味というものは、誰の視点からその会社を見るかによって異なる**ものです。一方で、会社の活動の核となるのがビジネス・商売といった経済活動であり、端的に言うと事業を通じたお金儲けであることを否定する人はいないでしょう。

先ほど、福澤諭吉による会社の説明を紹介しましたが、「大商売を為す」という行為のプロセスを平たく説明すると、ある事業を始めようと計画する起業家が、そのために必要な資金を投資家から集め、集めたお金で原材料や資産を買ったり人を雇ったりして商品やサービスを提供し、その対価としてお金を得て、そこから投資家に返すという一連の活動のことです。お金儲けが期待できない事業にお金を出す投資家はいません。投資家のお金がなければ、事業を行うことはできず、雇用は生まれませんし、消費者がよりよい商品やサービスを受ける機会もありません。

会社は世の中が求める製品やサービスを提供し、その対価としてお金を受け取ります。会社がより大きな問題を解決したり、ほかの会社には提供できない希少な製品・サービスを提供したりできれば、対価として受け取るお金は、より大きくなるでしょう。

「お金儲け」と聞くと、中にはよい印象をおもちにならない方もいるかもしれません。社会の規範を乱すような行為を通してお金を得ることや、お金を増やすことそのものを自己目的化する拝金主義的な考えと結びつけて「お金儲け」という言葉はとらえられがちですし、そうした考えに対する嫌悪感から、お金を儲ける行為そのものに抵抗感を覚える方も少なくないことでしょう。心情的には非常によく理解できることです。

ですが、経済学ではお金の役割のひとつとして「価値の尺度」が挙げられるように、お金とは、人や会社が世の中に何らかの価値を提供した見返りに受け取るものです。世の中に価値を提供するということは社会の発展に貢献することであると考えれば、**社会貢献とお金儲けは、必ずしも矛盾しない**ものです。

当然、お金を儲ける過程において、顧客を騙したり、製品やサービスを開発するプロセスで環境に著しい悪影響を及ぼしたり、不公正な取引が行われるといった、社会のルールを逸脱するような行為があってはなりません。しかし、そうでない限り、お金は会社が提供した価値の大きさを示す指標として機能している側面もあります。残念ながら、会社が世の中に提供する価値の大きさをそのまま数値化して測ることは、今のところできません。価値の代替指標として不完全ながらも目安になるのがお金なのです。「世の中に価値を提供した見返りとしてお金を受け取る」という順番を間違いさえしなければ、お金を儲けることは決して恥ずかしい行為ではありません。お金は、事業の成果を測る指標なのです。

また、古くから事業を営むには、**「ヒト」「モノ」「カネ」という3つの経営資源**が必要だといわれますが、「ヒト」にしても「モノ」にしても、「カネ」という指標に換算してとらえることができます。「ヒト」は労働者として賃金によって雇われますし、生産設備のような「モノ」は「カネ」を介して売買されます。会社が提供する価値の大きさを示す代替指標としてお金が機能するのと同様に、「ヒト」や「モノ」といった経営資源もまた、お金に翻訳して表現される対象なのです。

ここで、お金で表現される会社の側面について整理してみましょう。会社は**①事業の成果、②保有する経営資源、③会社の価値といった側面のいずれもがお金によって定量的に評価**されます。①「事業の成果」はPL（損益計算書）やキャッシュフロー計算書、②「保有する経営資源」はBS（貸借対照表）といった財務諸表によって示されます。

会社は「お金」で評価される

会社の評価軸	評価ツール
①事業の成果	①損益計算書（PL）
②保有する経営資源	②貸借対照表（BS）
③会社の価値	③ファイナンス

一方で、③「会社の価値」を解き明かそうとするのがファイナンスのアプローチです。巻末の特別付録「会計とファイナンスの基礎とポイント」にもある通り、会社そのものの価値もまた、「その会社が将来にわたってどれくらい多くのお金を稼ぎ出すことができるか」といった観点によって評価されるのです。

このように、お金というのは会社の活動を評価し、解釈するうえでの共通の指標として機能しています。世の中には、お金に換算して測ることのできない価値が多々あることも確かです。しかし、世の中の物事の価値を示す共通の指標がお金以外には存在しないのが現状です。たとえ不完全であろうとも、私たちはお金を軸に会社の活動を評価していかざるを得ません。

ファイナンス思考の特徴

①価値志向

②長期思考

③未来志向

会社の戦略の組み立て方を知る

本書でいう「ファイナンス思考」とは、端的に述べると「会社の企業価値を最大化するために、長期的な目線に立って事業や財務に関する戦略を総合的に組み立てる考え方」のことです。より広く解釈すれば、**「会社の戦略の組み立て方」**と呼んでも差し支えないでしょう。

経営資源である「ヒト」「モノ」「カネ」を有効に活用して、会社の価値を最大化すること。それがファイナンス的観点から会社に期待されている役割です。単に目先のお金だけではなく、将来に稼ぐと期待できるお金の額を最大化し、企業が稼ぐお金の現在価値を最大化しようとするのがファイナンスの発想なのです。この点で、**価値志向であり、長期志向、未来志向であるのがファイナンス思考の特徴**です。

将来に得るキャッシュフローを増やすためには、より大きな事業に取り組む必要があります。そして、より大きな事業に取り組むためには、設備投資や人材採用、マーケティングといった先行投資が必要になります。

こうした先行投資を積極的に進めていると、結果として、目先の会社の業績（PL上の売上高や利益）が一時的に悪化してしまうこともあります。先行投資として費やすものの中には、BS上に資産計上されるのではなく、PLに損失として計上されるものもあるからです。そうした出費は、本来であれば会社がより大きく成長するために必要な、健全な出血ととらえるべきでしょう。

米国のGAFA成功の裏には共通項がある

繰り返しになりますが、既存産業の成長が望めず、不確実性の高い社会の中で大きく成長する事業を創り出すためには、ファイナンス思考が必要不可欠です。

2018年現在、世界の時価総額ランキングの上位を占める**グーグル（社名はアルファベット）、アップル、フェイスブック、アマゾンのIT4社**（図表2）**は、その頭文字を取って〝GAFA〟**と呼ばれることがあります。こうした急成長するアメリカのIT企業の成功が語られる際、多くのケースでは、スティーブ・ジョブズやマーク・ザッカーバーグ氏といった創業者のカリスマ的な人物像や、彼らが展開するサービスの秀逸さといった側面に焦

図表2　GAFA＋マイクロソフトの時価総額推移

2010年1月1日～2018年4月6日

点が当てられます。

しかし、こうした会社の成功の裏には、成長に向けた大胆な意思決定とそれを実現する財務戦略という、ファイナンス思考に裏打ちされた活動があったことを、ビジネスパーソンである我々は見逃してはなりません。これ**ら4社に共通するのは、短期的にはPL上の数値にはネガティブな影響が出る意思決定をし、将来の成長に向けて果敢に大きな投資をしている**ことです。

アマゾンとフェイスブックを例に見てみましょう。

【赤字のまま成長を推し進めてきたアマゾン】

アマゾンが創業以来、多額の赤字を計上しながらビジネスを拡大し続けていることはよく知られた話です。本書でも詳しくは後述し

図表3　開示資料で「フリー・キャッシュフロー増加の重視」を明言

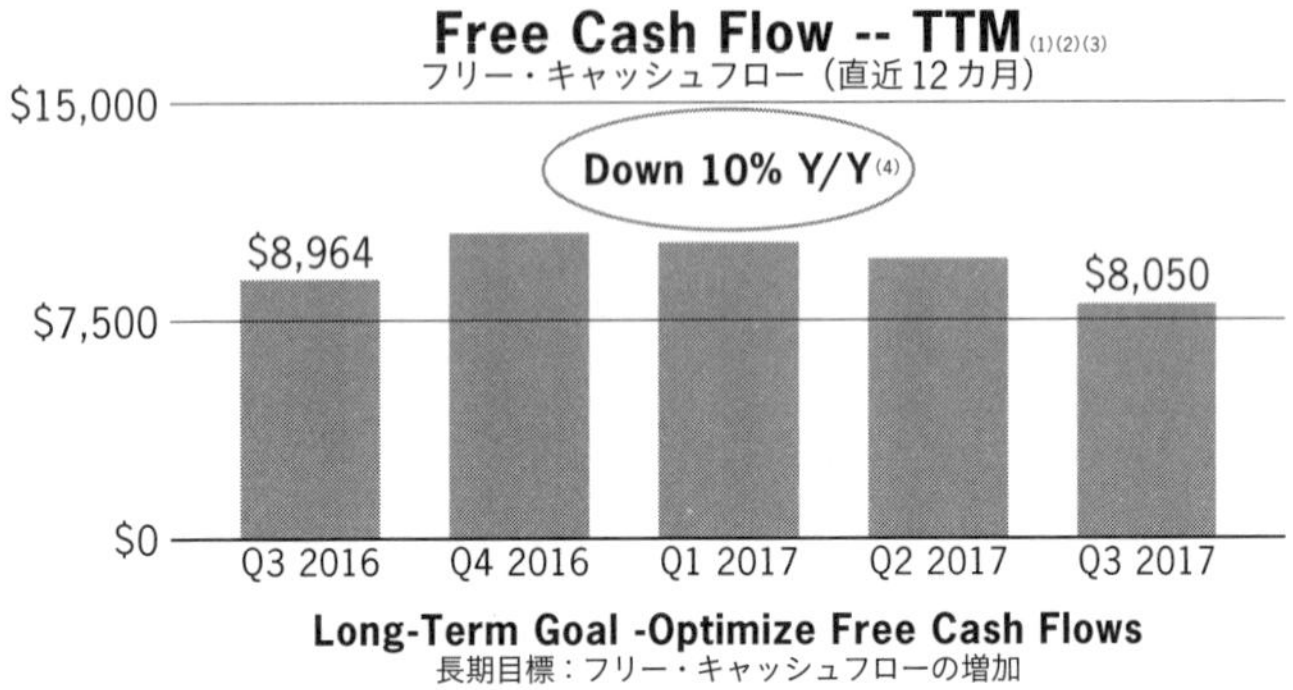

(1)Free cash flow is cash flow from operations reduced by "Purchases of property and equipment, including internal-use software and website development, net," which in included in cash flow from investing activities. See Appendix for a reconciliation of operating cash flow to free cash flow.
(2)Trailing twelve-month period.
(3)As a result of accounting guidance adopted in Q1 2017, we retrospectively adjusted our consolidated statements of cash flows to reclassify excess tax benefits from financing activities to operating activities.
(4)Operating cash flow grew 14% Y/Y.

ますが、同社の四半期開示資料の冒頭には毎回、フリー・キャッシュフローを最適化することが長期の目標である旨が明記されています（図表3）。

アマゾンの場合、大規模な先行投資を行うことによって、潜在的な競合に対する参入障壁を築き、長期的な競争力の向上や、継続的な収益（リカーリング・レベニュー）を実現するビジネスモデルを構築しようとするのが特徴です。

祖業であるEC事業のみならず、クラウドコンピューティングサービスであるAWS（アマゾンウェブサービス）では、グーグルやマイクロソフトといった競合が参入するのをためらうレベルの低価格で展開することにより、一気に市場シェアを高めました。近年ではスマートスピーカーであるアマゾン・エコーの開発にも、大規模な投資を続けています。また有料会員制プログラムであるアマゾン・プライムでも、動画コンテンツの開発に多額の資金をつぎ込んでおり、2018年の年初時点で、アメリカでの会員数は1億人に迫る勢いです。

なお、アマゾンの先行投資型の戦略は、世界中の投資家からの信頼に裏打ちされているからこそ成立しているという点は、意識しておく必要があります。ステークホルダーからの信頼を勝ち取るために、徹底したコミュニケーションが行われているのです。こうした取り組みなくして、安易に「アマゾンも赤字だから、うちも赤字でも平気です」と言ったところで、誰も耳を傾けてはくれないでしょう。

「サービス」のみならず会社としても進化するフェイスブック

フェイスブックもまた、将来の成長領域に向けた果敢な投資や、長期的視点に立った事業開発といったファイナンス思考をもつ会社の代表です。一般消費者向けのインターネット・サービスということもあって、どうしても「サービスとしてのフェイスブック」の利用体験や流行《はや》り廃《すた》りに目が向いてしまいがちではありますが、**「会社としてのフェイスブック」がどのような思想のもとで事業を展開しているのか**にも、注意を向けるべきでしょう。

サービス面では、フェイスブックは2010年、タイムラインの大幅な改変を行っています。当時はフェイスブック上にゲームを提供するジンガ（Zynga）などが一世を風靡しており、フェイスブック上のタイムラインも、ゲーム関連の投稿で埋め尽くされていました。「Making the World more open and Connected（世界をよりオープンにし、つなげる）」という当時のミッションを実現しにくい状況にあったのです。そこでフェイスブックはタイムラインの表示ロジックを見直し、ゲーム関連の投稿をあえて見えにくくしました。ゲーム提供会社の業績に大きな打撃を与えるタイムラインの改変でしたが、このことは、ゲーム提供会社の収益の一部を受け取るフェイスブックにとっても、目先の収益を悪化させる試みでした。ですが、たとえ業績に悪影響を及ぼすとしても、健全にコミュニティを発展させるための取り組みをしたからこそ、今のフェイスブックがあるといえます。

また、ビジネスモデルが完全に確立しきる前の段階で、スマートフォンでの利用体験向上に向けた開発を進めたことも、フェイスブックの思想を表す象徴的な意思決定です。当時のフェイスブックがPCを中心に利用されており、収益の多くがPC広告から得られていたことを思うと、スマートフォンを優先する開発への転換は、短期的にはカニバリズムを引き起こす（社内で競合する）方針ではありませんでした。ですが、こうした決断が功を奏し、結果として同社の売上のほとんどはモバイル広告が占めるまでに至っています。

このほか、2012年、社員わずか13人だったインスタグラム（Instagram）の10億ドル（当時の為替レートで約800億円）での買収や、2014年、218億ドルでのワッツアップ（WhatsApp）買収など、フェイスブックは自社サービスと部分的に競合する他社を積極的に買収しています。

会社やサービスの規模に対する買収額の大きさや、自前で事業を伸ばそうとする観点からは、不可解に思われた買収かもしれません。ですが、フェイスブックを含めた一般ユーザー向けのインターネット・サービスには、世の中の流行り廃りに流される水物《みずもの》的な側面がありますます。またタイミングが成否を左右する事業でもあり、投下する資本が大きければ勝てるとも限りません。

豊富な開発リソースをもつフェイスブックであれば、自社開発するという選択肢もあったはずです。しかし、規模はまだ小さくても、将来的に自社を脅かしかねないサービスをあえて買収することで、同社は潜在的な脅威を打ち消しただけでなく、こうしたサービスの成長をも取り込むことに成功したのです。もしもフェイスブックが自社で同様のサービスを展開していたらどのような結果になっていたのか、比較はできません。ただ、まだ小規模な会社に大規模な買収を仕掛け、大きなリターンを狙う試みは、ファイナンス思考なくしては決して湧くことのない発想でしょう。

フェイスブックを「サービス」としてだけでなく、「会社」としてとらえる必要があるのは、前者のみに着目していると、同社のダイナミックな成長の実態をつかみ損ねてしまうからです。このほかにも同社は、AR/VR（拡張現実/バーチャルリアリティ）領域や、AI（人工知能）の技術開発にも積極的に投資を進めています。

GAFAの共通点

ファイナンス思考の観点からGAFAの共通点を整理すると、以下の3点を挙げることができます。

・短期的なPLの毀損を厭《いと》わない
・市場の拡大や競争優位性の確保を重視し、極めて大規模な投資を行う
・投資の目線が長期的で未来志向である

各社とも、**主力事業だけでなく、複数事業による継続的な成長性が評価されたことで、結果として時価総額を大きく成長させることに成功**しました。アマゾンであればEC領域に加え、AWSというインターネットのインフラでも市場リーダーになりました。さらにアマゾン・プライムによって音声認識の市場を一気に押さえることを通じて、AIの主要プレーヤーとしての成長もめざしています。またフェイスブックの場合、一時はゲームのプラットフォームになりかけていたところ、長期的視座に立った事業開発や買収によって、人々の

オープン・クローズ両面のコミュニケーションを押さえる世界最大の事業者に成長できたのです。

これらはPL脳の発想では、到底なし得ることのできない意思決定です。こうした意思決定からは、サービスに対する強い信念とファイナンス思考がうかがえます。

1980年代、日本企業が技術力、収益力で圧倒したアメリカからは、IT革命を経て次々と急成長する新興企業が登場しました。その結果、かつては隆盛を誇った日本のハイテク企業も、現在では企業価値の面で米国新興企業の後塵を拝しています。**日米両国企業の命運を分けた背景には、低成長化／不確実化という時代の移り変わりと、ファイナンス思考の有無があった**のではないかと考えています。

成長を阻むＰＬ脳の弊害

米国ＧＡＦＡに代表されるような、会社の長期的な価値向上のための取り組みを阻む元凶こそが、「ＰＬ脳」です。本書では現代の日本企業と、そこで働くビジネスパーソンにとって不可欠なファイナンス思考についての解説を進めていきますが、その前に、ファイナンス思考についての理解をより深めるためにも、ＰＬ脳がもたらす弊害の数々を整理していきましょう。

会社の意思決定の中には、会社の価値向上ではなく、実は、目の前のPLを最大化することを目的とした近視眼的な内容が紛れていることが珍しくありません。会社の長期的な成長のために必要であるにもかかわらず、目先の業績が悪化することを嫌い、積極的な投資に躊躇してしまうケースや、逆に企業価値には貢献しないのにPL上の業績数値を水増しする施策に走ってしまうといったケースが少なくないのです。

経済誌をはじめとするメディアも、決算期にはしきりに四半期単位で「増収増益」、あるいは「減収減益」といった業績結果のみを見出しに掲げて会社について報じます。また、会社がステークホルダーに自社の取り組みを説明する際も、企業価値の向上について説明するより、業績が向上している結果のみを説明するほうが楽であるといった現実的な事情もあり、会社を巡る社内外におけるコミュニケーションの拠《よ》りどころがPLになっているという側面もあるのでしょう。

先述のとおり、PL脳とは基礎的な会計知識に基づきつつもファイナンスの観点に欠け、会社の長期的な成長よりも直近の業績の見栄えを優先し、「目先のPLを最大化することこそが経営の至上命題である」とする思考態度のことです。これは**規模の大小を問わず、老舗**

の大企業であれ成長著しいIT企業であれ、日本の多くの企業で陥りがちな発想です。またこうした思考態度は、なにも経営者ばかりでなく、会社で働く社員、投資家、そしてメディアもまた陥りがちな発想でもあります。だからこそ、メディアや会社が発信する情報の受け手は、見出しに引きずられることなく、会社の取り組みが長期的な価値向上にどう役立つのかを、注意深く観察する必要があるのです。

仮に、会社を取り巻く周囲の競争環境がほぼ変わることなく一定であるという条件が整っていれば、愚直に事業の改善に取り組み、業績を連続的に伸ばしていくことが、企業価値の向上につながることもあります。実際、後ほど解説するように、高度経済成長期においてはPL脳に即して会社経営を行うことが、日本企業のひとつの勝ちパターンでした。

しかしながら、事業の外部環境が急激に変化する状況下や、経済が一直線に成長しない時代においては、こうした手法は機能しません。近年ではグローバル化がますます進展し、急速なテクノロジーの発展と合わさって、既存の事業の陳腐化が急激に進んでいます。数年前には存在しなかった企業が、突然競合として出現することもあります。こうした時代においては、PL脳に基づいた経営判断によって企業価値が向上することは、まずもってないのです。

未来のキャッシュフローを生み出すための投資を阻むPL脳から各企業が脱しないことには、将来的に大きな価値を生み出し得る事業に対し、リスクを負って挑むことはできません。

少なくない数の日本企業がPL脳にとらわれている限り、マクロ的に見れば、日本から新たな産業が連続的に創出されることはないでしょう。「失われた20年」と表現される日本経済の不振とPL脳とは、決して無縁ではないのです。

なお、あらかじめお断りしておくと、**会社の状況を客観的に把握するためには、会計や財務諸表に関する知識が不可欠**です。PLを含めた財務諸表がなければ、会社の過去の成長や現状を理解することはできません。PLを見ることが悪いわけでは決してありません。

しかし同時に、PLはあくまで会社の状況を理解するための参考資料のひとつであり、目安にすぎないことを理解しておく必要があります。**会社経営において本質的に重要なことは、事業価値を向上すること**であり、財務諸表上の数値は、あくまでその過程を映し出す指標に過ぎません。PLは未来を語らないのです。この点を見過ごし、書面上に表れる数字をよりよく見せることが目的化した本末転倒の状態が「PL脳」に侵された会社に見られる症状です。

PLは「作れる」

「目先のPLを最大化する」ためには、一体どのような行動をとり得るのでしょうか。第4章でも詳述しますが、ここで簡単に整理してみましょう。

図表1（再掲）　損益計算書

	売上高
ー	売上原価
	売上総利益（粗利）
ー	販売費および一般管理費（販管費）
	営業利益
±	営業外損益
	経常利益
±	特別損益
	税引前利益
ー	税金
	当期利益（純損益）

ひとつには、会計上の制度の穴を突いて、ＰＬ上の売上高を大きくしたり、コストを小さく見せたりする方法が挙げられます。もしも会計制度を逸脱して売上高を過大に見せたり、損失を過小評価したりすると、これは「粉飾決算」になります。

一方で、**脱税と節税の境目がグレーゾーンであるのと同様に、決算内容の「粉飾」と「解釈」の間にもグレーゾーン**が存在します。明らかな粉飾決算は、会社として当然あってはならないことですが、ＰＬ脳の事例の多くは、こうしたグレーゾーンで発生しているのです。

以下に述べるように、決算期単位でＰＬを最大化する行動のことを、「ＰＬを作る」と呼びます。

売上を多く見せる

巻末の特別付録でも詳しく解説していますが、PLは売上高とコスト、その結果として残る各種の利益によって表現されます。PLの構造を分解すると、売上総利益（売上高－原価）、営業損益（売上総利益－販管費）、経常損益（営業利益±営業外損益）、税引前損益（経常利益±特別損益）、純損益（税引前利益－税金）の5段階の利益に分けることができます。問題は、売上高やこうした各階層の利益について、一定程度は人為的に調整できる点にあります。

会計制度の特質を端的に表した言葉に「**利益は意見。キャッシュは事実**」があります。会社に積み上がる現金の量についてはごまかすことができません。その一方で、売上高や利益といったPL上の数値は、会計上のルールや監査を通して、極力客観的な把握が試みられるものの、どうしても主観的な意図が混ざる余地があるのです。

たとえば売上高の場合、ある商品が顧客に売れたとして、どのタイミングで売上を計上するのかは、業種や会社によって判断が異なります。物販業などでは、商品・製品を店舗や倉庫から取引相手に出荷した時点で売上を計上することがあります（**出荷基準**）。一方で、精密機械のように試運転が必要な製品の場合、製品が正常に機能するかを確認したタイミングで売上を計上することもあります（**検収基準**）。このように、**売上高ひとつをとっても、業種や会社によって計上のタイミングが異なる**のです。

売上計上の時期に関する基準を悪用すると、自社のある期間の売上高を実態より大きく見せることもできます。たとえばメーカーや卸売業者などが年度末に売上目標を達成していない場合、小売店に対して発注よりもわざと多めの数量の商品を納品することがあります。出荷基準を採用している場合、商品を出荷した時点で売上が計上されるため、余分に納品した商品であっても、その販売額が売上として計上されるからです。そうして納品された商品が、実際に店頭で販売されることもありますが、不要な場合には後でそのまま返品されることになります。その結果、無駄な輸送等のコストが発生し、目先の売上を増大させるのと引き換えに不要な費用が発生するのです。

こうした不適切な販売手法のことを、「押し込み販売」と呼びます。売掛金の回収時期は、売上計上のタイミングよりも遅れるため、決算期中に会社に現金が入ってくるわけではありません。そのため、「押し込み販売」を行うと、ＰＬとキャッシュフロー計算書の間で乖離が生まれます。こうした行為は、決算期末に少しでも売上高を多く見せたい会社の常套手段です。

利益をかさ上げする

売上高のみならず、利益を左右するコスト面においても、主観的な判断が介在する余地が

図表4　研究開発費を費用と資産どちらで計上するか

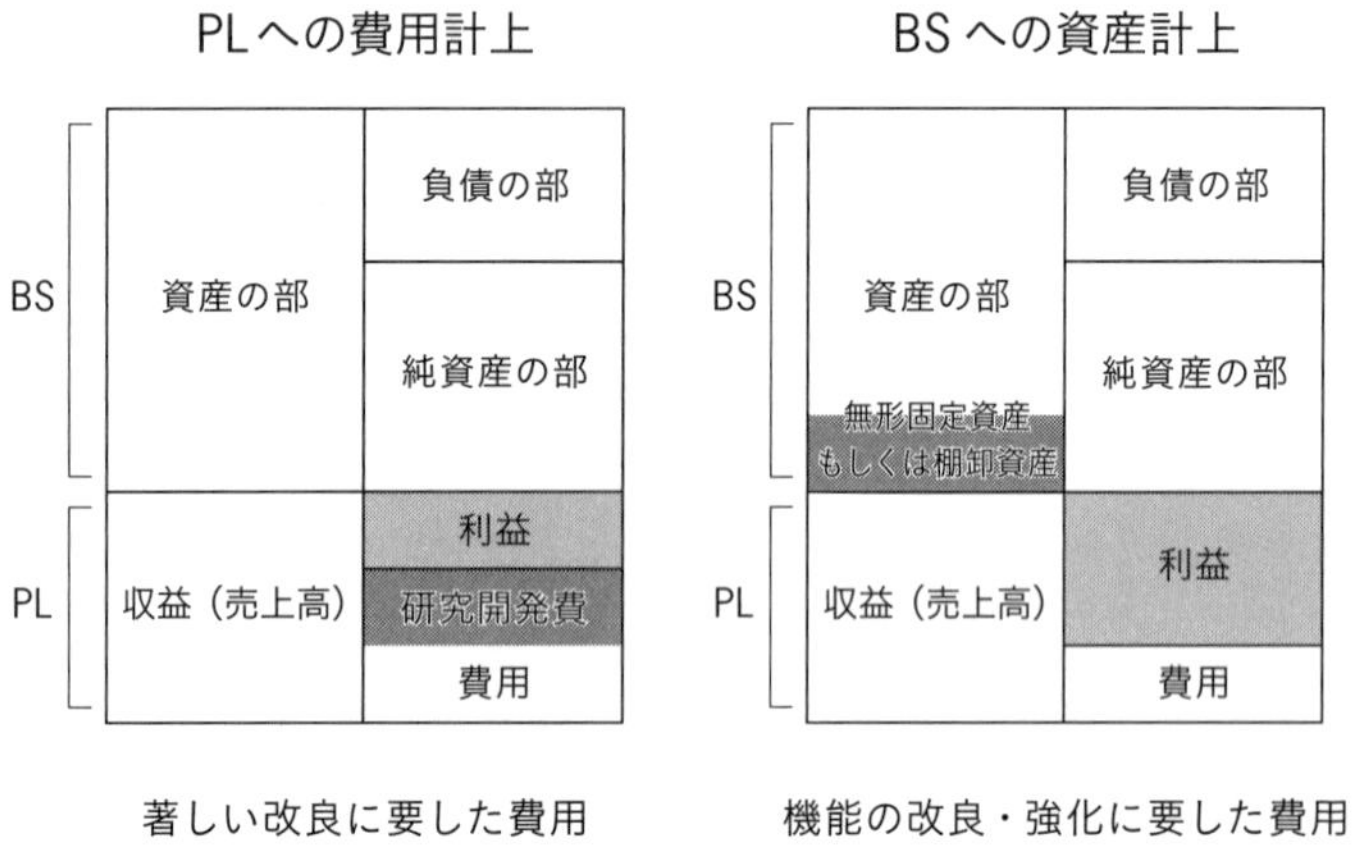

あります。たとえばソフトウェアを開発するメーカーの場合を考えてみましょう。

通常、ソフトウェアを開発するエンジニアの人件費はPLに計上されます。ソフトウェアは商品として販売可能であると見なされるまでに開発期間を要するため、その開発期間中に発生した人件費をはじめとする費用は、会計上はPLの原価の中に研究開発費として扱われるのです。

一方で、製品として販売できると認識される程度のプロトタイプが仕上がると、会計上は「研究開発の段階は完了した」と見なされます。するとそれ以降の人件費は、エンジニアの作業内容に応じてPLに費用計上されることもあれば、無形固定資産や棚卸資産として、BSに資産計上されることもあるのです。

ＰＬに費用計上される場合であれ、ＢＳに資産計上される場合であれ、どちらのケースでも人件費としてお金が支払われていることに変わりはありません。ですが、**人件費がＢＳに資産計上されると、目先のＰＬが減少することがなく、結果的に原価として費用計上されるケースと比べて、ＰＬの利益がより多くなる**のです（図表4。ＰＬとＢＳの関係については巻末の特別付録の297ページ参照）。

さて、ソフトウェア開発に関わる人件費が費用計上されるか資産計上されるかは、どのように判断されるのでしょうか。「研究開発費及びソフトウェアの会計処理に関する実務指針」によれば、「製品マスター又は購入したソフトウェアの**機能の改良・強化に要した費用**」であれば、無形固定資産としてＢＳに資産計上されるのに対し、「製品マスター又は購入したソフトウェアの**著しい改良に要した費用**」の場合は、研究開発費としてＰＬに費用計上することになっています。したがって、ソフトウェア開発における作業が、「機能の改良・強化」なのか、あるいは「著しい改良」なのかという、非常に微妙な評価、判断によってＰＬの利益が変わってしまうことになります。

各社の判断に委ねられるグレーゾーン

このほかにも会計上、会社のお金の出入りをどのように取り扱うか、主観的な判断が介在する場面は収益、費用の両面において多々あります。会計上の「ルール」はあるものの、事例に応じて個別に会計処理を判断しなければならない状況がどうしても残ってしまうからです。

仮に経営者が好き勝手に収益や費用の会計処理をコントロールできるとしたら、「株主や債権者に会社の正しい状況を伝える」という財務会計の目的や、「会社の課税所得を正確に把握する」という税務会計の目的は達成できません。このような事態を避けるために、会社の決算に際しては公認会計士、または監査法人が監査を行い、不適切な会計処理がないかを確認し、時には修正を指導することによって、なるべく客観的な会計が行われるように仕組みが整えられています。

一方で、監査を行う会計士や監査法人にしても、必ずしも監査対象である会社の実務に精通しているとは限りません。「機能の改良・強化」か「著しい改良」かといった**微妙な判断に際しては、会社側と協議を重ねて妥当な落としどころを探る**ことになります。したがって、PLやBSといった財務諸表上の数字には、どうしても多少、経営者の意図が反映されるのです。

反対に、**一切の判断が介在し得ないのが、キャッシュフロー計算書**です。キャッシュフロー計算書は実際のお金の出入りを取り扱い、PLやBSのように、発生時期や仕訳といった主観的な判断が混ざる余地がないため、ごまかしようがありません。こうしたPL・BS

PL脳の行動パターン

①黒字事業の売却をためらう
②時間的価値を加味しない
③資本コストを無視する
④事業特有の時間感覚を勘案しない
⑤事業特有のリスクを勘案しない

と、キャッシュフロー計算書の性質的な違いこそが、「利益は意見。キャッシュは事実」と言われる所以《ゆえん》なのです。

ＰＬ脳がもたらす本質的な問題

もちろん、会社の経営を行うにあたり、利益を上げることは非常に重要です。実際、「ＰＬは会社の通信簿」と言われることもあります。真摯《しんし》に企業経営に向き合う経営者であればあるほど、会社の業績を伸ばしたいと考えることでしょう。

しかし、目先の業績を伸ばす以上に、会社の長期的な成長を実現し、企業価値を向上するということは、ゴーイング・コンサーンを志向する会社においてはより本質的に重大なテーマです。ここに挙げたような手法を用いて、ＰＬを「作る」ことはできますが、一方、そんなことでは本質的な会社の価値を作ることはできません。**PLを作るために、会社の価値を毀損していては元も子もない**のです。

本来は会社の本質的な価値を向上させることこそが、経営者の使命であるはずです。そんな経営者が、もしもここで挙げたようなPLの見せ方に頭を奪われているのだとしたら、経営の責任を担う者としては、少々次元の低い状態であると言わざるを得ません。

さて、ここまでは会計制度の不備を突くという極端な例を出しつつ、「PLを作る」という言葉の意味について考えてきました。一方で、PL脳の問題について、**より踏み込んで考えるべきは、より事業の実態に近いところで起こる行動**です。たとえば、何よりも優先して売上を拡大するような意思決定をしたり、営業利益の拡大のために、長期的な成長のために本来は必要なコストを削ったり、最終利益を捻出するために資産を売却するといった行為です。

これ自体は、決算期単位の会計上の観点から見ると、何も問題のない経営判断ではあります。そして一見すると問題がないように思われるがゆえに、その不合理性に気づかぬまま、本質的に正しい意思決定を行っていると錯覚しがちであるという点において、会計上の不備をついた「PL作り」よりも、より深刻な問題であるといえます。

ＰＬ脳の行動パターン①　黒字事業の売却をためらう

ＰＬ脳だと実施できない経営判断の最たる例は、黒字事業の売却でしょう。事業売却を行えば、当然のことながら、売却先からその事業分の現金（厳密には株式交換のケースもありますが）を得ることができます。このことによって、ＰＬ上は事業譲渡益が特別利益に加算されます。

一方で、黒字事業を売却するということは、翌期からの売上高と利益が減少することを意味します。また社内外から「黒字の事業をなぜ売却するのか」といった反対の声が上がり、説明を求められるでしょう。２０１２年に日立製作所が黒字のＨＤＤ（ハードディスクドライブ）事業を売却したエピソードを後述しますが、ＰＬ脳にとらわれている限り、緊急に現金が必要でもなければ、黒字事業を売却するという発想自体が湧かないはずです。

ここで、ファイナンスの視点に立った際に、なぜ黒字事業の売却が必要なケースがあるのか考えてみましょう。カギとなるのは、「時間的価値」と「資本コスト」です。

ＰＬ脳の行動パターン②　時間的価値を加味しない

巻末の特別付録の解説にもある通り、お金には「時間的価値」があります。たとえ黒字事業であったとしても、それでよしとするのではなく、将来にわたってどの程度のキャッシュを生み出すのかという観点から、価値を測っていかなければなりません。

仮に、将来的に収益の減少が見込まれる事業であれば、経営者は当該事業の意義をどう解釈すべきでしょうか。放っておくと、事業の価値はどんどん目減りしていくことになりかねません。まったく追加のコストが発生せずに自立的に回る事業なのであればともかく、そんな都合のいい事業はなかなかありません。

そうであれば、なるべく事業の価値が高い旬のうちにこそ、当該事業を高く評価してくれる会社に売却したほうが、売却側・買収側の双方にとって、また働いている社員にとってもよいのではないでしょうか。将来的にコモディティ化することが目に見えている製品の事業などであれば、なるべく早いタイミングで売却し、ポートフォリオを整理するほうがよいという判断になるはずです。

PL脳の行動パターン③　資本コストを無視する

まず資本にはコストがかかります。資本コスト（債権者から調達した負債にかかる支払利息などの負債コストと、株主からの出資によって調達した資本に必要な株主資本コストの合算）を加重平均したWACC《ワック》（Weighted Average Cost of Capital：加重平均資本コスト）を、事業に対して投じたお金に対する利回りであるＲＯＩＣ《ロイック》（Return on Invested Capital：投下資本利益率）が上回らなければなりません。**ROICがWACCより低い事業とは、高い金利で借金をして、低い利回りの金融商品に投資をしている状態**であり、ファイナンスの観点から見れば、実質的には赤字の状態だからです（詳しく勉強したい方は、巻末の特別付録276ページ参照）。

たとえＰＬ上の利益が黒字であったとしても、ＲＯＩＣがＷＡＣＣを上回っていないとすれば、ステークホルダー（特に株主）に対して、期待したリターンを返せていないということになります。仮にこの低ＲＯＩＣの事業が、時間をかけることによって成長し、将来的により高いＲＯＩＣになることが期待できるのであれば、ＲＯＩＣからＷＡＣＣを差し引いたマイナス分は、「先行投資」と見なすことができるでしょう。しかし、そうした状況の改善が見込めないのであれば、経営者は早々にこうした事業を譲渡するなり清算するなりを決める責任があります。

事業の成長が望めないままに利益率がさらに低く落ち込んでしまうと、今度はその事業を維持するために、成長している他事業への投資が滞り、従業員に対しても十分に報いることができなくなってしまいます。また、そこまで利益率が下がってしまうと、以前であれば売れたであろう事業でも、売却が困難になってしまいます。

こうした事態はひとえに、資金の調達にお金がかかること、すなわち、資本コストの存在を経営者が理解していないがゆえに生じます。経営者に「WACC」や「ROIC」といった「資本コスト」に関する発想がなく、**事業は調達している資金コスト以上の収益性を実現しなければならない**という認識が欠如しているために、このような状況に陥ってしまうのです。

もちろん、事業を清算したり売却したりすることは言うは易《やす》しで、実際の売却プロセスにおける課題や現場の反発、その事業に携わる従業員の処遇などを考えると、簡単なことではありません。しかしながら、債権者や株主の大切な資金を預かって事業を運営している以上、経営者はWACCとROICの逆転状況を是正する責務を負っています。いくら難しいからといって、そうした状況の改善を図らないことには、経営者としての資質を問われても仕方がありません。

PL脳の行動パターン④　事業特有の時間感覚を勘案しない

一時的な損失を出すような投資ができないことも、PL脳の重大な問題です。事業にはそれぞれ、特有の時間感覚があります。事業の立ち上げにかかる初期費用も少なく、比較的短期間で立ち上がるウェブサービスのような事業もあれば、立ち上げ当初に大きな設備投資を要する事業や、収益の回収に時間のかかるストック型のビジネスもあります。

このように、事業にはそれぞれ特有の時間感覚があり、要するコストやリスクも異なります。にもかかわらず、会計上はすべての上場企業が、四半期単位での決算報告を求められています。1年で回収のメドが立つ足の早い事業もあれば、事業開始から収益化まで10年もかかるような重い事業もある中で、すべての事業が四半期や1年といった期間にはめこまれ、同じ長さの時間軸で比較されているのです。

立ち上げに時間を要する事業であれば先行投資もかさみ、赤字の期間が長くなるのは当然です。逆に、そうした性質の事業であるにもかかわらず、先行投資が十分にできなければ、うまく立ち上がるはずのものも立ち上がりません。ところが、そうした事業の時間軸を考慮せずに**経営者が目先の収益化を急いでしまうと、必要な投資が抑制され、結局事業が大きく成長する機会を取り逃す**ことになるのです。

たとえば、研究開発や広告宣伝、販売促進は、現状の商品の改良や新たな製品ラインの開発、自社商品やサービスの認知度、ならびにブランド力の強化のために、一定程度の資金投下が必要な投資的意味合いをもった資金用途のはずです。しかし、これらの資金使途は会計制度上、BSに資産計上されるのではなく、PLに費用として計上される出費であり、そのために目先のPLを悪化させます。したがって過度に**目の前のPLを改善しようとすると、こうした削減しやすいコストを削ることで、安易に利益を捻出しようというインセンティブが働いてしまう**のです。

これはまさに、ＰＬ作りを優先した結果、企業価値を毀損している状況といえます。先行投資型の事業であっても、株主をはじめとしたステークホルダーからは当然、収益化の見込みなどについての質問や指摘を受けるはずです。この点、なるべく早いタイミングで収益化できたほうが、こうした追及を免れるためには好都合でしょうし、説明も楽でしょう。しかしながら、それは企業価値を最大化するという経営者としての責務を放棄した行為であると言わざるをえません。

ＰＬ脳の行動パターン⑤　事業特有のリスクを勘案しない

ＰＬ脳にとらわれた状態で複数の事業を運営していると、それぞれの事業の売上規模や利益率に対して意識が傾きます。そうなると、異なる性質の事業であれ、利益の規模や利益率が同じであれば、同程度に重要であるといった発想に陥りかねません。

これもまた、ファイナンス的な発想から見れば誤った考え方です。事業には特有の時間感覚があるのと同時に、特有のリスクがあります。

将来に得るお金の「現在価値」を算出するためには金利（**リスクフリーレート**）と不確実性（**リスクプレミアム**）の度合いによって「割引率」を設定します（巻末の特別付録２８２ページ参照）。**事業に期待する収益性の高さは、本来的にはこのリスクの高低に応じて変わる**べきものです。たとえ同じ利益率であったとしても、リスクの高い事業であれば、より高いリターンを得られないことには、リスクに見合った回収ができていないということになりますし、リスクの低い事業であれば、期待以上の収益を上げている事業ということになります。

このように、リスクの高低によって事業の期待値は異なるものです。実際の収益性が期待値に即しているかどうかによって、その事業に対する評価はまるで違ったものになるはずです。PL脳の下では、そもそも事業単位でのリスクを把握しようとする発想は出てきません。**リスクの低い事業に対しては負債など、より低い資本コストで資金を調達し、リスクの高い事業に対してはエクイティ・ファイナンスのように、より高い資本コストで資金を調達する**というのが財務戦略の基本です。こうした観点がPL脳では看過されてしまうのです。

PL脳のままでは、自社が抱える事業構造に基づいて最適な資本戦略を立てることができません。また、事業ポートフォリオを状況に応じて、どう組み替え、最適化するかといった発想も湧いてこないのです。その結果、時代の変化に合わせて自社をアップデートすることができず、競争力を失ってしまうのです。

この点で、複数の事業を束ねる会社であればあるほど、PL脳によって被る被害はより大きくなります。ポートフォリオの広がりなど、**複雑性の増した会社にこそ、ファイナンス思考をもつことはより重要**な意味をもつのです。

本書がＰＬ脳を問題視するのは、それが本質的な企業価値の向上そのものではなく、表面的に見えるＰＬ上の数字を作ることを優先するような考え方だからです。以上に挙げたＰＬ脳の行動パターンが表面化した事例については、第４章で詳しく解説します。

第1章のまとめ

- ファイナンス思考は会社のあらゆる活動に紐づいている。財務部門の担当者だけでなく、すべてのビジネスパーソンが身につけておくべき考え方。
- 初期的に想定されていた会社像は、特定の目的をもち、期間限定で集結するプロジェクト的な側面が強かった。上場という仕組みが加わったことによって、企業の存続や永続的な企業価値の向上といった条件を満たす必要が出てくるようになった。
- 会社は、商品・サービスを消費・利用する顧客の立場（財市場）、働く従業員の立場（労働市場）、投資家の立場（資本市場）という3つの市場の評価にさらされている。三者の短期における利害は食い違うことがあり、長期的な目線を合わせるのが経営者の重要な役割。
- 会社の活動の核はビジネス。ある事業を始めようと計画する起業家が、必要な資金を投資家から集め、そのお金を投資して商品やサービスを開発して提供し、対価として得たお金を投資家に返すという一連の活動のことである。

▼会社は、①事業の成果、②保有する経営資源、③会社の価値といった側面をお金によって評価される。①事業の成果は損益計算書（PL）やキャッシュフロー計算書、②保有する経営資源は貸借対照表（BS）で示されるのに対し、③会社の価値を解き明かそうとするのがファイナンスのアプローチ。

▼ファイナンス思考とは、会社の価値を最大化するために、長期的な目線に立って事業や財務に関する戦略を総合的に組み立てる考え方。経営資源である「ヒト」「モノ」「カネ」を有効に活用して、会社の価値を最大化することが、ファイナンス的観点から会社に期待されている役割。

▼PL脳とは、基礎的な会計知識に基づきつつもファイナンスの観点に欠け、会社の長期的な成長よりも直近の業績の見栄えを優先し、「目先のPLを最大化することこそが経営の至上命題である」とする思考態度のこと。

▼会計制度の穴を突いて、売上高を多く見せたり、利益をかさ上げしたりすることで、PLは「作る」ことができる。

第2章

ファイナンス思考なくして日本からアマゾンは生まれない

「ファイナンス思考」とは何か

ＰＬ脳がはらむ問題を整理したところで、改めて、「ファイナンス思考」とは何か、なぜ今必要なのかについて、考えていきましょう。

冒頭でも述べたとおり、ファイナンス思考とは「会社の企業価値を最大化するために、長期的な目線に立って事業や財務に関する戦略を総合的に組み立てる考え方」のことです。より広く解釈すれば、「会社の戦略の組み立て方」ともいえるでしょう。

ここでは、「評価軸」、「時間軸」、そして「経営アプローチ」という３つの観点から、ファイナンス思考の特徴について見ていきます（図表５）。

ファイナンス思考の特徴①　評価軸

会社の目的や存在意義は、個々の会社によって異なりますが、**会社の活動の核となるのはビジネス・商売といった経済活動であり、事業を通じたお金儲け**です。会社は世の中が求める製品やサービスを提供し、その対価としてお金を受け取ります。価値そのものの大きさを定量化することはできませんが、その代替指標として、会社が価値を提供した見返りとして

図表5　ファイナンス思考とPL脳の特徴

	ファイナンス思考	PL 脳
評価軸	企業価値 （将来にわたって生み出すキャッシュフローの総量）	PL 上の数値 （売上、利益）
時間軸	長期、未来志向 自発的	四半期、年度など短期 他律的
経営アプローチ	戦略的 逆算型	管理的 調整的

受け取るお金を目安にすることはできます。

お金儲けという会社の直接的な目的から考えると、永続的な事業運営をめざす会社にとっては、より多くのお金を稼ぎ続けることが重要になります。「企業価値」とは、「その会社が将来にわたって生み出すと期待されるキャッシュフローの総額を現在価値に割り戻したもの」ですが、会社は将来にわたって稼ぎ出すキャッシュフローの最大化をめざしているのです（巻末の特別付録296ページ参照）。**ファイナンス思考では、会社の施策の意義を「その施策が将来にわたって生み出すキャッシュフローの最大化に貢献するのか」という観点から評価**します。

これに対してPL脳は、売上高や営業利益、純利益といったPL（損益計算書）上の数値を評価軸とします。企業価値の向上ではなく、その時々のPL数値を最大化することを経営の目的ととらえるのが、典型的なＰＬ脳の発想です。ＰＬ脳の下では、ＰＬ数値の引き上げに最適化した施策が評価されます。

もとより、会社の状況を客観的に把握するためには、会計の知識や財務諸表の基礎知識は必須です。ＰＬを含めた財務諸表なくして、会社の過去の成長や現状を理解することはできません。しかし、ＰＬのみに頼っていては、正しい経営の意思決定はできません。**企業価値を上げることができれば、必然的にＰＬ上の業績数値もよりよくなる**はずです。ところが、この点を見過ごし、会社の本質的な価値を上げるのではなく、ＰＬ上の数値そのものをよりよく見せようとする本末転倒の考え方が、ＰＬ脳の発想です。

ファイナンス思考の特徴②　時間軸

ＰＬは「四半期」や「年度」といった、区切られた一定期間における収益を示す財務諸表です。したがってＰＬ上の数値を評価軸とするＰＬ脳では、定められた短い期間における業績数値の最大化をめざします。会社が永続的に事業を運営する「ゴーイング・コンサーン」の観点から見れば、これは極めて短い時間感覚です。また、こうした会計期間は会計基準によってあらかじめ定められており、自分で設定したものではありません。この点で、**ＰＬ脳の時間軸は短期であり、なおかつ他律的**であることが特徴です。

これに対して**ファイナンス思考の時間軸は、長期であり自発的**であることが特徴です。ファイナンス思考は、会社が永続的な事業運営をめざすことを前提として、「将来にわたるキャッシュフローの最大化」を目的とする点で、その時間軸が長期的であり、また未来志向でもあります。

そして何より、事業の内容に応じて最適な時間の長さを自発的に設定するという点がファイナンス思考の特徴です。事業にはその事業特有の時間感覚があります。企画段階から早期に立ち上がり、早いタイミングで資金を回収できる事業もあれば、収益化にいたるまでの間、長期にわたって先行投資を必要とする事業もあります。こうした**事業ごとの時間感覚は、あらかじめ定められた会計期間とぴったりマッチするとは限りません**。目の前のPLを最大化しようとすると、事業が十分に成長しきる前の段階で回収を図ることになり、結果として事業の成長を妨げかねないのです。

ファイナンス思考では、事業の時間感覚に即した方法で資金を調達し、活用します。そのうえで、みずからの意思決定の正当性を、株主や債権者といったステークホルダーに説明するのです。たとえばアマゾンのように、マーケット開拓やシェア拡大に先行投資を必要とする事業、あるいは「火星への移民」という構想を掲げてロケットを開発するスペースXのように、商業化までに長い研究開発期間を要する事業の場合、所与の会計期間を前提とするPL脳のような時間軸で意思決定を進めていては、事業を完成させることは到底できません。

長期における会社の成長は、短期の業績の積み上げの結果ではありません。しかし、目の前の業績数値を最大化することに意識を集中しすぎると、大きな勝負を仕掛けることができず、結果として会社の長期成長を鈍らせてしまう点に注意を払わなければなりません。

ファイナンス思考の特徴③　経営アプローチ

評価軸や時間軸が違うため、ファイナンス思考とPL脳では、経営に対するアプローチが異なります。

PL脳では、あらかじめ定められた短い期間におけるPL数値の向上をめざします。確かに、こうしたPL数値を引き上げる取り組みは、会社が将来稼ぎ出すキャッシュフローをより大きくすることもあります。

ただ、目先のPL数値改善に向けたアクションの中には、結果として企業価値の向上と逆行するケースも少なくありません。たとえば長期的な成長に向けた大型の投資は、直近のPL上の利益を悪化させる場合があります。PL脳にとらわれていると、こうした成長投資は敬遠されかねません。将来のキャッシュフロー創出の可能性を潰してまで今のPL数値を改善しようとする「焼き畑農業」的なアプローチを採るのがPL脳のひとつの特徴です。

また、会社のPL数値を上げる方法は、事業の本質的な価値向上のみとは限りません。第1章で触れたように、会計制度の仕組みを利用し、事業の価値向上とはまったく関係ない取り組みによっても、PL数値をよく見せることはできます。これは何も、会計操作のように、明らかに不正な行為でなくても、見かけ上の利益を絞り出すために、**研究開発のように必要な投資を制限したり、費用の計上を先延ばしにしたりするといったテクニカルな調整は、多くの会社でよく見られる**行為です。今ある事業を発想の出発点として、その延長線上で財務数値や管理数値を細かく調整し、PL数値をよく見せようとする**PL脳のアプローチは、「管理的・調整的」**であるといえるでしょう。

それに対して**ファイナンス思考は、「戦略的」であり、「逆算型」**でダイナミックに事業に働きかける点が特徴です。ファイナンス思考は、「企業価値の最大化」といった大きな目的を見すえるものの、売上や利益といった目に見えるわかりやすい指標の最大化を目的とはしません。「企業価値の最大化」という抽象的な目的をより具体性のある目標に噛み砕き、何を成し遂げるべきかをみずから定義していかなければならないのです。「企業価値の最大化」という目的を達成するために、逆算して中間目標を定め、達成に必要な期間をみずから設定するという点において、**ファイナンス思考では、より主体的、積極的な態度が求められます。**

みずから定義した目標を設定した期間内に達成するためには、その手順である事業戦略と、戦略の遂行に最適化した財務状況を整えるための財務戦略が必要です。ファイナンス思考は会社の現状を固定化した条件とは見ず、大きな目標を実現するために必要なリソースを積極的に獲得しにいくという逆算型の発想で成長への道筋を構想します。今ある事業を段階的に改善するだけでなく、大規模な投資やM&A、他社との事業提携など、企業価値向上に向けてさまざまな打ち手を比較検討し、会社の財務余力、投資回収までの時間的猶予を踏まえて最適な打ち手を探るのです。

かつて経営不振下の東芝の再建にあたり、臨時行政改革推進審議会の会長として、行政改革を進めた土光敏夫《どこうとしお》は、「計画とは将来への意思である。将来への意思は、現在から飛躍し、無理があり、現実不可能に見えるものでなくてはならない。現在の延長上にあり、合理的であり、現実可能な計画はむしろ『予定』と呼ぶべきだろう」と述べています。ファイナンス思考は、ここで言う**「予定」ではなく、「計画」を実現するための考え方**であるといえるでしょう。

なお、ファイナンス思考であっても、売上や利益がどうでもいいわけではないという点は、念のために補足しておきます。目先の売上や利益の最大化が目的ではないにしても、こうした業績数値が大事な指標であることには変わりありません。

ファイナンスの4つの側面

ここで改めて、本書で定義する「ファイナンス」の内容を確認しましょう。

会社の企業価値を最大化するために、
A. 事業に必要なお金を外部から最適なバランスと条件で調達し、（外部からの資金調達）
B. 既存の事業・資産から最大限にお金を創出し、（資金の創出）
C. 築いた資産（お金を含む）を事業構築のための新規投資や株主・債権者への還元に最適に分配し、（資産の最適配分）
D. その経緯の合理性と意思をステークホルダーに説明する（ステークホルダー・コミュニケーション）
という一連の活動

金融業界のプロフェッショナルの方々やアカデミックな観点からすれば、この整理はファイナンスの機能を単純化しすぎているように見えるかもしれません。ですが、ビジネスパーソンの方が自身の業務内容をファイナンスと結びつけて理解し、ファイナンス思考を身につ

図表6　貸借対照表

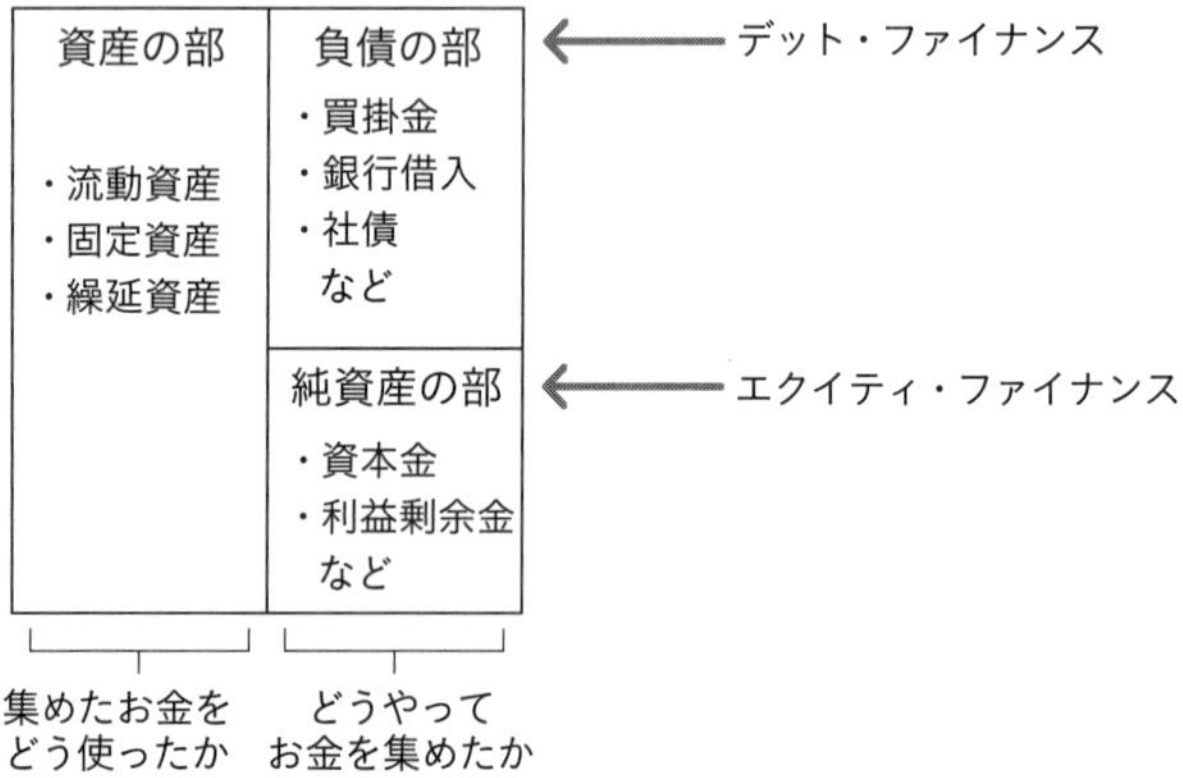

けるという点では、この4点の枠組みでの整理でも十分ではないかと、私は思います。

ＢＳ（図表6）の右側を見れば、その会社がどのような方法で資金を得たかがわかります。獲得された資金は流動資産の「現金」としてＢＳの左側に計上されます。会社はこの現金を、既存事業への投資、新規事業の立ち上げ、あるいはほかの資産や事業の買収などに活用します。

たとえば、生産数を増やすために新たに工場を建設する場合、ＢＳの左側の「現金」は投資に充てられた金額分、「建物」や「機械」、「土地」といった固定資産に名前を変えます。これがかつてパナソニック創業者の松下幸之助が、「資産とは金が化けたもの」と述べた所以です。このように、会社にとってお金とは、第一義的には事業の構築に向けた投資に用い、富を生み出すための「手

図表7　PLとBSのつながり

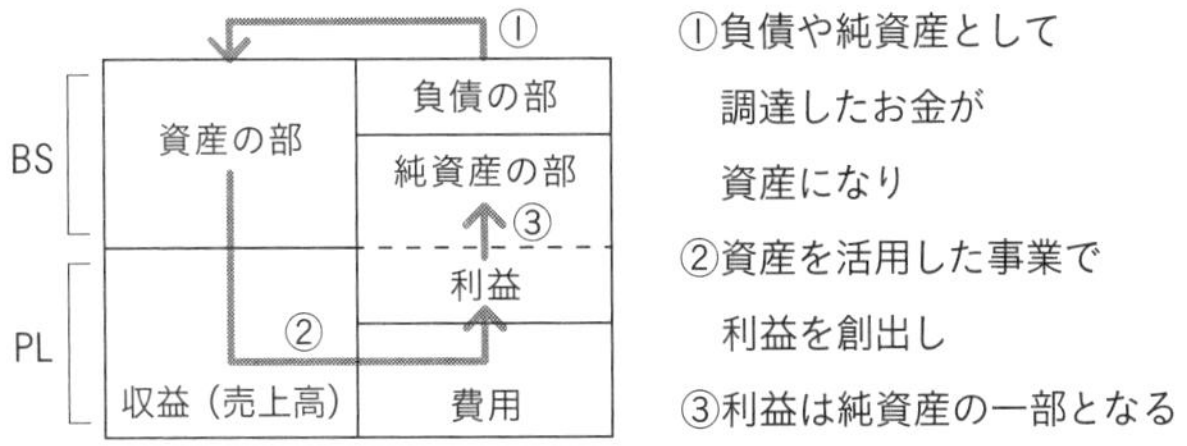

段」です。それと同時に、お金は株主や債権者といったステークホルダーに対して還元するために得るべき「目的」でもあります。

事業を通じてＰＬの純利益が積み上がると、こうしたＰＬ上の純利益の一部は、「利益剰余金」としてＢＳ上の純資産（資本）の部に積み重ねられていきます。利益剰余金が増えると、そこから生まれた現金がＢＳの左側に積まれます。その現金がまた、事業投資に振り向けられて機械のような固定資産に姿を変え、事業を通じて新たな現金を生み出したり、あるいは株主や債権者に還元されたりするのです。

このように事業を通じて創出されたお金は、ＢＳの右側、左側とＰＬをまたぎ、血流のようにグルグルと循環します。**ファイナンスの本質は、こうしたお金の循環を健全にコントロールしながら、段階的により多くのお金を生み出す仕組みを作ること**です（図表7。ＰＬとＢＳのつながりについては、特別付録297ページの図表参照）。

会社を巡るこうしたお金の流れを、以下、「Ａ．外部からの資金調達」、「B．資金の創出」、「C．資産の最適配分」、「D．ステークホルダー・コミュニケーション」に分けて見ていきましょう。

会社は事業に必要な資金を、①借入／債券の発行（**デット・ファイナンス**）、②株式の発行（**エクイティ・ファイナンス**）による調達（A．外部からの資金調達）、あるいは③事業のキャッシュフロー（B．資金の創出）から獲得します（図表8／A）。

会社が運営する事業から、より多くのキャッシュを創出する取り組みが「B．資金の創出」です。これは事業のオペレーションそのものであり、一般にイメージされる会社の業務です。**会社で働くビジネスパーソンのほとんどは、この「B．資金の創出」に携わっている**のです。一見するとファイナンスとは無縁に思える、営業やマーケティング、製品開発といった現場の業務もまた、資金を創出するための活動であり、ファイナンスを構成する一要素です。事業を通じて創出された資金は、外部から調達した資金と同様に活用されることから、「B．資金の創出」は、広義での「資金調達」の一手段といえます（図表8／B）。

京セラ創業者の稲盛和夫氏は、「売上を最大に、経費を最小に」と述べています。利益は売上と経費の差分から生まれるという極めてシンプルな構造にあることからも、売上を大きくし、経費を最小化することがビジネスの基本であることがおわかりいただけることでしょう。

図表8　事業に必要な資金の獲得方法

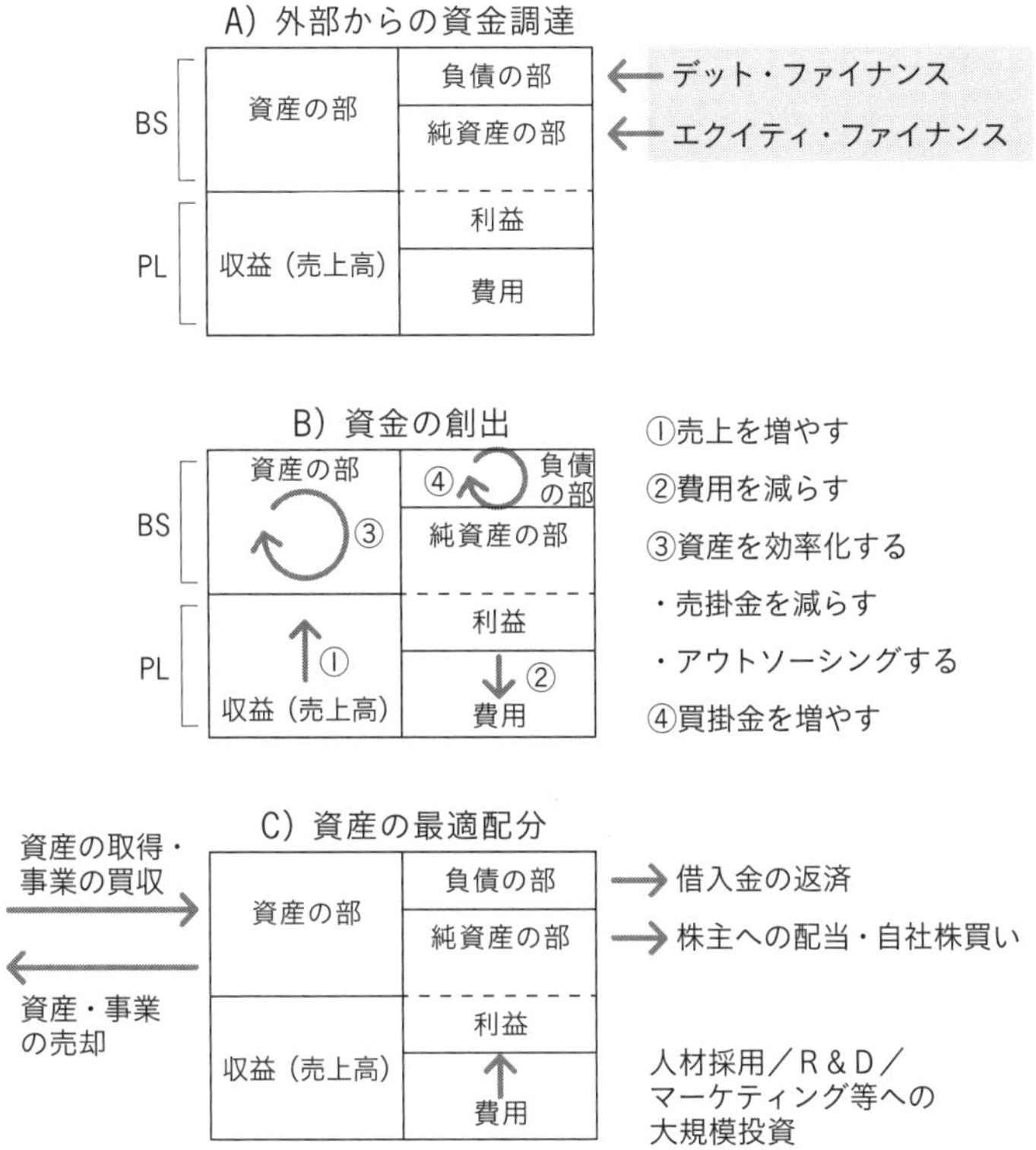

一方で、「B．資金の創出」に関わるのは、売上高の最大化や経費の最小化だけではありません。事業運営もまた広義の「資金調達」の一手段であると述べましたが、**より多くの資金を得るためには、なるべくお金が出ていくタイミングを遅らせたり（買掛金の増加）、大規模な設備投資の代わりに事業プロセスをアウトソーシングするなどして出ていくお金を減らしたりする試みが重要**になります。また同様に、なるべく早いタイミングに売上代金を回収すること（売掛金の減少）もまた、手元の資金を増やすうえでは有効な取り組みなのです。こうしたキャッシュ・コンバージョン・サイクル（仕入れる原材料や商品に現金を支払ってから、それを売って現金を回収するまでの期間）のコントロールに、極めて巧妙に取り組んでいるのが、後ほど事例でご紹介するアマゾンです。

業務として「B．資金の創出」に関わるビジネスパーソンであっても、お金には時間的価値があるという側面を理解しておかないと、十分な資金を創出できません。**売上の最大化、経費の最小化は、事業運営において非常に重要ではあるものの、それだけでは事足りない**のです。「PL脳」とはいわば、こうした「売上の最大化、経費の最小化」を絶対視し、それのみが会社の経済活動の本質であるとするような思考形態であるといえます。

事業単位で、すでにある資産からなるべく多くのキャッシュを獲得する「B．資金の創出」に対し、個々の事業や、新たに立ち上げようとする事業に資産（現金など）を振り向けるのが「C．資産の最適配分」です。事業を継続していると、高い調達コストでお金を調達して、安い利回りの事業に投資している状態（ROICとWACCの逆ザヤ状況。特別付録271ページ参照）が生じてしまうこともあります。自社の資本コストと各事業の採算性を常に意識し、会社はBSの最適化を図らなくてはなりません。たとえば、事業の売上額をも超えるような大規模な研究開発や広告宣伝を行う、本社が所有する工場を子会社に移管して事業資産として活用する、他社事業をM＆Aを通じて自社に取り込む、非中核事業を売却する、借入金を返済する、株主に配当を出して自社株を買うといった打ち手です（図表8／C）。

このように、**会社は手元の資金を既存の事業に振り向けていくのか、新規の事業や資産の投資、買収などに活用するのか、それとも株主や債権者へ還元するのか、といった判断を比較検討する**必要があります。一見、まったく異なるアクションを、お金という共通言語を通じて経営レベルの視点から比較する点に、ファイナンス思考の本質があります。特に保有する資産が大きい会社であれば、こうした資産の配分、組み換えは極めて重要な経営のテーマなのです。

以上の一連の活動状況を、会社は自社を取り巻くステークホルダーに説明し、施策の背景とその正当性を理解してもらい、将来に向けた成長のストーリーを伝える「D．ステークホルダー・コミュニケーション」を行う必要があります。ステークホルダーが満足できる説明ができなければ、その後のデットやエクイティによる資金調達が困難になり、資本コストが上がってしまうのです。

ファイナンスは全業務に紐づく

こうしたファイナンスの流れを見てみると、会社でのすべての業務はファイナンスに紐づいていることに気づくのではないでしょうか。

営業や研究開発など、**ファイナンスとは縁遠い世界に思える現場の仕事であっても、ファイナンスの4分類に当てはめると「B．資金の創出」に該当**します。ファイナンス思考を身につけると、自分たちの業務が会社全体のファイナンスとどのように紐づいているかを理解することができます。また、経営レベルでは自分たちの事業活動がほかの打ち手とどのように比較され、評価されているのかを意識することもできます。

たとえば事業部門の視点では「営業人員が足りていないのに、会社は採用予算を増やしてくれない」と感じられたとしても、経営レベルでは設備投資に資金を振り向けるほうが、よりリターンが大きくなると考えているのかもしれません。自社の企業価値を破壊しないためにも、所属部門の事業が資本コストを上回り、期待されているリターンを十分に出せているのか、自分たちの仕事はそのために十分な貢献が果たせているのかといった観点をもつ必要があるのです。

この点、前述したファイナンスの各要素は、一般的には以下の担当者や各部門が個別に主管している、ととらえられているでしょう。

A．外部からの資金調達：CFO、財務部
B．資金の創出：CEO、COO、事業責任者、経理部
C．資産の最適配分：多くの場合、不在？
D．ステークホルダー・コミュニケーション：IR部門

しかし、ファイナンスは本来、すべてが有機的につながった包括的なものです。プロセスごとに切り分けてバラバラに管理するのではなく、**すべての社員が一貫して理解し、ファイナンスを通じて自社の企業価値をどのように最大化するかを意識するのが理想**です。その際、会社の活動を一貫して説明する切り口であり、部門をまたいだコミュニケーションの共通言語となるのがファイナンス思考なのです。

ファイナンスの一連の活動は、広義での経営そのものであるといえます。自身の業務と会

社の企業価値を結びつけて理解するという意味ではすべての従業員が理解すべき内容ではありません。ただ、経営と同義であるという意味では、ファイナンスを通じて起こるあらゆる出来事について、本来は経営者が責任を負わなければなりません。この点、ファイナンスに関する事細かな専門知識や理論を、経営者が完璧に理解する必要はありませんし、実務ノウハウをもっている必要もありません。しかしながら、会社の活動とはどういうものかをファイナンスの観点から理解し、内外でコミュニケーションできる程度のリテラシーは最低限備えておく必要があります。「資金調達はCFOの役割だから、自分は関係ない」などと、完全に仕事を投げ出してしまうことがあってはなりません。

また、**会社の置かれた状況によって、ファイナンスのどの側面がより重要であるかは異なります**。基本的には、会社の規模が大きくなればなるほど、すべての側面がより重要性を増していきます。たとえば未上場スタートアップの経営者の場合、プロダクト開発やそこからのマネタイズに該当する「B．資金の創出」は得意であることが多い一方で、「A．外部からの資金調達」はベンチャーキャピタルからの資金調達の経験があるかないか、といった状況であることがほとんどでしょう。配当もなく、単一プロダクトで事業を展開している場合には「C．資産の最適配分」の経験はほぼない状態であり、また出資者に対するコミュニケーションの機会を除いては「D．ステークホルダー・コミュニケーション」の経験は限定的なものでしょう。

CFOと調達屋・経理屋との違い

　ファイナンス思考とは、企業価値の最大化のための合理的な道筋を見定める、会社内の各部門をまたいで共通言語となるべきものであり、その共通言語を使って各部門をコーディネートするのがCFO（最高財務責任者）の役割です。

「ファイナンス」という言葉を耳にすると、多くの人が「A．外部からの資金調達」のみを想起しがちです。CFOですら、中には「CFOの仕事とは、お金を調達することだ」と公言するような人もいます。たしかに、事業に必要な資金を外部から調達することは、CFOにとって非常に重要な仕事です。特に、ベンチャーキャピタルから複数回に分けて資金を調達する必要のあるスタートアップなど、先行投資を必要とする会社であれば、「A．外部からの資金調達」は極めて重要な活動です。

　自社の製品やサービスが顧客からの支持を得ることができるか、仮説検証を繰り返しながら事業を作る初期段階のスタートアップの場合は売上高が低く、利益を捻出することよりも、将来的なキャッシュフロー最大化のために顧客獲得を優先するのが定石です。そのようなスタートアップにとって、資金を調達できないことは、すなわち、会社の死を意味します。また、事業が確立しきっていない歴史の浅いスタートアップであれば、そもそも「C．資産の最適配分」を検討しようにも、配分すべき資産自体をまだもっていません。こうした背景により、新興企業のＣＦＯなどは「ＣＦＯの仕事（ファイナンスの仕事）とは、お金を調達することだ」と全体観を欠いた解釈をしてしまいがちなのでしょう。

しかしながらここまでに見たように、**資金調達とは、ファイナンスの一側面に過ぎません。**自社が抱えるリスクに対応した資本をどれだけ準備するか、今のビジネスからどれだけ資金を創出するか、自社の資産をどのように最適化するか、こうした一連の活動をどのようにステークホルダーに説明するかなど、会社の活動においてファイナンスが果たすべき役割は多岐にわたっています。少なからぬビジネスパーソンが、ファイナンスについて「A．外部からの資金調達」を中心としたテーマと限定して解釈していますが、これは不見識であると言わざるを得ません。

マイクロソフト創業者のビル・ゲイツ氏は、「**うまくお金を使うことは、それを稼ぐのと同じくらい難しい**」と述べたそうですが、よりステージが進んだ会社において、最も重要かつ難しいファイナンスは、「C．資産の最適配分」ではないでしょうか。「B．資金の創出」を通じて稼ぎ出したキャッシュ、あるいは「A．外部からの資金調達」によって得た**資金をうまく活用し、より大きな富につなげることが、経営者の腕の見せどころ**です。古代ローマ

会社の成長ステージと求められる経営者の役割

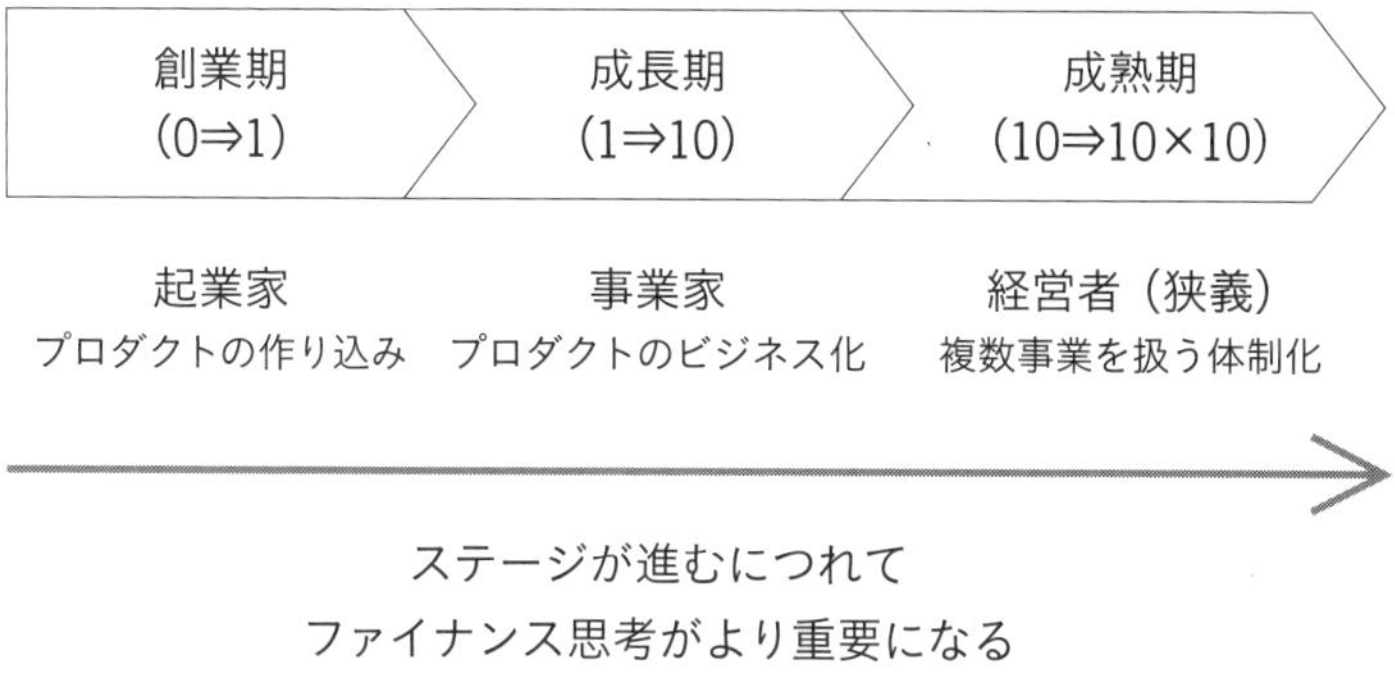

の劇作家、プラウトゥスが言うように、「金を稼ごうと思ったら、金を使わなければならない」のです。

経営の3段階に応じたファイナンス

会社の成長のステージによっても、ファイナンスの4側面で重視される活動が異なります。**創業期、成長期、成熟期といった時期の違いによって、ファイナンスの4側面のうち、重視される活動は異なります。**一般的には、会社が成長すればするほど、取り扱う資産も大きくなるため、よりファイナンス思考が必要とされるようになります。

ところで、「経営者」と聞いて、みなさんはどんな人物を思い浮かべるでしょうか。現代人であれば、ソフトバンクの孫正義氏やユニクロ（ファーストリテイリング）の柳井正氏を多くの人が思い浮かべることでしょう。海外であれば、スティーブ・ジョブズやビル・ゲイツ氏といったあたりかもしれません。成功した経営者を語るにあたり、作家やメディアは創業者としてのサクセス・ストーリーや天才的な才能、カリスマ性といった側面に光を当て、英雄譚に仕立てることがほとんどです。そのほうが大衆受けするといった事情もあるのでしょう。

一方で、一口に「経営者」と呼んでも、会社の成長ステージや置かれた状況によって、求められる才覚は大きく異なります。私自身は会社の成長ステージに応じて、「経営者」を以下のように細分化してとらえています。

創業期：「起業家」

0から1を生み出す、まったく何もないところからサービスや製品を立ち上げる段階。事業を構想して仲間を集め、アイデアや技術をもとに製品やサービスを開発しながら顧客を獲得し、収益を生むビジネスを立ち上げる。視点はあくまでプロダクトの作り込みが中心。

成長期：「事業家」

立ち上がったプロダクトを、継続して利益を創出する規模感の大きい事業にまで仕上げる段階。転がり始めた商売を一人前の完成された事業まで育て上げ、規模の拡大やオペレーションの洗練を図っていく。プロダクトをいかにビジネス化するかがカギ。

成熟期：「経営者（狭義）」

自社事業の規模感が10まで育った会社のステージを１００までもっていく段階。「10を１００にする」というのは、既存の事業の規模感を10から10倍大きくするという意味ではなく、事業を複線化し、10まで育った事業を10個並行して運営する状態。視点は「個々のプロダクトをいかに育てるか」から、「複数のプロダクトを運営する組織をいかに経営するか」に移る。既存事業の成熟化を踏まえ、新たな事業を創る必要に迫られる点では「０から1を生み出す」のに似た側面もあるが、組織の力と資産を活用するのが創業期とは異なる点。扱う資産が増え、事業ポートフォリオの管理の視点など、よりファイナンス思考が重要になる。

成長ステージの違いによって、「経営者」に求められる才覚が異なるにもかかわらず、えてして私たちは会社のすべての成長ステージを混同して「経営者」とひと括《くく》りにまとめてしまいます。ですが、ＧＥ（ゼネラル・エレクトリック）のトーマス・エジソンとジャック・ウェルチ氏、アップルのスティーブ・ジョブズとティム・クック氏では、求められる役割が異なるのは当然なのです。名選手が名監督ではないのと同様、**優秀な「起業家」が成熟期の「経営者（狭義）」としても優れているとは限りません。逆もまた然り**です。

特に創業社長の場合、創業期の「起業家」としての側面がクローズアップされることが少なくありません。ですが、成功した事業を立ち上げた人物は、優れたアイデアマンであるだけでなく、組織や資産を操る狭義の「経営者」としての才覚を身につけないことには、ただのアイデアマンで終わってしまいます。

職業としての「経営」は、起業のプロセスに比べると非常に地味です。そうしたわかりにくさの問題もあって、日本においてはあまりに経営が軽視されているのではないでしょうか。**「経営」は立身出世の末に獲得する地位ではなく、研究開発やマーケティングと同様の、ひとつの職種**です。ヒエラルキーではありません。職種としての「経営」を担うためには、相応の素養や知見を身につける必要があります。この点で、特に組織が拡大した後の狭義の「経営者」の役割を担うにあたり、カギとなるのがファイナンス思考です。

「経営者」と聞くと、現場の先頭に立ち、よい製品を作り上げるために、製品開発に没頭するといった人物像を思い浮かべがちです。これもまた、確かにひとつの経営者のあり方です。

一方で、組織が巨大化した大企業において、すべての製品開発やオペレーションを一人で直接見ることはできません。そんなことをしていたら、経営者自身が事業を運営するうえでのボトルネックになってしまいます。組織を効率的に運営するためには、開発や製造、マーケティング、販売といった事業を行ううえでの機能を切り分け、それぞれを得意な人物に委ねる必要があります。組織の力を用いて、より大きな価値を生み出すための仕組み作りこそが重要になってくるのです。

こうした仕組みを作るうえで、**会社がもっているヒト、モノ、カネといった有形無形のリソースをいかに最適配分するかが、経営者の腕の見せどころ**です。この点で、会社が大きくなるにつれて、経営の視点はよりポートフォリオ・マネジメント的な視点に近づいていきます。会社のリソースを有効活用し、より大きな価値を生み出すために、大きな会社であればあるほど、よりファイナンス思考が重要になってくるのです。

低成長時代にこそ必要なファイナンス思考

現代の日本企業、とりわけそこで働くビジネスパーソンにとってファイナンス思考が必要なのはなぜでしょうか。それは、会社を取り巻く環境がますます複雑になり、将来の見通しがより困難になっているからです。

PL脳は、高度経済成長に最適化した思考形態です。右肩上がりの継続的な市場拡大が期待できる時代であれば、市場の伸びに合わせて生産規模を拡大し、供給量を増やして売上やシェアを伸ばすことが最適な経営方針です。将来の市場規模を高い確度で予測できることを前提とし、その規模にあわせて生産を計画するという点で、これは非常に「計画経済的」な手法といえます。需要が拡大する中で、商品やサービスを精緻に作り込むことにこだわりす

高度経済成長期と現代の違い

高度経済成長期	低成長時代
右肩上がりの成長 将来の予測可能性が高い	成熟社会。市場の縮小 将来が不確実
▼	▼
市場の成長にあわせた 計画経済的アプローチ	新たな市場開拓と非連続な 成長に向けた戦略

ぎると、市場の広がりに追いつくことができません。結果、小規模なニッチプレーヤーになってしまうことでしょう。

高度経済成長期に、事業の進捗度合いを評価する判断軸として機能したのが「昨対比（前年対比）」でした。変化が乏しく、直線的に市場が成長する状況であれば、「去年よりも今年。今年よりも来年」と事業の連続的な成長を管理してめざすＰＬ脳の発想でも、十分に会社を成長させることができたのです。

一方、社会が成熟化し、多くの業界で右肩上がりの成長が見込みづらい時代になると、昨対比での意思決定は困難になります。**縮小する市場で事業を展開しながらも、新たな市場を開拓する必要に迫られた局面では、既存の事業や業績にとらわれず、時として非連続にジャンプする仕掛けが必要**です。ただ、こうした挑戦は往々にして短期的な業績数値を悪化させるものです。昨対比での直線的な成長を志向するＰＬ脳では踏み切ることができません。また大きな仕掛けには、大規模な投資に向けた資金繰りや財務余力といった財務戦略が欠かせません。ＰＬ脳を引きずったままの経営では、低成長時代における会社の停滞局面を打破することができないのです。

変化に対応する不確実性のマネジメント

経済の低成長に加えて、グローバル化の一層の浸透、テクノロジーの急激な変化により、会社を取り巻く環境の複雑性、不透明性はますます高まっています。当たり前だと思っていた競争環境が、１年も経つとガラリと変わってしまうことも、決して珍しくありません。

経営戦略を考える古典的なフレームワークとして３Ｃがあります。**顧客**（Customer）、**競合**（Competitor）、**自社**（Company）という３つの観点から自分たちがビジネスを行う市場環境をとらえ、最適な戦略を構築しようとする考え方です。

市場が安定的に推移しており、将来の予見性が高い競争環境であれば、時間と予算をかけて自社が置かれた環境を３Ｃの観点から分析し、３年から５年先の経営方針を固めるといった方法論も十分に意味をもつことでしょう。ところが、前提条件が目まぐるしく変わる状況においては、固定した競争環境を想定することはかえって会社の成長を妨げることになりか

変化の激しい時代のマネジメント

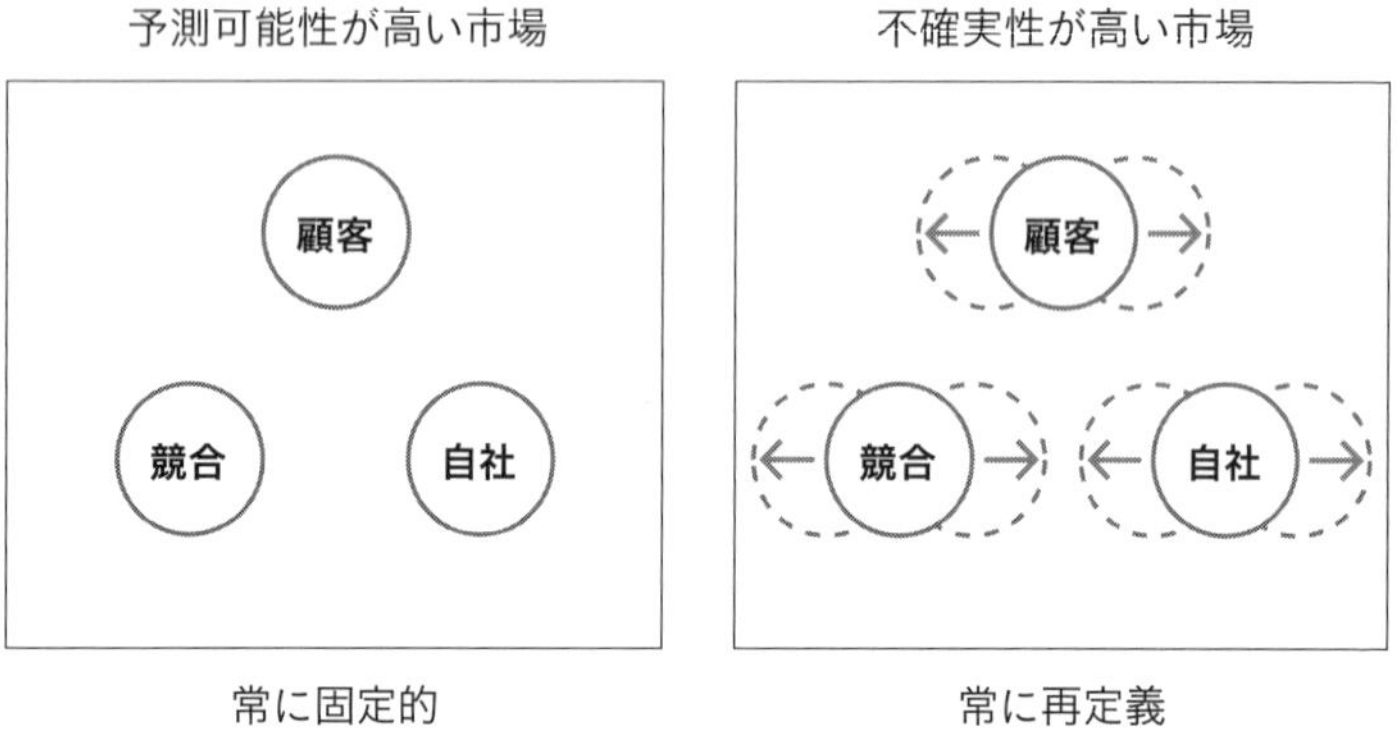

ねません。技術革新によって顧客の購買行動が急激に変わることがありますし、数年前には存在しなかったような新興勢力によって、自社製品が代替されてしまうかもしれないからです。

こうしたフレームワークを駆使して会社の問題を解決しようとするのが、伝統的な経営コンサルティング・ファームのアプローチです。問題に対する答えが存在することを想定し、数カ月の時間を費やしてその答えを特定し、実行していこうとする点で、伝統的な経営コンサルティング・ファームの手法は、計画経済的な側面を有しています。

私も大学を卒業後、外資系のコンサルティング・ファームで経営コンサルタントとして働いていましたが、こうしたアプローチは、前提条件の変わりにくい環境下での問題解決と非常に相性がよいことに気づきました。典型的な例が、製薬企業における医薬品のマーケティング・プロジェクトです。

製薬企業は、10年以上にわたる治験を経て医療用医薬品を商品化しますが、発売後の医薬品の価格は、厚生労働省によって厳格に定められます。製薬企業がさらなる研究開発を行い、新薬を創出する資金を確保するために、特許期間が終了するまでの間は高い価格が固定されるよう、薬価は規制されているのです。

このように、価格や競合製品、顧客が急変しない、不確実性の低い市場環境であれば、時間をかけて最適なマーケティング方法を検討する猶予もあります。計画経済的な経営手法が極めて有効に機能するのです。また、高齢化が進行する日本社会では、医療費が膨らむ一方であることからもわかるとおり、ビジネス的側面から見れば、医療は21世紀の日本における高度経済成長真っ只中の市場であるともいえます。付け加えると、コンサルティング・ファームから請求される高額のフィーを払う資金的余力があるという点も、製薬企業と経営コンサルティング・ファームの相性がよい一因なのでしょう。

一方で、たとえば私が事業を行っていたインターネット企業の場合、そうはいきません。私自身、国内で圧倒的なシェアを誇っていた自社サービスが、短期間に海外発のサービスに駆逐され、あっという間に衰退してしまうといった競争環境の急変を経験しています。また、従来型の携帯電話（ガラケー）からスマートフォンへの急速なシフトという技術的な環境変化によって、ガラケーを対象とする広告市場が短期間で縮小し、スマートフォンに最適化した新興サービスが急速に普及したという顛末も体験しました。

このように、**目の前の競争環境が短期間に一変してしまうようなダイナミックな市場では、1年前の競争環境や市場予測を前提として事業方針を組み立てることはできません。**じっくり検討するよりも、むしろ実際に行動することで仮説の成否を探るほうが、よほど有効に機能するのです。

変化に適応する組織は、自社サービスの方向性に関する仮説を、短期間のうちに小規模の予算でテストしながら市場性を探り、事業機会を発見したら一気にお金や開発人員を投じて拡大を図ります。それに際し、不足しているリソースを迅速に調達する準備をあらかじめ整えておく必要があります。また、事業のリスクと自社の財務余力を踏まえ、どのように資金を準備するかも検討しなくてはなりません。このような**事業開発と財務戦略を、みずから設定した時間軸の下で組み立てていくことが、変化の激しい競争環境では求められる**のです。

3Cに当てはめれば、移り変わる顧客の状況を短いサイクルで分析し、自分たちの競合が誰なのかを常に再定義したうえで、外部環境の変化に瞬時に自社を最適化するといった動作が求められます。このように競争の前提条件がダイナミックに変化する市場では、自社ビジネスを磨き上げる（PL改善）だけでは対応できません。企業価値向上に向けた道筋を、意思をもって設計し、それに即した打ち手を講じていく必要があるのです。

「現在地」でなく「目的地」を知るための考え方

会計は、会社の「現在地」を知るために必要なスキルセットです。対して**ファイナンス思考は、会社がどの「目的地」に対してどのように進むべきかを構想する考え方**であり、将来を見通すための手段です。

変化が激しく、不確実性の高い時代に、過去の延長線上で事業を改善型で運営していても、企業価値を高めることはできません。経営状況を正しく把握・管理するだけではなく、ファイナンス思考をもって将来を見通し、外部環境の変化に対応しながら、自社の資源を最適配分することが求められます。また、会社が成長し、扱う資産の規模が大きくなるほど、より高度なファイナンス思考を求められることにも注意が必要です。

そのようなファイナンス思考を身につければ、未来の〝GAFA〟となるような、新たな事業機会をつかむ可能性がより高くなるのです。

続く第3章からは、ファイナンス思考を発揮して躍進を遂げた会社の事例を見ていきます。GAFAの一角であるアマゾンや、強い組織風土を誇るリクルートを事例に挙げていますが、そのほかにも日本たばこ産業（JT）や関西ペイント、コニカミノルタ、日立製作所と、規模の大小を問わず、古くから続く日本の非オーナー系企業も取り上げています。

ファイナンス思考に基づき、思い切った意思決定をした会社の典型的な事例を見ていると、海外企業やオーナー系企業の例が目につきます。一方で、伝統的な非オーナー系の日本企業の中にも、ファイナンス思考を発揮して会社の変革を成し遂げた事例はあります。ファイナンス思考は、外資系企業やオーナー系企業のような一部の会社のみが発揮し得るものではなく、多くの日本企業でも発露し得るものであることが、これらの事例からわかることでしょう。

第2章のまとめ

- ▼PL脳とは、売上や利益といったPL上の指標を、目先で最大化することを目的視する思考態度。「四半期」や「年度」といった定められた短期間におけるPL数値の最大化を経営の目的ととらえ、今の事業の延長線上でPL数値をよく見せようとする管理的で調整的な発想。
- ▼ファイナンス思考は、事業内容に応じた最適な時間軸を能動的に設定し、長期的に未来に向けた企業価値の向上を目的とする。その実現のために、逆算的、戦略的に事業成長をめざす点が特徴。

▼ファイナンスとは、会社の企業価値を最大化するために、事業に必要なお金を外部から最適なバランスと条件で調達し、既存の事業・資産から最大限にお金を創出し、築いた資産を事業構築のための新規投資や株主・債権者への還元に最適に分配し、その経緯の合理性と意思をステークホルダーに説明する、一連の活動。

▼「ファイナンス」と聞くと、外部からの資金調達を想起しがちだが、会社でのあらゆる業務はファイナンスに有機的につながっている。

▼会社のリソースを有効活用してより大きな価値を生み出すために、会社が大きくなるほど、ファイナンス思考は重要になる。

▼経済が低成長な中、グローバル化の進行や、テクノロジーの急激な変化が起こる、不確実性の高い競争環境では、PL脳は機能しない。

▼GAFA（グーグル、アップル、フェイスブック、アマゾン）のようにスケールする事業を構築するためには、短期的なPLの毀損を厭わず、長期的な目線で、市場を拡大し競争優位性を確保するために大規模な投資をするといったファイナンス思考に基づく活動が不可欠。

第3章

ファイナンス思考を活かした経営

事例：アマゾン、リクルート、JT、
関西ペイント、コニカミノルタ、日立製作所

本章では、ファイナンス思考に基づく未来志向の経営を実践している事例を紹介していきます。

アマゾン：赤字、無配続きでも、積極投資を可能にしたIR

A. 外部からの資金調達：低金利の市場環境を活用し、十分な現金がありながらもデット・ファイナンスでホールフーズ買収資金を調達

B. **資金の創出：フリー・キャッシュフロー最適化を重視し、事業成長やキャッシュ・コンバージョン・サイクルの徹底改善を通して資金を最大化**

C. 資産の最適配分：自社株買いや配当といった株主に対する還元を抑え、市場リーダーになるために果敢に投資

D. **ステークホルダー・コミュニケーション：市場リーダーの地位確立による株主価値の向上が本質的な成功と訴え、投資家からの信任を獲得**

アマゾンは顧客満足を実現するために、長期目線の経営を徹底している企業です。1995年に書籍のECサービス業者として設立されたアマゾンは、長らくPL上の利益を出さず、巨額の先行投資を続けてきたことで知られています。それにもかかわらず、同社が資本市場から高く評価され、2018年2月時点で約7000億ドル（75兆円超）もの高い時価総額を誇っている背景には、投資家をはじめとしたステークホルダーに対するコミュニケーション力が重要な機能を果たしています（D．ステークホルダー・コミュニケーション）。アマゾンの成長戦略についての考え方が象徴的に表れているのが、97年、創業者のジェフ・ベゾス氏から株主に宛てたレターです。

ベゾス氏が最初に書いた株主レター（図表9）には、「果敢」「投資」「市場リーダーとなる」「長期的な」といったキーワードが頻出します。97年の株主レターには、「市場のリーダーとなれる可能性が高いと感じたときは、小さく賭けるのではなく、果敢な投資を行う」ことが掲げられ、そのうえで、以下のように同社の基本思想が宣言されています。

「本質的な成功の度合いは、長期的に我々が生み出す株主価値で測られるべきであると、我々は考える。株主価値の向上は、会社を拡大して、市場リーダーとしての立場を強化した結果として得られるものである。市場リーダーとしての立場が強くなるほど、我々の経済モデルはより強固になる。市場でのリーダーシップが売上、利益の増加、資本の循環速度の向

図表9　長期的な株主価値創造が強調されたアマゾンの株主レター（1997年）

amazon.com

To our shareholders:

Amazon.com passed many milestones in 1997: by year-end, we had served more than 1.5 million customers, yielding 838% revenue growth to $147.8 million, and extended our market leadership despite aggressive competitive entry.

But this is Day 1 for the Internet and, if we execute well, for Amazon.com. Today, online commerce saves customers money and precious time. Tomorrow, through personalization, online commerce will accelerate the very process of discovery. Amazon.com uses the Internet to create real value for its customers and, by doing so, hopes to create an enduring franchise, even in established and large markets.

We have a window of opportunity as larger players marshal the resources to pursue the online opportunity and as customers, new to purchasing online, are receptive to forming new relationships. The competitive landscape has continued to evolve at a fast pace. Many large players have moved online with credible offerings and have devoted substantial energy and resources to building awareness, traffic, and sales. Our goal is to move quickly to solidify and extend our current position while we begin to pursue the online commerce opportunities in other areas. We see substantial opportunity in the large markets we are targeting. This strategy is not without risk: it requires serious investment and crisp execution against established franchise leaders.

It's All About the Long Term

We believe that a fundamental measure of our success will be the shareholder value we create over the *long term*. This value will be a direct result of our ability to extend and solidify our current market leadership position. The stronger our market leadership, the more powerful our economic model. Market leadership can translate directly to higher revenue, higher profitability, greater capital velocity, and correspondingly stronger returns on invested capital.

Our decisions have consistently reflected this focus. We first measure ourselves in terms of the metrics most indicative of our market leadership: customer and revenue growth, the degree to which our customers continue to purchase from us on a repeat basis, and the strength of our brand. We have invested and will continue to invest aggressively to expand and leverage our customer base, brand, and infrastructure as we move to establish an enduring franchise.

上につながり、結果として投資に対するリターンも大きくなる」

また同じ株主レターの中で、「我々は、世界でもっとも顧客志向の企業を作り上げることをめざす」と明確に記されています。**顧客への価値提供と株主価値の向上は、長期的に見ると一致するというのが、同社の根底にある考え**です。こうした同社の宣言は、ファイナンス思考の定義そのものであると呼んでも過言ではありません。

それを象徴するように、同社の四半期開示資料の冒頭には毎回、フリー・キャッシュフロー（営業キャッシュフロー＋投資キャッシュフロー）の推移が掲載されており（20ページの図表3参照）、フリー・キャッシュフローを最適化することが長期の目標である旨が明記されています。1ページ目の表紙、2ページ目のディスクレーマー（免責注意事項）に続く3ページ目にそれが示されていることからも、同社がいかにフリー・キャッシュフローを重視しているかがうかがえます。創業以来、常にフリー・キャッシュフローを創出するという意思を一貫して発信し続けてきた点に、アマゾンの特徴があります。

ここで、**フリー・キャッシュフローの最適化はあくまで「長期的な」目標である**という説明がなされていることに注意が必要です。実際、アマゾンのフリー・キャッシュフローが減少に転じていることもありますが、それはあくまで、投資の増加によるものです。実際、直

図表10　研究開発投資を優先し利益は低水準に抑制

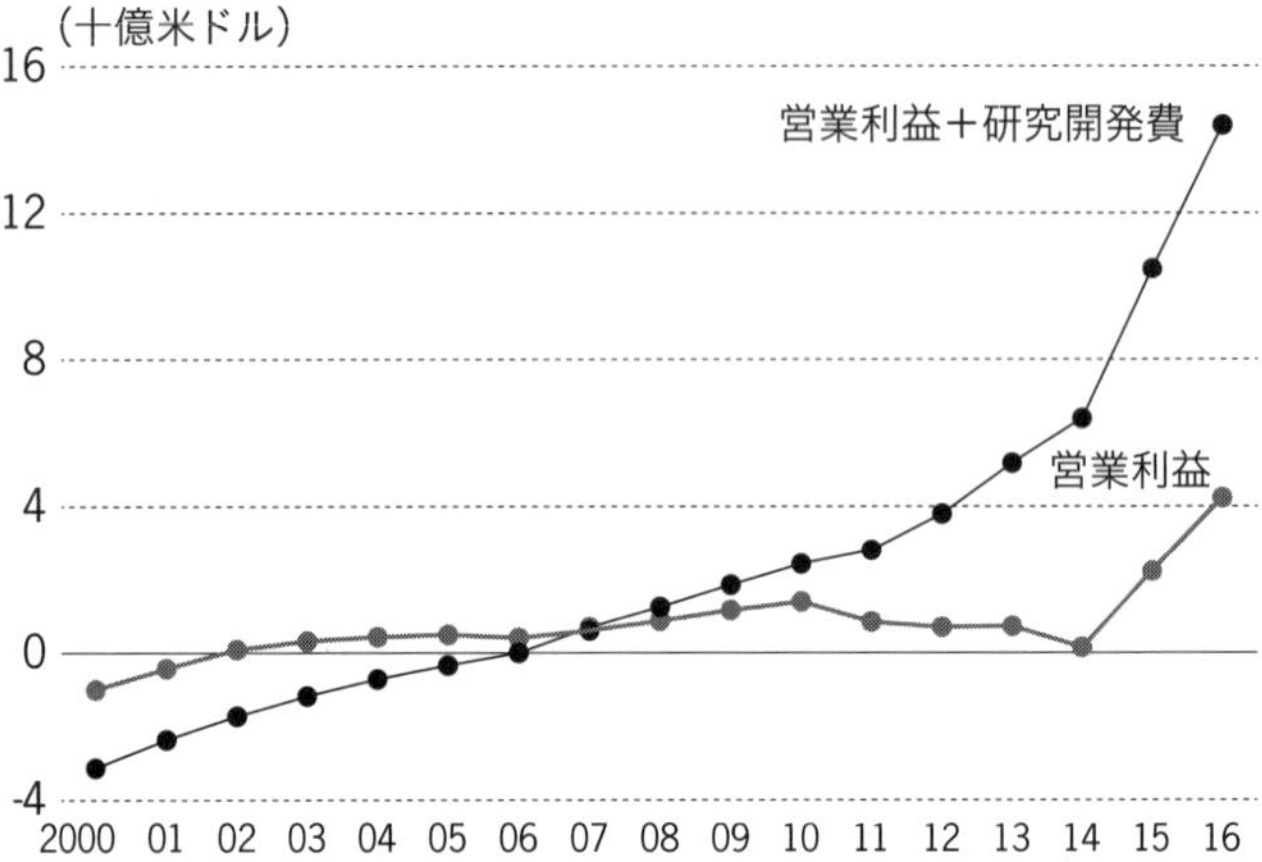

近の営業キャッシュフローは対前年比10％以上で増加していますが、それ以上のペースで投資を実施しているのです。

営業キャッシュフローが増加傾向にある一方で、アマゾンの営業利益が低い水準でとどまっているように見える原因は、会計基準にあります。ＵＳ－ＧＡＰ（米国会計基準）においては、研究開発（Ｒ＆Ｄ）に関する費用は、原則としてＰＬ上にコストとして全額計上されるのです。アマゾンのＲ＆Ｄ費用は２２６億ドルと全米１位を誇り、２位アルファベット（１６６億ドル）、３位インテル（１３１億ドル）が続きます（２０１７年、Facset調べ）。

こうした積極的な研究開発の結果、会計上は同社の営業利益は大きく圧迫され、押し下げられてしまうのです。実際、同社の営業利益に

R&D費用を足し戻した数値は、図表10の通り、一貫して増加傾向にあります。

資金調達の絶妙な使い分け

アマゾンは、事業買収と自社内における研究開発に向けた投資に関して、資本市場の状況を鑑みながら、資金調達の手法を使い分けていることも特徴的です。

たとえば2017年、ホールフーズ（Whole Foods）を137億ドル（当時の為替レートで約1兆5000億円）で買収するに際してアマゾンは160億ドルのデット・ファイナンスを実行しました（A．外部からの資金調達）。当時、同社は210億ドル余りの手元現金を有しており、債券を発行することなく、買収に必要な資金を十分に準備できる状況にありましたが、低金利の市場環境を活用し、低コストで柔軟性のある資金を調達することに成功したのです。ホールフーズの買収に並行して、アマゾンは引き続きR&D投資を行うため、自社保有の**現金はR&Dに充て、キャッシュフローが見込めるホールフーズの買収については、金利が低いデットによってまかなった**と考えることができます。

その一方で、AWS、アマゾン・プライムといった**新領域への投資について、アマゾンは既存事業から創出される潤沢なキャッシュを活用**しています（B．資金の創出）。既存事業からのキャッシュ創出に向けた同社の取り組みは、単なる事業の拡大にとどまりません。EC

図表11　アマゾンのキャッシュフローと利益

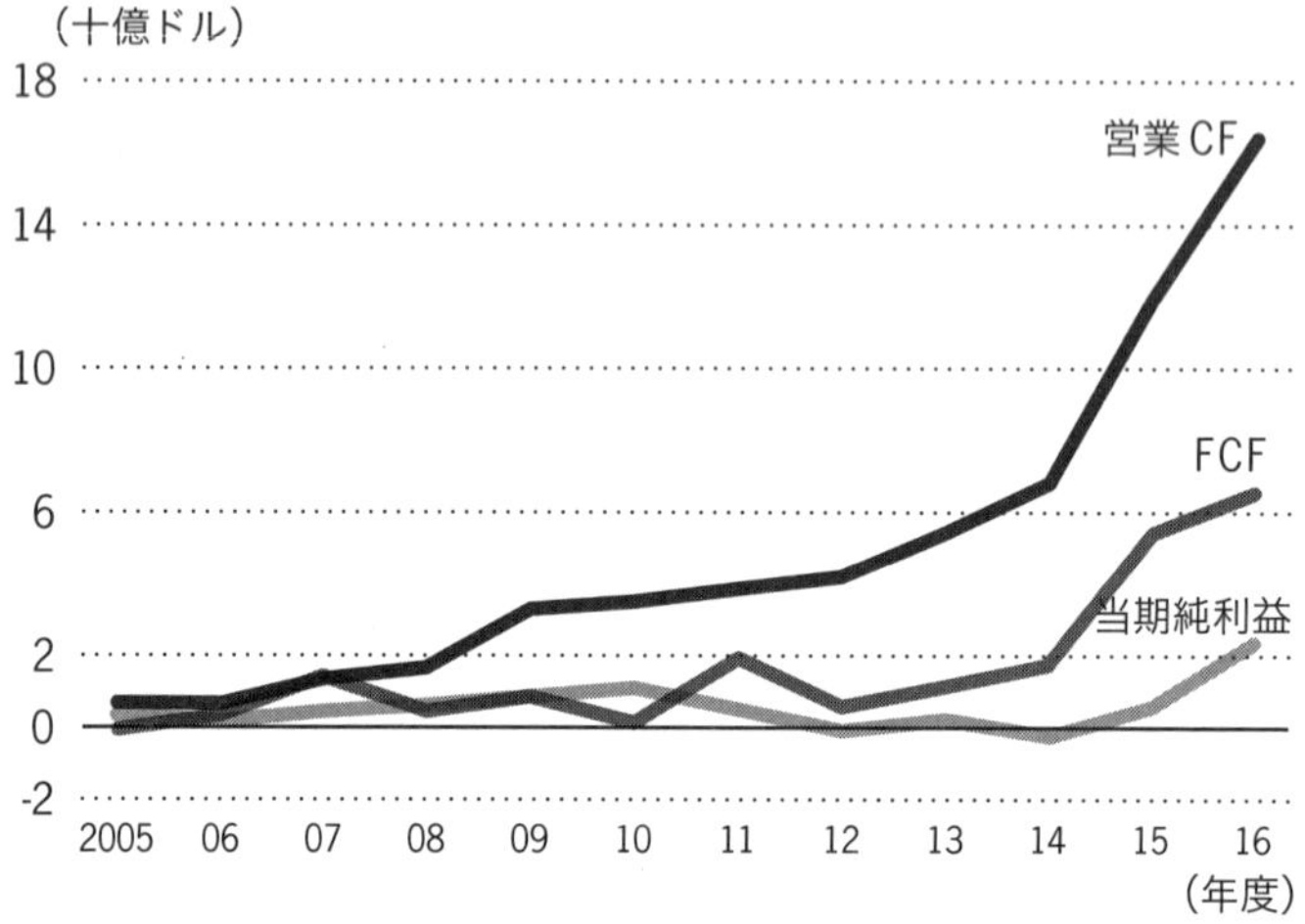

サービスで販売する商品のメーカーや卸に対する支払いサイトを有利に設定することで、潤沢なキャッシュフローを得ているのです。

アマゾンのフリー・キャッシュフローは、継続的に当期純利益を大きく上回り続けるという特異な状況にあります（図表11）。同社におけるフリー・キャッシュフローと純利益の大きな差は、キャッシュフローとPLの計上タイミングの違いによるものです。

CCCの工夫で手元のキャッシュを最大化

フリー・キャッシュフローは、営業キャッシュフローと投資キャッシュフローを足し合わせたものです。仮に5億円の営業キャッシュフローを創出している会社が、投資に2

億円をかけている（投資キャッシュフロー：▲2億円）とすると、フリー・キャッシュフローは3億円ということになります。

キャッシュフローは、現金が実際に移動したタイミングに発生します。したがって、商品が売れた際に、顧客が代金を迅速に支払う一方で、メーカーや卸への支払いに対して時間的余裕をもつことができれば、キャッシュフローはどんどん大きくなります。

一方で、売上や費用といったPL上の数値は、実際に現金が支払われるタイミングではなく、会計基準に基づいて計上されます。そのため、キャッシュフローを大きくする仕組みを確立することができれば、たとえ純利益がマイナスであっても、フリー・キャッシュフローをプラスに保つことができるのです。アマゾンは、キャッシュ・コンバージョン・サイクル（CCC：仕入れる原材料や商品に現金を支払ってから、それを売って現金を回収するまでの期間）を徹底的に改善し、むしろ**仕入れ代金を支払うよりも先に販売代金を回収することで、PLでの見た目以上に多くのキャッシュを創出することに成功**しています（図表12）。

このように、事業の成長やキャッシュ・コンバージョン・サイクルの徹底的な改善を通して得られるキャッシュを活用できるからこそ、同社は新たな事業分野やサービスの改善に向けて大規模な投資を実行できるのです。先述の通り、アマゾンは長期的にフリー・キャッシュフローの最適化をめざしている会社ですが、そうした先行投資活動の結果として、最近では純利益も上がっています。

図表12　アマゾンのキャッシュ・コンバージョン・サイクル

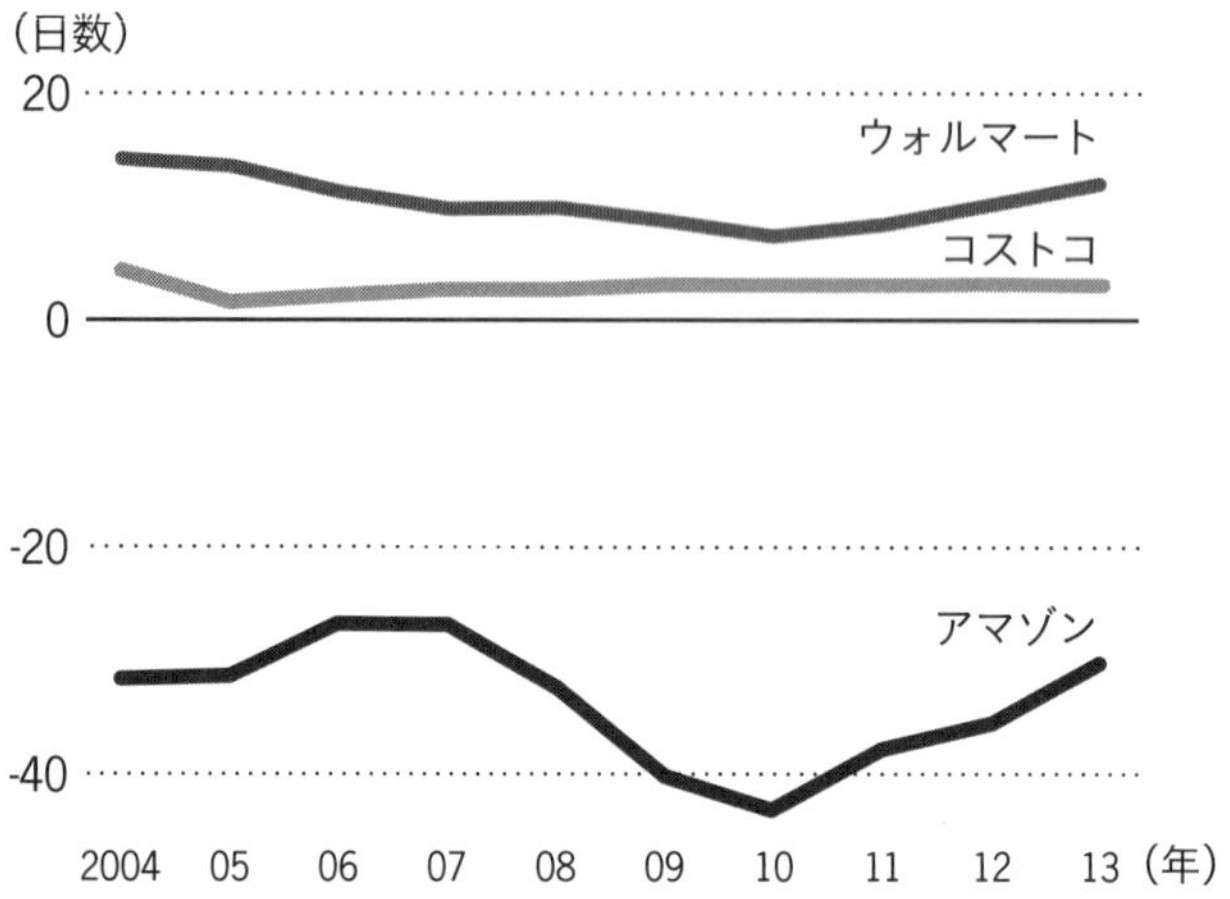

出所：モーニングスター

既存事業から得たキャッシュを、負債の返済や株主への配当に回すか、あるいは既存事業への追加投資、新規事業の買収に回すかといった意思決定には、会社の成長戦略に対する経営者の思想が反映されます。

アマゾンの場合、収益をさらなる投資に回すため、自社株買いや配当といった株主に対する還元は低く抑えられています。過去に何度か自社株買いは実施しているものの、97年のナスダック**上場以来、株主に対し配当を行ったことのない、極めて珍しい会社**です（C. 資産の最適配分）。

果敢な投資実績

アマゾンは先に紹介した四半期開示資料でも宣言しているように、市場リーダーになるために極めて果敢な投資を実施しています。先に挙げたホールフーズの買収以外の事例についても見てみましょう。

【クラウドサービス「AWS」】

２０１８年現在、アマゾンの利益創出の主軸となっているのが、クラウドサービス「ＡＷＳ（Amazon Web Service）」です。サービス開始以来、同事業は急激な成長を続けており、営業利益ベースではアマゾンの北米ＥＣ事業を超えるまでに至っています。ＡＷＳがここまで成長した背景には、アマゾン創業者であるジェフ・ベゾス氏の大胆な価格戦略があります。

２００６年、ＡＷＳのサービス提供前の段階では、当時のＡＷＳ担当者は1時間15セントでの提供を検討していました。これは、収支がバランスするギリギリの設定だったそうです。ところが、サービス開始の直前になって、ベゾス氏は価格を1時間10セントにまで引き下げるよう指示したのです。長期にわたる赤字化を懸念した周囲のスタッフは反対しましたが、ベゾス氏はこの価格でのサービス提供を断行しました。

利益率を高く設定すると業界水準の利益率が高くなるため、結果的にライバル企業の参入を促すことになり、競争が激しくなります。そのため、短期的には赤字が出ようとも利益率を極端に低く設定することで顧客を確保し、クラウドコンピューティングサービス市場でのリーダーになろうとしたのです。ベゾス氏の根本的な思想が垣間見える一幕です。サービス開始当初から、意図的に徹底的な低価格で事業を展開した結果、グーグルやマイクロソフトといった潜在的な競合に対して、圧倒的に有利なポジションをアマゾンは築くことができたといえます。

【月額会員制サービス「アマゾン・プライム」】

アマゾン・プライムは、アマゾンが提供する月額会員制サービスです。２００５年にアメリカで提供が開始された当初は、商品を短期で配送するサービスでしたが、２０１８年現在では、動画配信や音楽配信など、サービス内容の幅を広げています。動画配信サービスのネットフリックス（Netflix）やフールー（Hulu）、音楽配信サービスのスポティファイ（Spotify）など、サブスクリプションサービス（月額会員制サービス）の浸透にともない、事業の姿を変化させてきたのです。

２０１８年の年初時点で、今や北米での会員数は1億人に迫ると推計され、ケーブルテレビの加入者数を上回る勢いです。２０１６年には推定45億ドルをオリジナルコンテンツ作成等、動画サービスの充実のために投資するなど、テレビ番組やネットフリックス、フールーといった動画配信サービスに対抗するための施策を打っています。

【スマートスピーカー「アマゾン・エコー」】

ＥＣ、ＡＷＳ、アマゾン・プライムに続く第４の事業の柱となることを期待されているのが、スマートスピーカー「アマゾン・エコー」です。２０１６年時点で、アマゾンでは１０００人以上がアマゾン・エコーに搭載される同社の人工知能「アレクサ（Alexa）」の開発に取り組んでいます。

アルファベット、マイクロソフト、フェイスブックなど、強力な競合が開発を競う人工知能ですが、アマゾンは２０１４年にはスマートスピーカーを製品化することで、同領域におけるリーダーとしてのポジションを早々に獲得。２０１７年9月時点では、全米市場の76％のシェアを獲得しています。

【新興国への投資】

こうしたサービスの開発に加え、アマゾンは新興市場にも積極的に投資しています。２０１４年に20億ドルを投じた物流拠点を開設、さらに２０１６年には30億ドルを投資してクラウドサービスのデータセンターと、ソフトウェアのエンジニアリング・開発センターを開設しています。インドには小売業に対する外資規制があるため、アマゾンは、ｅコマースのインフラや、倉庫・物流ネットワークなどのロジスティック業務を地場企業に提供し、サービス料金を得るという、北米や日本とは異なる事業を展開しています。

【事業ポートフォリオの組み替え】

精力的に新規事業への投資を行う一方で、アマゾンは既存事業の閉鎖も行い、事業のポートフォリオの最適化を進めています。2011年に5・45億ドルで買収した日用品関連サイト、Diapers.comとSoap.comを2017年に閉鎖しています。2016年の後半時点では、Diapers.comとSoap.comは2017年にはフリー・キャッシュフローの創出に貢献すると見ていた中での方針転換でした。定番商品については、利幅の薄いナショナルブランドから、利益率の高い自社ブランドの販売に切り替えていくという同社の戦略の表れと見ることができます。

リクルート：得意分野に特化し、M&Aで海外市場を開拓

A．外部からの資金調達：創業から50年以上が経過した後の株式上場による約2000億円の調達

B．**資金の創出：キャッシュカウ化した日本国内事業からの資金創出と、買収先への「ユニット経営」導入による収益性改善**

C. **資産の最適配分：失敗体験を踏まえた積極的海外M&Aによる、「2020年、人材派遣・人材情報サービス世界一」に向けたグローバル化の実現**
D. ステークホルダー・コミュニケーション：主要セグメントの責任者が資本市場に対して直接説明

グローバル化に向けて、ファイナンス思考を駆使して大きな転換を遂げたのが近年のリクルートです。リクルートは1960年に、東京大学の学生新聞である「東大新聞」の広告代理店・大学新聞広告社として設立されました。その後、新卒大学生向けの求人広告、人材派遣、ライフステージに応じた販促メディアを展開しています。

一般消費者とサービスを提供する事業者をマッチングする強固なビジネスモデルと、活気あふれる社風を武器に、成長を続けてきました。創業から50年以上経つ老舗企業でありながら、精力的に新たな事業を生み出し続けている点において、リクルートは事業の現場が極めて強い会社であるという印象をもたれています。

その一方で、経営レベルにおいては2014年の上場をはじめ、近年はファイナンスを活用した取り組みを進めています。ここでは、2010年代におけるリクルートのグローバル化に向けた取り組みについて、ファイナンス思考の観点から見てみましょう。

海外展開を見すえ、ガバナンスを改革

２０１２年４月、当時48歳だった峰岸真澄氏がリクルートの5代目の社長に就任します。峰岸氏は就任当時、グローバル化、株式公開、国内分社化、ＩＴ化の４点を在任中の課題として設定しています。

また当時の株主総会では、株式公開の目的として、以下の３点を掲げています。

1. グローバルでの信頼性
2. 財務戦略の多様性
3. コンプライアンスを含めたガバナンスの強化

当時、**日本国外におけるリクルートの知名度は低く、海外展開にあたっては信頼性や信用が必要だった**のです。

上場を見すえた２０１２年の10月、リクルートは分社化を実施し、持株会社制による経営体制に移行し、社名を「リクルートホールディングス」に変更します。世界で通用するサービスモデルを作りあげるため、各事業単位でより責任をもつ体制に移行することを目的としたガバナンス体制の変更です。それまでリクルート本体で行っていた人材事業などの主要事

業部門を分社化し、７つの事業会社と３つの機能会社からなるグループ体制へと移行しました。事業は子会社ごとに分割する一方で、ＩＴ部門については強化に向けて、Ｒ＆Ｄ機能を持株会社のリクルートホールディングスの責任下に置いた経緯からは、ＩＴを軸としたリクルートの成長への意志がうかがえます。

２０１４年10月にリクルートは東証一部に株式を上場。株式の売り出しと公募増資により、約２０００億円を市場から調達します。この時の時価総額は、初値ベースで１・８兆円に達しました（A．外部からの資金調達）。

過去には失敗も多かったM&A歴

近年では多くのＭ＆Ａを手がけているリクルートですが、過去を振り返ると、必ずしもすべての買収がうまくいったわけではありません。２００６年からリクルートは中国に進出し、人材紹介事業を展開してきました。ですが、当初の海外進出は、十分には満足のいく成果を挙げることはできませんでした。その原因について峰岸社長は、曖昧で長期的な戦略ターゲット、計画者と実行者が異なっていたこと、現地法人への中途半端な権限委譲を挙げて総括しています。

こうした過去の経験を踏まえ、現在、同社のＭ＆Ａは多くの場合、実行者が市場調査を行

図表13　リクルートは2010年代から海外M&Aを積極化

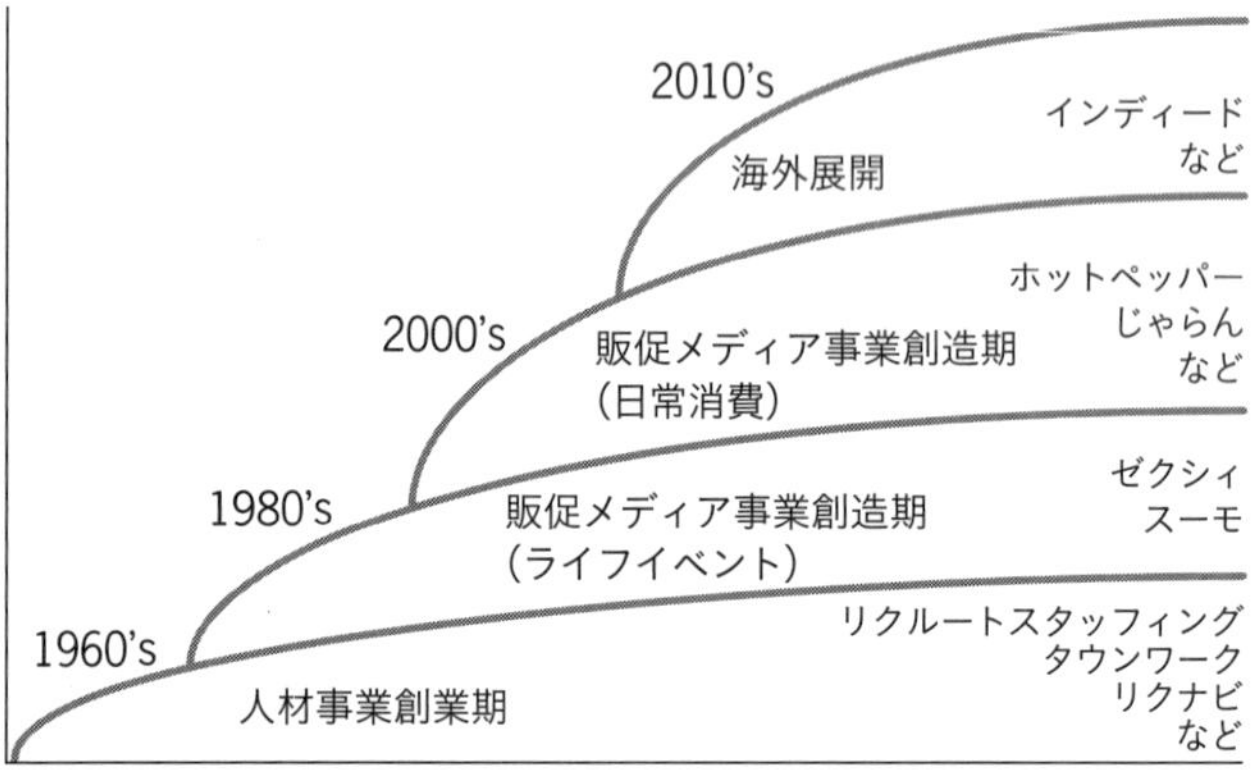

い、戦略を策定して、案件を計画しています。**買収前の時点で、統合後のイメージができているかどうかが、成否を左右する**という考えによるものです。M&Aの計画者と実行者が分離していると、買収前の段階で、その気になれば計画者が実現可能性を無視した、過剰な目標数値を掲げ、M&Aを強行することもできます。一方、リクルートの場合は、統合後の事業計画を策定した人物がそのまま事業執行者を務めます。そのため、自分で達成できる範囲の、無理のない計画を前提とすることで、事業の高値づかみを防ぐための工夫が施されているのです。

このように、起案者が買収後の事業を執行するため、自分が信じることのできない計画は起案できないことに加え、同社は徹底した数値主義を敷いています。そのため、事業計画の実現の確からしさを示すデータがないことには決議が通りませ

図表14　リクルートの海外展開における"2段階アプローチ"

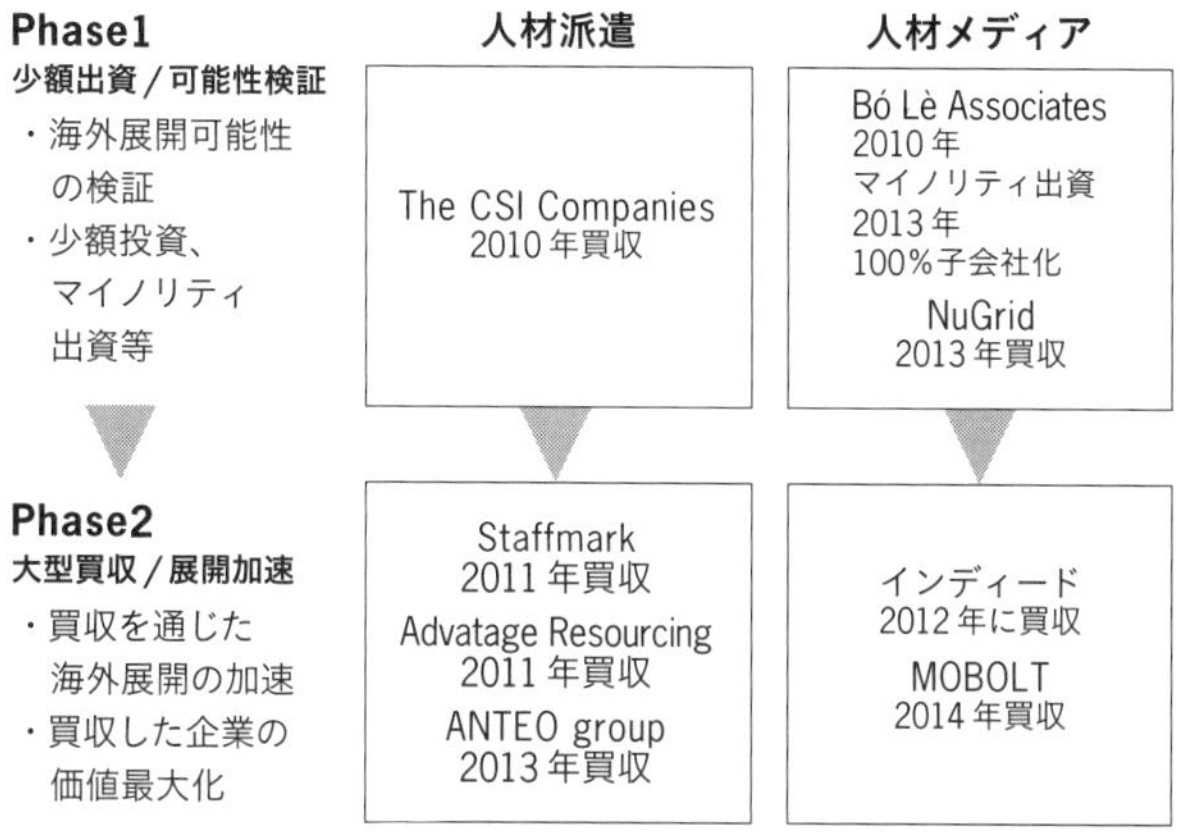

出所：2014年度 第2四半期決算説明資料

ん。こうした試行錯誤を経て、リクルートのM&Aや海外展開の成果が表れるようになったのは、2010年代のことです（図表13）。

同社では、海外展開を2つのフェーズに分けて実施しています（図表14）。まずフェーズ1では、少額の投資をしながら海外展開の可能性を検証します。そのうえでフェーズ2では完全買収を実施し、日本で培った事業の知見を買収した会社に適応します。価値を最大化する段階です。

同社が海外事業の買収で特に注力しているのは、「人材派遣」と「人材メディア」という2つの事業領域です。これら2つの事業領域は、それぞれ市場環境が異なります。人材派遣業界は変化が乏しく、労働集約型の安定した産業です。そこでリクルートは、**少額出**

図表15　2010年代におけるリクルートの主な買収事例

2010年　米CSIカンパニー（人材派遣）を約30億円（推計）で買収
2011年　米 スタッフマーク（人材派遣）を約2.9億ドル（約227億円）で買収
欧米で人材派遣業を展開するアドバンテージリソーシングを
約4.1億ドル（約310億円）で買収
2012年　米Indeed, Inc.（転職・求人検索サイト運営）を約10億ドル
（推計。約1000億円）で取得
2013年　香港Bó Lè Associates（エグゼクティブサーチ会社）を買収
印NuGrid Consulting（エグゼクティブサーチ会社）を買収
米Movoto LLC（中古車・不動産情報サイト）を買収
2014年　米MoBolt（モバイル求人サイト）を子会社のIndeed, Inc.が買収
2015年　豪ピープルバンク（人材派遣）を約0.7億豪ドル（約67億円）で
全株取得
豪 チャンドラーマクラウド（人材派遣）を約2.9億豪ドル
（約283億円）で全株取得
日本人が経営するスタートアップ・Quipper（教師向け宿題管理ツール）
を47.7億円で買収
独Quandoo（飲食店予約サイト）の株式を約2億ユーロ
（約265.5億円）で取得
米Atterro（人材派遣・アウトソーシング）を約45億円で取得
英Hotspring（オンライン美容予約サービス「Wahanda」）を
約1.1億ポンド（約210億円）で買収
蘭Treatwell（オンライン美容予約サービス）を3400万ユーロ
（約47億円）で買収
蘭USG People（人材派遣）をTOB（株式公開買い付け）により
子会社化。取得価格は約14.2億ユーロ（約1,885億円）

資や小型買収で成功パターンを再現できるかを見極めたうえで、大型買収を行うといったアプローチを採っています。

その一方、変化が激しく1社が市場を独占し得る人材メディアにおいては、勝ち筋を見立てたうえで、勝てると判断した会社を一気に買収するといった大胆な意思決定を行っています。異なる市場の特性に併せて、計画的にM&Aの手法を使い分けているのが、リクルートの特徴です。

図表15は、2010年代におけるリクルートの主だった買収事例です。幅広く事業を展開しているリクルートですが、こと海外のM&Aに関しては、特に人材派遣業界に積極的に投資していることが見て取れます。

目利き力と長期的な視点で、実現したインディード買収

峰岸氏が社長就任時の課題のひとつとして掲げたグローバル化は、M&Aによって計画的に実行されてきました。2012年の時点で峰岸社長は、4～5年内に「人材関連事業で世界一、人材以外の販促支援事業ではアジアでナンバーワンになる」という中期目標を定め、M&Aを含めた投資枠として4000～5000億円を設定しています（C．資産の最適配分）。

２０１２年には、同社のグローバル化の牽引役となる求人検索サービスを展開するインディード（Indeed）社を買収し、完全子会社化します。買収金額は公表されていませんが、10億ドル（約１０００億円）前後であったと推定されます。買収直前の２０１１年におけるインディードの売上は約８７００万ドル（約70億円）程度。売上も利益もまだまだ小規模の会社を約１０００億円で買収するという意思決定は大きなリスクを伴うものでした。

また、当時のリクルートの海外売上高は約２９３億円（２０１２年3月期）。全体の売上高比率の3％に過ぎません。そうした中での大型買収は、人材ビジネスにおいてグローバルでナンバーワンをめざすという強い意志の表れといえるでしょう。

この点、インディードの買収は、リクルートが蓄積してきた**事業ノウハウによる目利き力と、ファイナンス思考に基づく長期的な視点が噛み合った**事例でもあります。リクルートのインターネット事業の特徴は、バーティカル検索（特定領域に限定した検索）です。グーグルのように横断的にすべての事象を検索するのではなく、旅行、住宅、飲食、人材など、特定領域に特化した事業をリクルートは複数有しています。

進歩の早い業界と遅い業界の双方で事業を展開することで、各領域を横並びで比較検討し、その特性をつかんだうえで、他領域での成功事例を素早く反映することができたのです。さまざまな領域において相当数のバーティカル検索メディアを運営し、知見をもち合わせていたからこそ、人材領域であるインディードの事業特性が把握しやすく、市場が顕在化するか、大きく成長するかといった勘所をつかみやすかったのでしょう。なおかつ人材関連事業が比較的進歩の遅い領域といった事情もあって、有効な打ち手が見出しやすかったと考えられます。

カニバリズムを恐れぬ姿勢

またインディードが、リクルートが得意とするリクナビなど人材関連ビジネスの市場を奪いかねない事業であったことも、特筆すべき点です。**既存事業とのカニバリゼーションを恐れず、テレビCMをはじめ、大規模なマーケティング予算を投じる**姿勢からは、古いシステムのままのビジネスは、いずれ市場そのものが衰退するといった長期的な観点がうかがえます。

同事業に限らず、リクルート社内には競合する事業が少なくありません。たとえば、習い事・資格スクールの情報サイトである「ケイコとマナブ」と受験・進学サービス「リクナビ進学（現スタディアプリ）」、結婚情報誌の「ゼクシィ」とヘアサロン、リラク&ビューティーサロンの検索・予約サイト「ホットペッパービューティ」など、部分的に競合する複数の事業が社内に存在します。

経営上は、ホールディングスの経営陣と各事業長の間で合意した数字を達成すれば、どのように事業を進めるか、細かく問われることはありません。そのため、ホールディングスから事業間のシナジーを強いられることも、カニバリズム（社内競合）を避けるよう指示されることもないのです。事業部間の協業も競合も、それぞれが独自に判断して実行しています。このように、**事業単位で独自に意思決定を行う風土が根づいていることは、外部から事業をグループ内に取り込むうえで、プラスに働いている**側面もあるでしょう。

２０１５年には、事業および株価の好調を反映し、「今後３～５年の投資余力は７０００億円ある」と、さらに投資を強める考えを公言しています。

実際、インディードを除いては、２０１４年までの買収は、比較的小粒な案件が中心でしたが、２０１５年には米、豪の人材派遣企業に合計４００億円を投資。２０１６年にはオランダの人材派遣会社であるＵＳＧのＴＯＢ（株式公開買付）による大規模なＭ＆Ａ（約１８８５億円）を実施し、２年間で累計２０００億円超を人材領域に投資しています。ＵＳＧの買収により、人材派遣分野での売上高は単純合算で約１兆１０００億円に到達。同業界でリクルートは、世界4位の規模にまで成長しました（買収時の合算値）。

２０２０年で、人材派遣、人材情報サービスで世界一になるという目標を掲げていたリクルートは、こうした相次ぐ買収攻勢により、スイスのアデコなど、売上高２兆円台のトップグループを射程圏内にとらえたのです。その結果、２０１２年３月期に３％だった海外売上比率は、2017年3月末時点で39％にまで達しています。

特にインディードは買収後、2017年時点で月間2億以上のUV（ユニークビジター）数を有する、世界有数の求人情報提供サイトに成長しています。米国、カナダ、イギリス、フランス、イタリア、オランダといった主要国でナンバーワンサービスの地位を確立しており、「人材関連事業で世界一」になるという中期目標を順調に達成しているといえます。

ユニット経営を買収先にも活用

積極的に海外への投資を行い、海外売上高比率を高めているリクルートですが、その一方で、日本国内の事業は市場成長が乏しく、売上成長が鈍化傾向にあります。そうした背景が、同社の積極的な海外投資の動機にもなっているのでしょう。**日本国内事業については、投資資金を創出するためのキャッシュカウと位置づけ**つつあることが同社の報告から見て取れます。

たとえば、決算説明会では、国内派遣事業の高水準なEBITDA（Earnings Before Interest Taxes, Depreciation and Amortization：営業利益に減価償却費を加えた、企業価値の評価指標）は持続するのかという質問に対し、売上の伸びが鈍化する中で従来のEBITDAマージンを維持していくという方針を示しています。飽和する国内事業から、海外投

図表16　リクルートの「ユニット経営」とは?

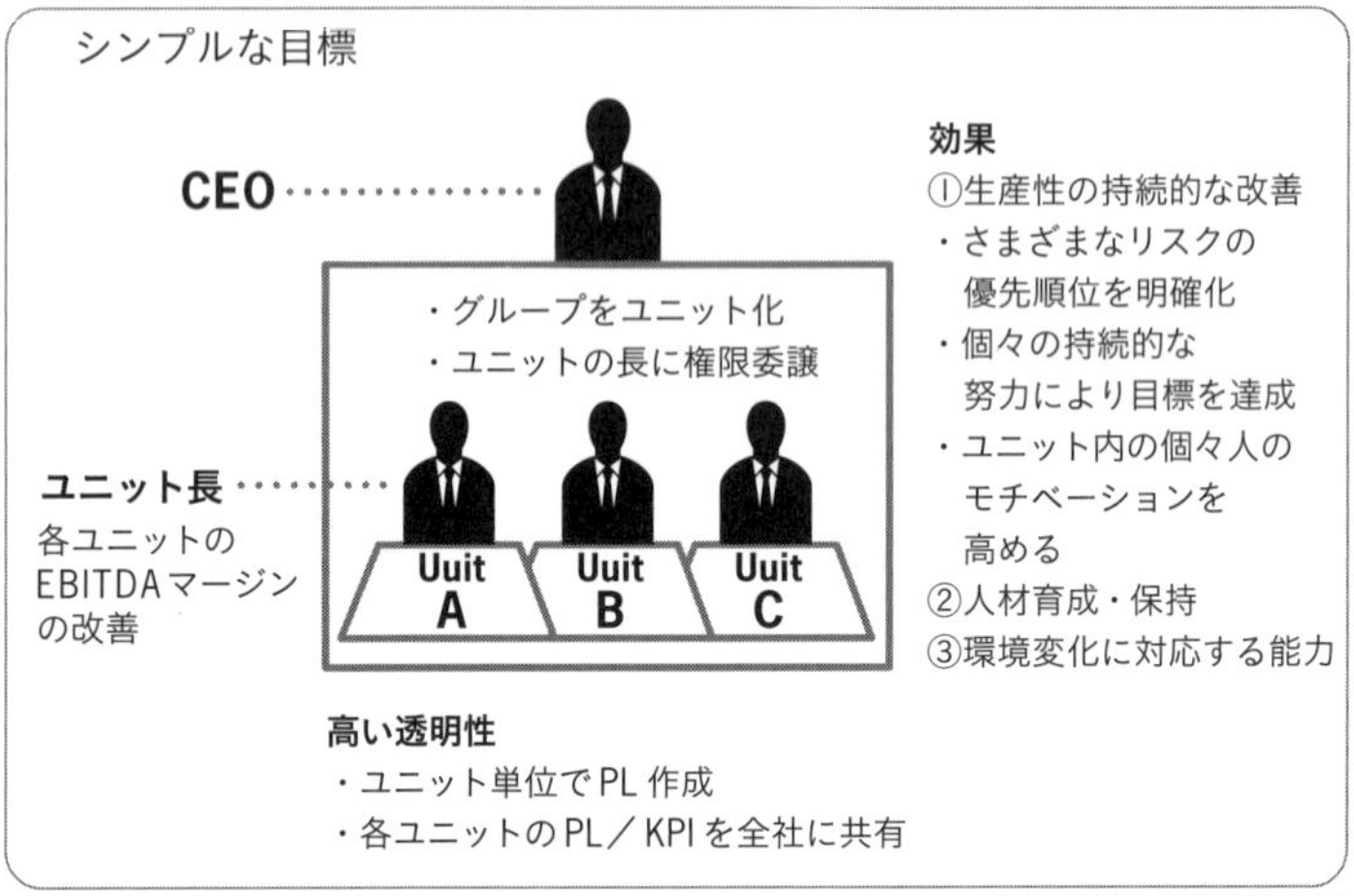

出所：2016年度決算説明資料

資に向けた資金を捻出しようとする思惑が見て取れます。

その一方、買収した海外事業においては、急成長を続けるインディードをはじめ、事業の成長・改善を通して、リクルートはEBITDAの創出に取り組んでいます。たとえば人材派遣事業では、各事業のユニットごとにPLを作成し、自律的な運営を一任すると同時にEBITDAマージン（売上に占めるEBITDAの比率）の改善目標を課するという、リクルート独自の「ユニット経営」（図表16）というノウハウを買収先に適用することで、徹底した生産性の改善を行い、EBITDAを向上させる取り組みを実施しています（図表17）。

図表17　グローバル規模でEBITDAマージンを改善

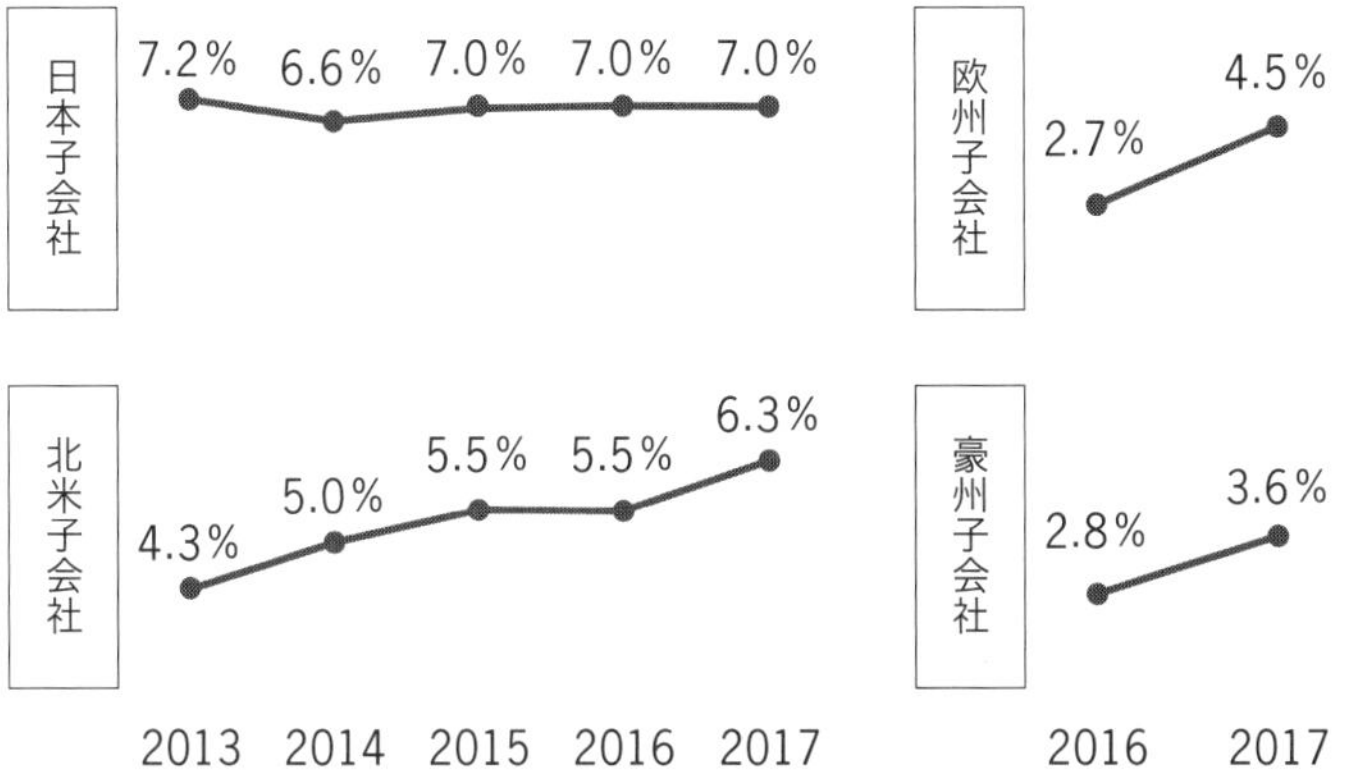

出所：2016年度決算説明資料

こうした経営ノウハウは、以前から国内事業の展開を通じて、リクルート社内に蓄積されてきたものです。たとえば無料クーポンマガジン「ホットペッパー」では、展開地域ごとに責任をもつ課長レベルの販元長がPL責任を負い、独自の裁量をもって事業を展開していました。こうした管理ノウハウが通用するかどうかを、CSIカンパニーといった、比較的小規模な派遣会社を買収して検証したのです。実際にこうした施策が機能することを確認したうえで、リクルートは続けざまにより大きな事業買収を行っています。

ユニット経営という独自ノウハウを、安価に買収した収益性の低い会社で活用し、収益性改善を通して成長させるという、M&Aの勝ちパターンを構築することに成

図表18　リクルートの近年の業績

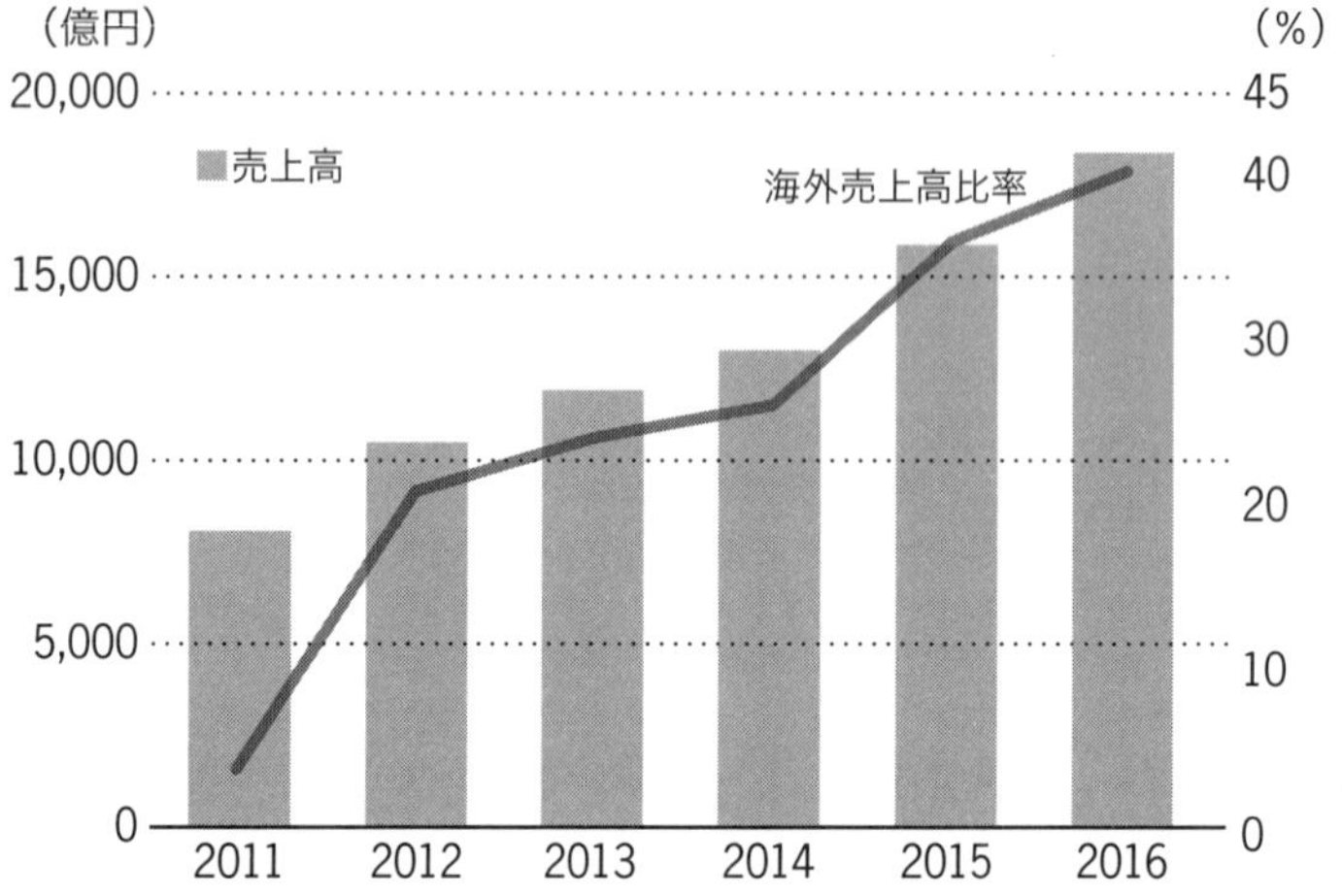

※2016年度よりIFRS基準

功したのです。こうしたM&A戦略を踏まえ、同社はEBITDAマージンの低い会社を買収先候補として積極的に選定していく旨を表明しています。

上場後、主に海外M&Aを通じて事業構成が大きく変化しているリクルートですが、事業構成の変化に応じて、情報開示のあり方も柔軟に変更しています。2018年3月期よりは、「現在のリクルートの時価総額の半分を占める」とまでいわれるIndeedの業績を、新たに設けた「HRテクノロジー」という事業セグメントで明示し、情報開示に取り組んでいます（図表19）。

また、CEOやCFOのみならず、各四半期の決算説明会で主要セグメントの責任者が、それぞれの管掌事業について説明し

図表19　インディードの業績を明快にしたセグメント変更

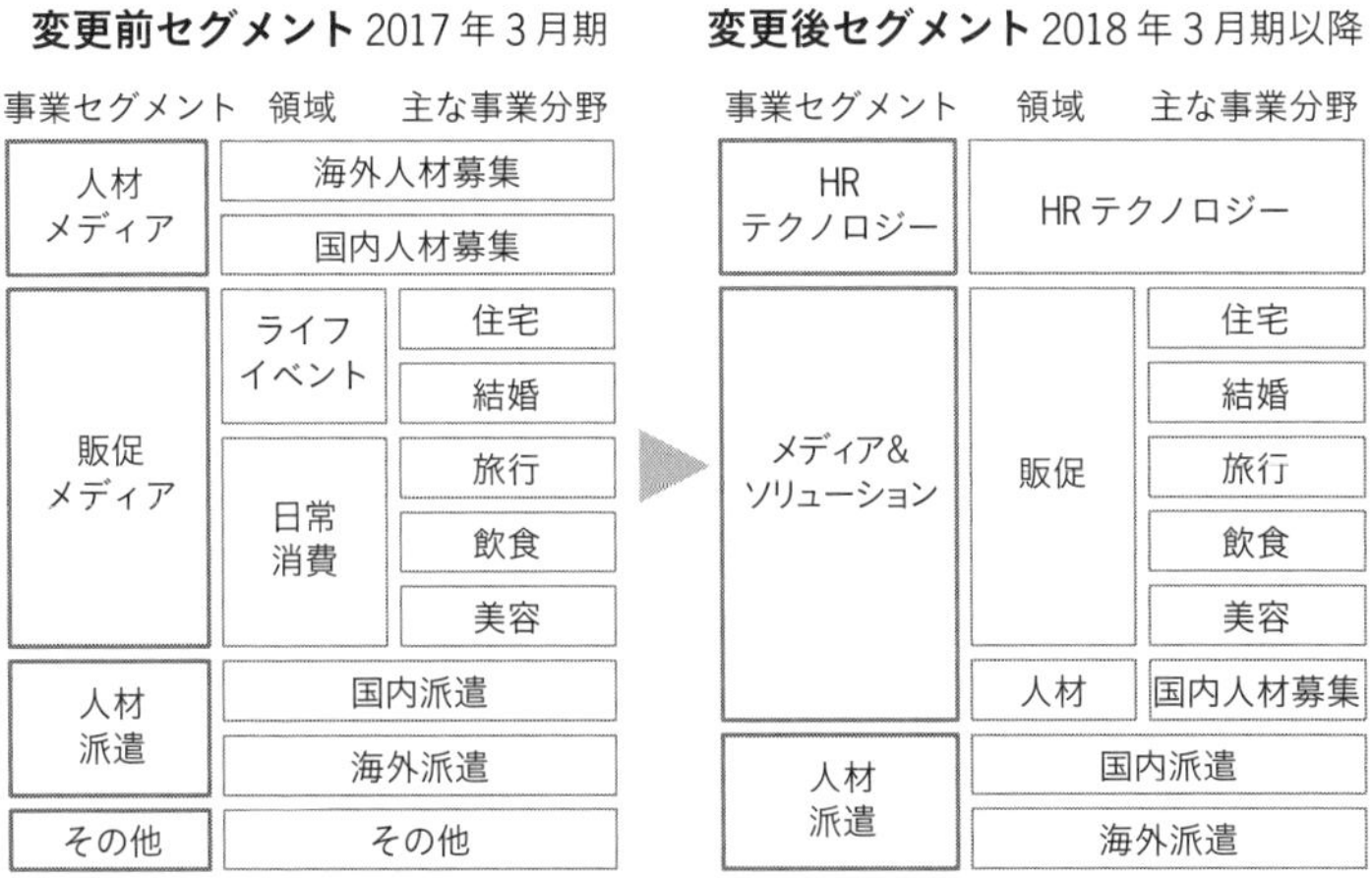

事業セグメント	領域	主な事業分野
人材メディア		海外人材募集
		国内人材募集
販促メディア	ライフイベント	住宅
		結婚
	日常消費	旅行
		飲食
		美容
人材派遣		国内派遣
		海外派遣
その他		その他

事業セグメント	領域	主な事業分野
HRテクノロジー		HRテクノロジー
メディア&ソリューション	販促	住宅
		結婚
		旅行
		飲食
		美容
	人材	国内人材募集
人材派遣		国内派遣
		海外派遣

※変更前セグメントの［その他の事業］は、変更後は［メディア＆ソリューション事業］に含まれます。
※2016年度決算説明資料

ているのも特徴的です。事業の責任者が資本市場に対して直接説明する、非常に珍しい事例であるといえます（D.ステークホルダー・コミュニケーション）。

先述した、「事業間のカニバリズム（社内競合）も辞さない」という姿勢からも見て取れるように、リクルートにおいて、権限と責任の委譲はもはや企業文化の根幹をなすまでに徹底されています。日常の事業運営や戦略策定についてはホールディングスからの介入がほぼないということもあり、事業責任を負っている人物が外部に対して説明責任を果たすという行為が、極めて自然に実現できているのでしょう。

ＪＴ：ジリ貧の危機感から、グローバル化へ一直線

A．外部からの資金調達：東証一部への上場を通じた、海外たばこ事業買収のための成長資金の獲得
B．資金の創出：好業績下での工場閉鎖などの経営合理化により、事業買収に向けたキャッシュフローを創出
C．**資産の最適配分：大型の海外M&Aと買収事業に対する積極的な成長投資によるポートフォリオ入れ替え。遊休不動産の流動化と売却による資産の最適化**
D．ステークホルダー・コミュニケーション：国外投資家の要望に応え、11億円のコストをかけたIFRS（国際会計基準）任意適用

ファイナンス思考を発揮しているのはアメリカの企業やオーナー系企業だけではありません。外部環境が急変する中、計画的かつ果敢に海外M&Aを進めることによって、日本のローカル企業からグローバル企業への大転換を実現した好例が、「JT」の略称で知られる日本たばこ産業（以下、JT）です。

ＪＴは、たばこ・塩・樟脳《しょうのう》（医薬品や香料などに使用する化合物）の専売業務を行っていた日本専売公社を前身として、１９８５年に設立されました。「日本たばこ産業株式会社法」により、株式の３分の１以上を日本国政府（現財務省）が保有することが規定されている、特殊会社です。同社には日本産葉タバコの全量買い取り契約が義務づけられており、一方で国内でのたばこ製造の独占権を有しています。

ＪＴの船出は、その設立当初から波乱に満ちたものでした。

１９８５年の民営化・設立と時を同じくして、日本のたばこ市場が海外メーカーにも開放されました。その一方で、マクロ環境も急変しました。85年のプラザ合意によりドルの切り下げが始まり、為替レートは１ドル２５０円から、わずか３年の間に１ドル１２５円まで、一気に2倍まで円高が進行したのです。また87年には、米国通商代表部と日本政府の交渉の結果、シガレット（紙巻たばこ）への関税率がゼロになりました。民営化直後から、急激な円高、外国産たばこの関税撤廃により、ＪＴは激しい競争にさらされたのです。

こうした逆風下、88年にＪＴは経営戦略の策定のため、国内たばこ事業の総売上本数の予測を実施しました。その結果、喫煙率の高い20～60歳の人口減少と、１人あたり名目ＧＤＰの推移より、国内におけるたばこの消費量が、10年後の98年を境に減少傾向に転じるという予測結果を得たのです。

図表20　海外たばこ事業販売数量と主な国内M&A

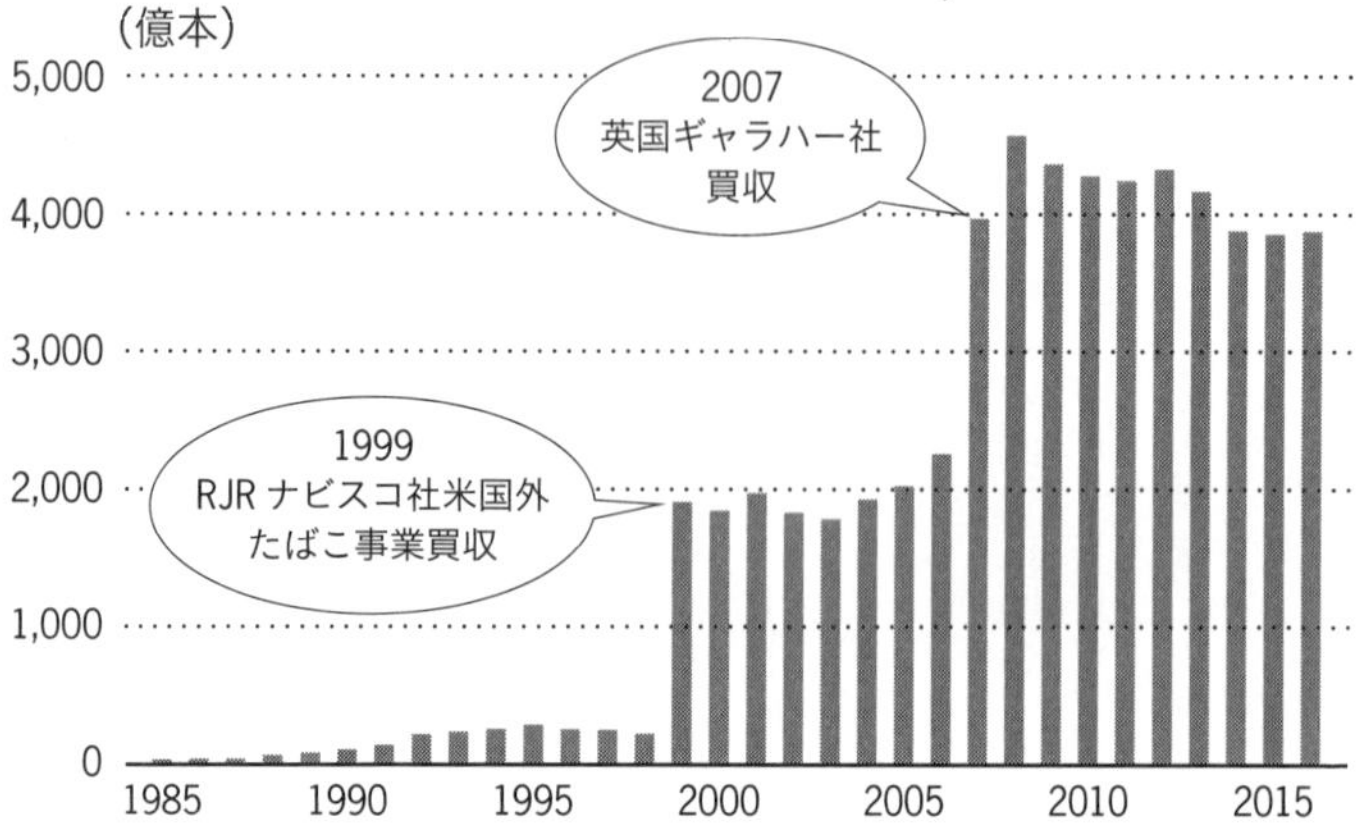

M&A、成長投資で海外事業も順調に拡大

国内市場の縮小見通しと、海外企業参入による競争の激化といった環境変化に直面し、JTは海外での事業拡大を早期に図らなければならないという強い危機感をもつようになりました。

その際の**ネックとなったのが、日本国産たばこを海外で販売する際に発生する高い関税**です（当時のEUのたばこ関税率は90％）。海外のたばこ事業で採算性を確保するためには、たばこを販売する国の中で、原料である葉タバコの調達、たばこの製造、販売を一貫して実現する必要がありました。また、すでに先進諸国ではたばこの広告宣伝や販売促進に規制が導入されており、ゼロからブランドを立ち上げることが非

図表21　JTの海外収益は約30年で6割に

	1985年度	2006年度	2017年度
JT国内販売数量	3,032億本	1,749億本	1,514億本
JT海外販売数量	14億本	2,401億本	3,985億本
売上収益（税抜）	10,109億円	20,087億円	21,397億円
国内たばこ事業	100%	58.4%	29.3%
海外たばこ	0	24.1%	57.8%
医薬事業	0	2.4%	4.9%
食品事業	0	13.9%	7.6%
その他	0	1.2%	0.4%

常に困難な状況になっていました。

こうした逆風や障壁を乗り越えて海外での事業を立ち上げるために、ＪＴは海外Ｍ＆Ａを主軸とする成長戦略を打ち立て、計画的な事業買収を行ってきました（図表20）。既存事業からキャッシュフローを創出し、Ｍ＆Ａに向けて資金力を蓄えることで、米ＲＪＲＩ（９４２０億円）や英ギャラハー（２・２５兆円）などの大型買収に備えたのです。結果として、今日のＪＴの業績は、海外事業が牽引するに至っています（図表21）。

ＪＴのグローバル化に向けた取り組みは、既存事業からのキャッシュフローを成長に向けたＭ＆Ａに振り向けたという点で、「Ｂ．資金の創出」と「Ｃ．資産の最適配分」がうまく噛み合った成功例といえます。

M&Aによって買収した会社に対し積極的な成長投資を行っていることも、海外事業が成功した要因でしょう。

たとえば99年に買収したRJRIの場合、親会社であるRJRナビスコが、買収ファンドの草分けであるKKRによって買収された際に多額の負債を抱えていました。こうした親会社の負債を返済するために、子会社であるRJRIは過剰なコスト削減や人員削減を余儀なくされ、完全に競争力を失っていました。JTによる買収前、RJRIは親会社であるRJRナビスコの、キャッシュマシーンとして扱われていたのです。

RJRI買収後、JTはブランドの再生に向けて、1億ドル（当時の為替レートで942 0億円）のマーケティング投資を追加で実施しました。当時、JTの海外たばこ事業のEBITDAが3・38億ドルしかなかったことを考えると、この1億ドルの投資が相当な規模であったことがうかがえます。

資源配分や管理手法も見直し

海外たばこ事業の拡大に要した多額の借入を圧縮し、さらなる事業投資に向けた原資を獲得するために、資産配分の見直しを推進している点にも、JTのファイナンス思考に基づく行動が見て取れます。海外事業が増えて、地域ごとの各社でキャッシュが創出されても、それを本社で一元的に管理できないことには、せっかくの資金を活用することができません。こうした課題を踏まえ、ＪＴは、グループ内に点在する資金を、国境をまたいで最小のコストで移動させる体制を築いています。

こうした体制整備の背景には、ＲＪＲＩの買収以降、財務機能の強化が喫緊の課題として強く認識されたことも関係しているのでしょう。それまで分離していた資金管理、為替管理、税務、経営企画といった機能が統合され、連結決算の早期化やＣＭＳ（キャッシュマネジメントシステム）の導入が、全社プロジェクトとして図られています。

また同社は、流通大手に賃貸していた、国内の工場跡地を利用した商業施設を、Ｊ－ＲＥＩＴ（不動産投資信託）化し、その管理会社をフロンティア不動産投資法人として上場させています。これにより、遊休不動産を流動化させることに成功したのです。製造業者がＪ－ＲＥＩＴを立ち上げるのは、日本では初めての取り組みでした。その後、大規模商業施設の開発規制が厳しくなり、ＪＴとのシナジーが薄くなってきたことを踏まえ、フロンティア不動産投資法人は、２００８年に三井不動産に売却されています。

２００５年には、当時、ＪＴの販売数量の約12％を占めていた、「マールボロ」の国内販売ライセンスを打ち切るという決断をしています。グローバルでライバル関係にあったフィリップモリスの「マールボロ」を販売することで、自社の経営資源を競合ブランドに提供しているという状況だったこと、また、長期的にライセンス契約を継続できる保証がない中で、「マールボロ」への依存度を高いままにしておくことが、リスクの放置につながるという考えに基づく意思決定でした。その結果、ＪＴは当時の営業利益の30％に相当する、約５００億円を失うことになりました。目先の利益に目を奪われず、グローバルで自社事業を伸ばすという信念の表れであったと言えるでしょう。

事業の合理化も断行

海外事業の買収後、キャッシュフローの創出に向けて、徹底した事業の合理化を進めたことも、ＪＴの特徴です（B．資金の創出）。99年の買収以降も、ＲＪＲＩは高水準の売上と利益を維持していましたが、２００２年より同社の経営合理化を実施したのです。好業績の中での実施決定、社員への退職パッケージのためのキャッシュ流出など、ＰＬ脳ではなかなか断行できない決断です。しかし、こうしたキャッシュフロー創出の取り組みがあったからこそ、２００７年のギャラハー買収は実現できたと、同社ＣＦＯ（当時）の新貝康司氏は述べています。同じリストラであっても、長期的な企業価値向上という視点からの施策であることは、短期的キャッシュフロー創出のために実施されていた、買収前のＲＪＲＩのコスト削減とは対照的です。

また同社は、過去最高益を見通していた2013年度にも、国内9カ所のたばこ関連工場のうち、4工場を閉鎖し、同時に本社社員の2割にあたる1600人の希望退職を募集しました。好業績の中でのリストラ実施に、同社のキャッシュ創出に向けた強い意志がうかがえます。同じコスト削減であっても、**短期的なPLに固執した結果、業績が悪くなったタイミングで初めてリストラに追い込まれるPL脳の動作とは、意味合いがまったく異なる**といえるでしょう。

こうした多様なファイナンス面の活動を実施するにあたり、新貝氏は、**CFOを「経営者、CEOの財務面でのブレーン」「資本市場や金融市場への対話窓口」「財務機能のリーダー」**と位置づけ、会計や税務のエキスパートの延長線上にある職務とは異なると明言しています。そうしたCFOの役割のひとつとして、同氏が挙げているのが、資本市場、金融市場等の外部ステークホルダーと対話を通じて良好な関係を構築・維持することです（D．ステークホルダー・コミュニケーション）。

その表れのひとつが、11億円のコストをかけて実施した、IFRS（国際会計基準。詳しくは178ページ）の任意適用です。2018年時点で、JTは世界のたばこメーカーのトップ5に入る売上を誇っています。競合各社が米国会計基準、IFRSで業績を開示する中、投資家からは、同じ基準で数字を出してほしいといった要望が寄せられていました。こうした要望に応えて開示レベルを上げ、投資家からの信頼を勝ち取ることで、国際資本市場からの効率的な資金調達が可能になるのです。

関西ペイント：資本力と地道なIRで、自動車1本足打法から脱却

> A．**外部からの資金調達：「グローバル化の加速」のための転換社債発行による1000億円の資金獲得**
>
> C．資産の最適配分：海外M&Aを通じ、グローバル化と自動車塗料、工業用、汎用（建築・自動車補修）からなる3本柱体制への事業入れ替えを実現
>
> D．**ステークホルダー・コミュニケーション：資金調達・買収の前段階から「グローバル化の推進」を打ち出し、海外M&A実施により有言実行**

地方企業でありながら、海外大手との競争を意識した資金調達戦略と積極的なM&Aによって飛躍したのが、関西ペイントです。

1918年に兵庫県尼崎市で設立された塗料メーカーである関西ペイントは、2018年時点では、約80カ国で事業を展開するグローバル企業です。自動車塗料メーカーとしては世界トップ5、また自動車以外も含む塗料業界全体でも世界トップ10に入ります。2016年度の連結売上高は3302億円、海外売上比率は59％に達しています。国内主体の老舗塗料メーカーであった関西ペイントが海外売上比率を高めてきた背景には、M&Aを活用し、海外市場を切り拓こうとしてきた歴史があります。

2000年当時、1800億円弱だった関西ペイントの売上高は、自動車塗料を中心に着実に成長し、2008年3月期には2865億円にまで達します。その過程で、同社の海外売上比率は21％から37％にまで成長しました。

BtoBとBtoC両立への挑戦

ところがリーマンショック後の2009年3月期、売上高は一気に2300億円弱まで落ち込んで10％以上の減収に転じ、収益性も急激に悪化してしまいます。それまでの関西ペイントのグローバル化は、顧客である大手日本自動車メーカーの海外進出に便乗し、自動車メーカーが新設する工場の付近に自社塗料工場を開くことで実現してきました。リーマンショック後の業績悪化は、自動車向け塗料に対する依存度の高まりが露呈した出来事であり、関西ペイントは**事業ポートフォリオの多角化を迫られていた**のです。

また当時、国内の塗料市場は縮小が見込まれる中、世界の塗料市場は新興国市場や建築塗料を中心に拡大する一方で、グローバルの大手塗料メーカーはM&Aによる拡大を加速していました。**塗料メジャーによる寡占化に抵抗しないことには、世界の塗料業界の潮流から取り残されかねない状態**だったのです。

こうした状況を受け、関西ペイントは、自動車塗料への依存体質から脱却し、工業用、汎用（建築・自動車補修）を加えた3本柱での事業展開、自動車メーカーに依存しないグローバル化といった課題に取り組んでいくことになりました。自動車メーカー向けの事業に加え、汎用（建築・自動車補修）事業に着手するということは、一般顧客向けの事業にも新たに注力することを意味します。

関西ペイントの事業多角化は、**BtoBとBtoCという、性質の異なる2つのビジネスモデルを両立させる挑戦**でもあったのです。こうした方策を実現するために、2011年以降、石野博現社長が中心となって、関西ペイントは海外M&Aを本格化しました。主だった案件は図表22の通りです（C．資産の最適配分）。

こうした取り組みの結果、2007年時点では45％まで上昇していた自動車関連の売上高

図表22　関西ペイントの積極的な海外M&A

2011年：南アフリカで3割のシェアを握る、フリーワールド・コーティングスを約300億円で買収。同社は内装や建築向け塗料に強みをもち、売上高は約330億円（2010年9月期）。

2011年：ジンバブエ最大手で40%の市場シェアをもつアストライ・インダストリーズ社を約440万ドルで買収。

2016年：オーストリアのヘリオス社を約700億円で買収。
欧州やヨーロッパにおいて鉄道車両向けなどの工業用塗料に強みをもち、売上高は約500億円（2015年12月期）

2016年：マレーシア有数の建築塗料メーカー、SPI社を買収。
売上高は約17億円

2017年：東アフリカ地域の塗料市場でトップのシェアを誇る、Sadolinグループを買収。売上高は約96億円（2015年度）

は、２０１６年には38%までに低下し、代わりに建築向け塗料の売上比率が17%から26%まで上昇しました。また、２００７年時点で37%だった海外売上比率は、２０１７年では約60%までに成長したのです。

これらの**積極的な海外M&Aは、グローバル大手企業との買収合戦に備えて資本力を蓄えることができたからこそ実現できた**ものです。

２０１６年に実施したヘリオス社の大型買収に先立ち、関西ペイントは、１０００億円の転換社債を発行しています（A．外部からの資金調達）。こうした大型の資金調達や大型買収を実施する前の段階から、関西ペイントはグローバル化の推進という基本方針を、対外的に打ち出してきました。そして実際に海外M＆Aを積極的に積み重ねることによって、有言実行を果たしてきたのです（D．ステークホルダー・コミュニケーション）。

これらの実績があったからこそ、「グローバル化の加速」という説明での転換社債発行が可能になり、またその資金を活用して、ヘリオス社を買収することに成功したのです。関西ペイントの事例は、IRは1日にしてならずということを知るうえでの好例です。「D．ステークホルダー・コミュニケーション」と「A．外部からの資金調達」を一貫させてグローバル化を実現した、ファイナンス思考の体現といえるでしょう。

コニカミノルタ：背伸びせず、事業ポートフォリオ経営を徹底

A．外部からの資金調達：自己資本の増強、銀行借入依存の低下、金利コストの削減に向けた転換社債型新株予約権付社債（CB）による資金調達
B．資金の創出：事業のスリム化によるキャッシュの創出
C．**資産の最適配分：縮小するフィルム・カメラ事業の売却・撤退と、複合機事業と光学デバイスを成長事業と位置づけた、事業の選択と集中**
D．ステークホルダー・コミュニケーション：ウェブサイトへの積極的な情報開示や

KPIの開示など、資本市場とのコミュニケーションを意識した取り組み

自社の状況を客観的にとらえ、「攻め」と「守り」の財務戦略を進めたのがコニカミノルタです。コニカミノルタは、2003年8月にフィルム事業を主とするコニカとカメラ事業を主とするミノルタの経営統合により発足しています（図表23）。

当時、コニカが手がけるフィルム事業にはコダックや富士フイルムといった大手競合が存在しました。一方、ミノルタが展開するカメラ事業においてもキヤノンやニコンといった大手競合が存在しました。両社とも、それぞれの業界における中堅プレーヤーといった立ち位置だったのです。**当時のフィルム事業とカメラ事業は、ともにデジタルカメラへのシフトが急激に進んでおり、中堅プレーヤーとして単独で事業を展開するのは困難な状態**でした。

それに加えて統合前、コニカとミノルタの株主資本比率はそれぞれ35・1％、15・8％と非常に低い状態でした。特にミノルタは2002年3月期には344億円の赤字決算となり、株主資本が465億円まで低下（株主資本比率10・9％）するなど、財務面で厳しい状況に直面していました。

コニカミノルタの誕生は、**市場環境が急変する中、それぞれの財務状況を鑑み、生き残りをかけた経営統合**だったのです。

図表23　コニカミノルタの誕生

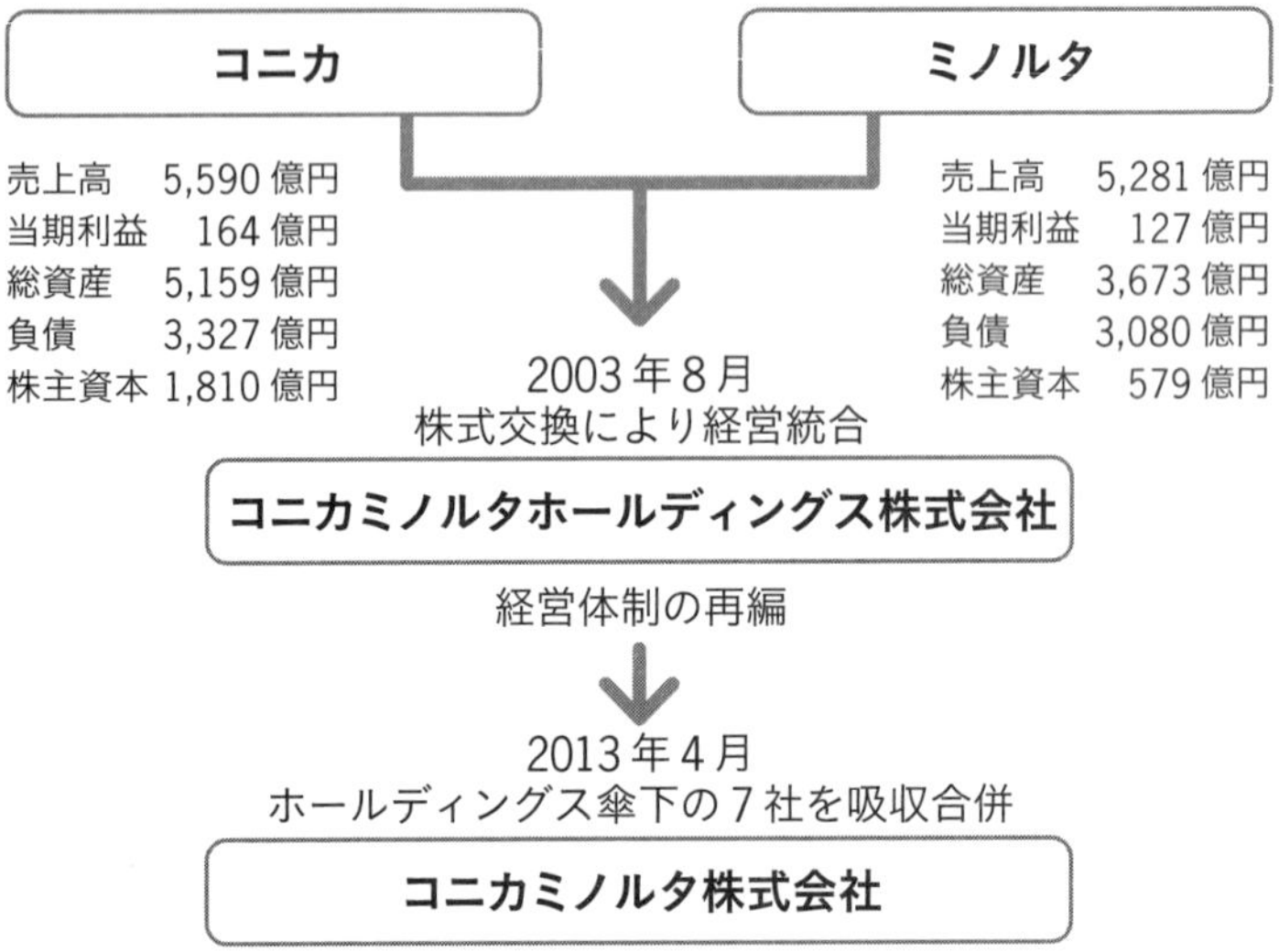

統合直前の2003年3月期における、コニカとミノルタ各社の業績は図表23中にある通りです。

脱フィルム事業の苦難

統合後のコニカミノルタにとっては、負債に偏った財務状況の改善と、新たな事業の柱を作ることが、統合前から続く重要な経営課題でした。事業を強化するためにも、財務状況を改善し、投資余力を得ることが必須だったのです。また、事業の選択と集中を進め、非注力事業を整理するためにも、財務体力が必要です。

当時のコニカミノルタは、**既存事業の整理と新たな事業の構築、財務の改**

善を同時並行で実現する必要に迫られていたのです。またこうした活動を、大企業同士が合併した後の混乱期に進めなければならなかったことが、より一層舵取りを難しくしていました。

統合後もデジタルカメラの普及が進む中で、コニカミノルタのフィルム事業とカメラ事業はさらに厳しい状況に追い込まれていきました。大手競合であったキヤノンは印刷事業が好調であり、なおかつカメラのデジタル化が進んでいく中においても、高い支持を集めていた一眼レフカメラで競争力を保ち続けていました。フィルム事業の逆風という点では、同事業大手の富士フイルムも同様の厳しい環境変化にさらされていましたが、同社は強固な財務基盤を武器に、事業買収を通じて医薬事業に大きく事業をシフトしていきました。財務体力の乏しいコニカミノルタにとっては、このような事業転換は困難だったのです。

2003年時点で、将来的にフィルムとカメラの両市場が急激に縮小することが予測される中で、構造改革による事業基盤の立て直しと、負債の返済による財務基盤の整理・強化が、コニカミノルタにとって重要なテーマでした。実際、世界最大のフィルムメーカーであったコダックは、こうした環境変化に十分対応することができず、2012年にはチャプター11（連邦倒産法第11章）を適用して、破産処理を進めています。

以下の6点は、経営統合時にコニカミノルタが掲げた基本経営戦略です。

・事業ポートフォリオ経営の徹底
・グループガバナンス運営の推進
・イメージング領域におけるコニカミノルタブランドの浸透
・グループの重点技術戦略の推進
・人事理念に基づいた実力人事の実施
・企業の社会的責任重視

以降、この基本経営戦略に沿って、コニカミノルタは自社の改革を進めていきます。特に「事業ポートフォリオ経営の徹底」に関しては、複合機事業を「中核事業」とし、事業拡大とキャッシュフローの創出を狙い、また光学デバイスについては「戦略事業」と位置づけ、「世界最強の光学デバイス企業を実現」すると宣言しました。その一方で、世界初のオートフォーカスカメラの開発に成功していたカメラ事業や、国産初のカラーフィルム発売の実績のあったフィルム事業については、「構造転換事業」と位置づけ、選択と集中を進めていきました。

2006年、コニカミノルタはデジタル一眼レフカメラ事業を共同開発のパートナーであったソニーに譲渡、また証明写真事業と写真関連製品の国内販売事業を大日本印刷へ譲渡します。収益性の上がらなかったカメラ事業とフォト事業の運営を終了したのです。またこれに伴い、全世界3万3000人の従業員から1割以上に相当する3700人の人員を削減しました。

その反面、「中核事業」と位置づけた複合機事業では、大手各社が幅広い製品ラインナップで勝負する中、フィルム事業で培った化学領域での強みを活かし、大手に率先してカラー機への置き換えを顧客に促しました。同市場でのシェアを拡大し、トナー販売による消耗品事業の基盤を強固にすることで、中堅印刷機メーカーから準大手の地位まで複合機事業を押し上げることに成功したのです。こうしたカラー機の推進は、コニカとミノルタの両社の強みをもち寄って事業領域を選択したことにより実現できた事例といえるでしょう。

こうした選択と集中、事業のスリム化を続けることでキャッシュを創出し、財務状況を改善。2009年以降は積極的な事業買収も、コニカミノルタは進めています。統合前は両社合わせて2200億円程度であった純資産は、2018年現在では5400億円（IFRS）まで改善しています。

危機的な財務状況から好循環への転換

経営統合以降のコニカミノルタの活動をファイナンスの観点から振り返ってみましょう。

統合前の段階から、コニカミノルタにとっては、財務体質の改善と事業ポートフォリオの入れ替えが急務でした。特に財務体質については、自己資本比率の改善、自己資本の増加、債務の引き下げといった課題を抱えていたのです。こうした課題を解決するために、統合前の両社の祖業でもあるフィルム事業とカメラ事業の売却・撤退を進めていきました。ある意味では、競合大手よりも規模が小さく、デジタルカメラへの移行が進む中、早い段階で苦境に陥ったことにより、固定費等の削減に先回りして取り組むことができたともいえるでしょう。

また、カメラ事業とフィルム事業からの撤退を進めた2006年、コニカミノルタは転換社債型新株予約権付社債（CB）によって資金調達を行っています。競合する大手と戦うために、自己資本を増やすことを狙ってのものでした。当時、大手競合の間では、グローバルでの販売網獲得を狙った大型の買収が進行していました。こうした中、**小規模事業者であっても大手に追随するために、資金の獲得が必要**だったのです。また2010年には、統合後初めての普通社債を発行しています。それまで、主に銀行から資金を調達していたところ、より広く資本市場から資金を調達することを意識してのことでした。

財務体質が整ってきた2009年以降はM&Aなど、より積極的な投資活動を推進しています。同社は主にソリューション領域で、数十件のM&Aを実施。それぞれの案件は数十億

図表24　総還元性向の推移

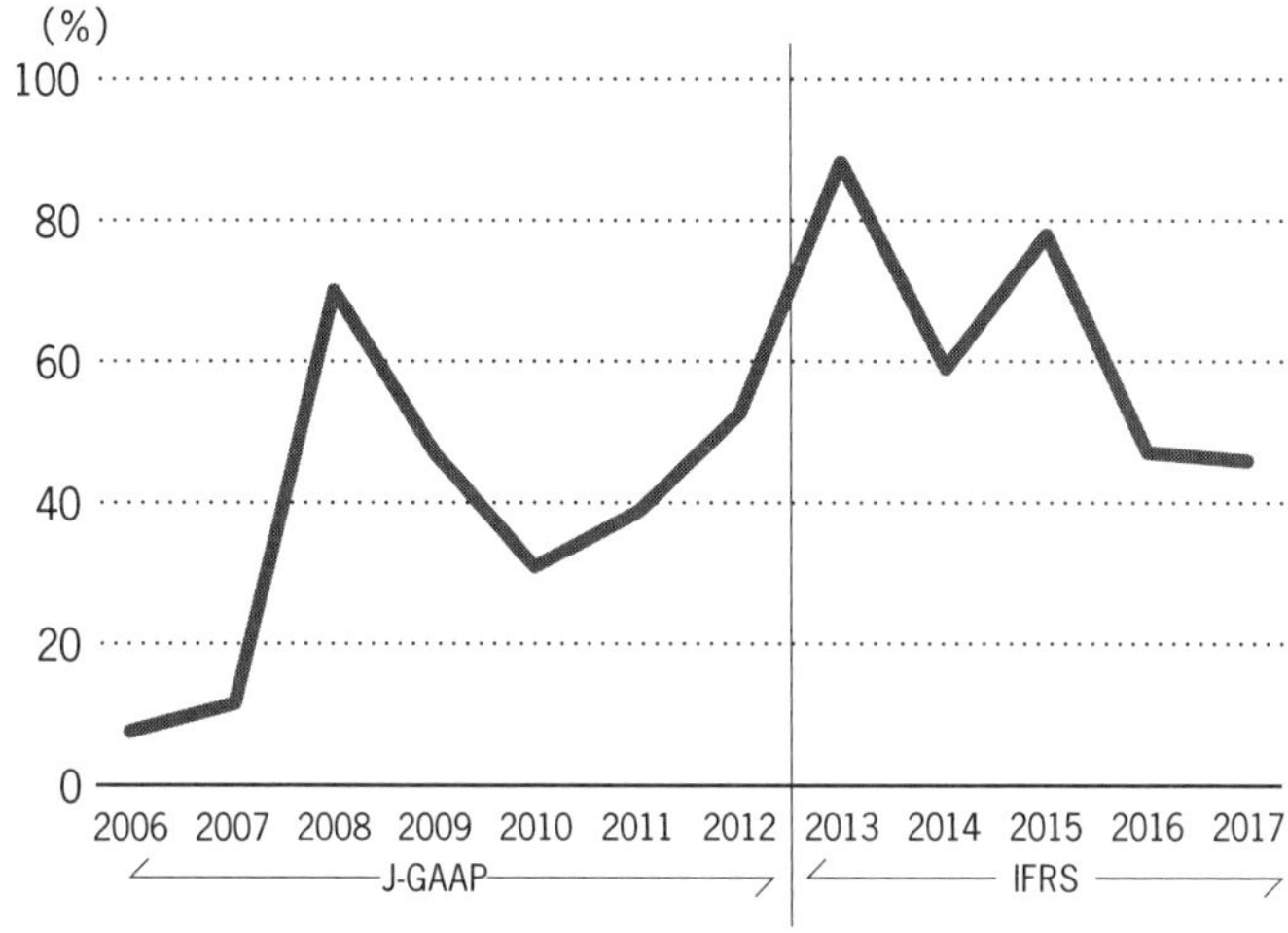

円程度の小型なものであり、同時期に大型買収を進めていたリコーや富士フイルムといった大手競合とは対照的なアプローチでした。

２０１７年７月には、産業革新機構と共同で遺伝子診断企業である米Ambry Genetics社を約１０００億円で買収したのに続き、同年９月には創薬支援企業である米Invicro社を約３２０億円で買収しています。特定領域で集中して事業買収を行っている様子が見て取れます。

株主還元の観点では、２０１４年１月、創業以来初となる自社株買いを２００億円規模で実施（発行済み株式総数の３・８％を上限）。同年の７月にもまた、約１００億円の自社株買いを実施しました（発行済み株式総数の２・０％相当。図表24）。財

図表25　コニカミノルタのポートフォリオ変革

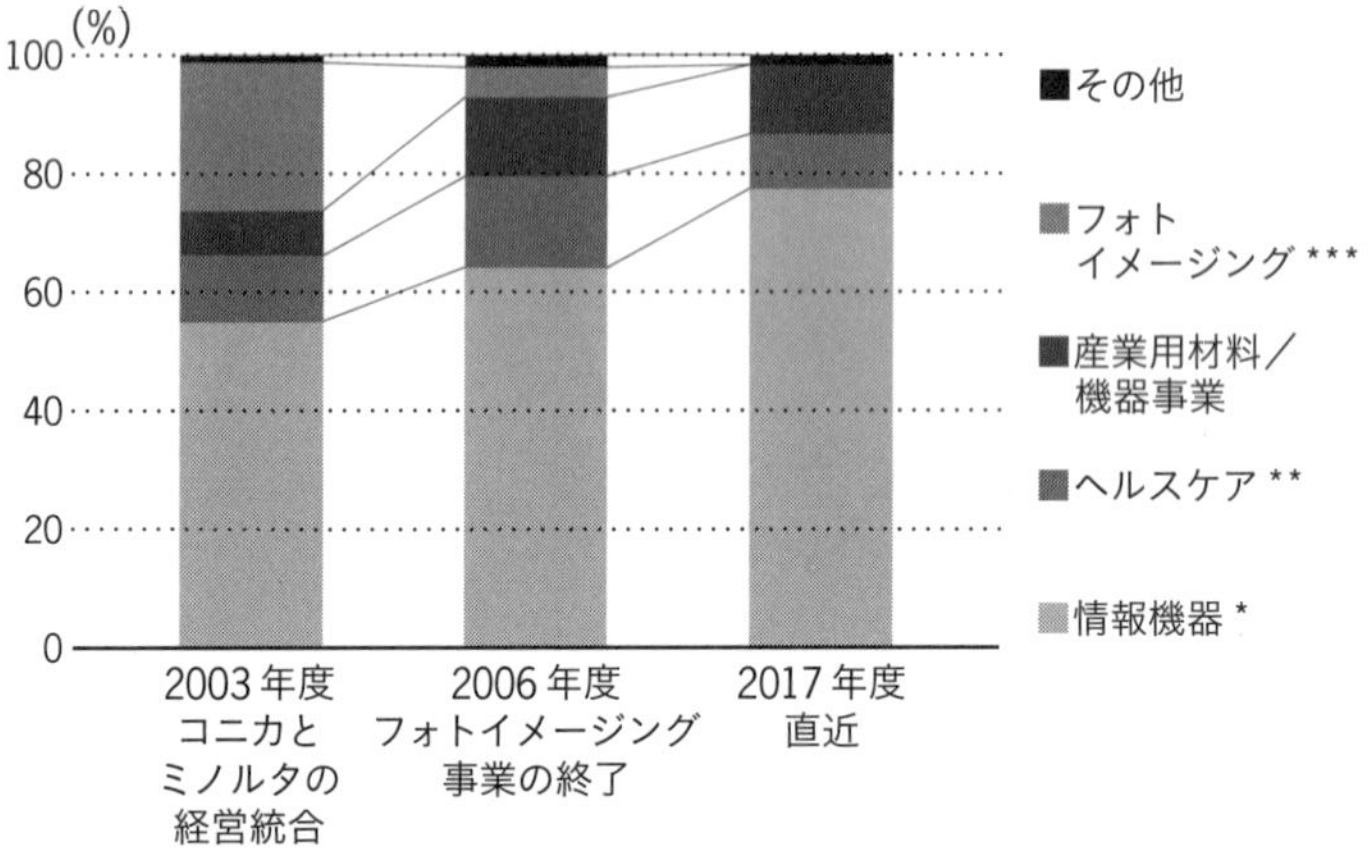

* 情報機器：2017年度はオフィス事業とプロフェッショナルプリント事業の合算値
** ヘルスケア：2010年度の期中まではグラフィック事業の数値を含む
*** フォトイメージング：カメラ事業とフォト事業の合算値

務体質の強化の実現を受けて、株主還元の姿勢を打ち出しました。この点、山名昌衛社長は「キャッシュフローは年間400億円くらい出せる力はあるし、手元資金は1500～1600億円くらいあれば十分」と述べており、成長投資に必要な資金を見すえながらも、投資と還元のバランスを意識した方針を表明しています。

こうして見ると、2003年の危機的な財務状況から、事業の選択と集中を通じてキャッシュを創出し、資金調達と併せて自己資本比率を引き上げ、そうして得たキャッシュを買収等の投資に回すことで事業ポートフォリオを入れ替え、余力が出たところで株主への還元方針を打ち出すといった、同社の変遷が見て取れます（図表25）。

コニカミノルタは、その優れたＩＲでも知られており、モーニングスターが発表する「Gomez ＩＲサイトランキング」での金賞や大和インベスター・リレーションズが選ぶ「インターネットＩＲ表彰」での最優秀賞を複数年連続で受賞しています（D．ステークホルダー・コミュニケーション）。ウェブサイトへの積極的な情報開示やＫＰＩの開示など、資本市場とのコミュニケーションを意識した取り組みを続けていますが、競合他社に先駆けたコスト削減や事業撤退など、基本戦略で宣言した内容を実施して信頼感を獲得した、言行が一致したものであることもまた、同社のＩＲが高く評価される所以なのでしょう。

日立製作所："ラストマン"の下、不退転の構造改革を断行

A．外部からの資金調達：公募増資と転換社債型新株予約権付社債（CB）を通じた約4000億円の資金調達による、危機的財務状況からの脱出

B．資金の創出：コスト削減・非注力事業による巨額赤字の止血、社内カンパニー制による事業責任者へのPL・BS責任の委譲

C．**資産の最適配分：「聖域化」したグループ会社の完全子会社化、HDD事業の売却などの取捨選択による資金の改善、子会社の財務状況を格付けによる投資資金の調節を通じ、「社会イノベーション事業」に経営資源を集中**

D．ステークホルダー・コミュニケーション：主要子会社の社長がアナリスト・報道陣に事業の状況を説明する「Hitachi IR Day」の開催

資本市場との約束を断行し、経営危機を乗り越えた好例が日立製作所の変革です。

日立製作所は、日立鉱山で使用されていた機械の修理製造部門がスピンオフして1910

図表26　日立製作所の業績

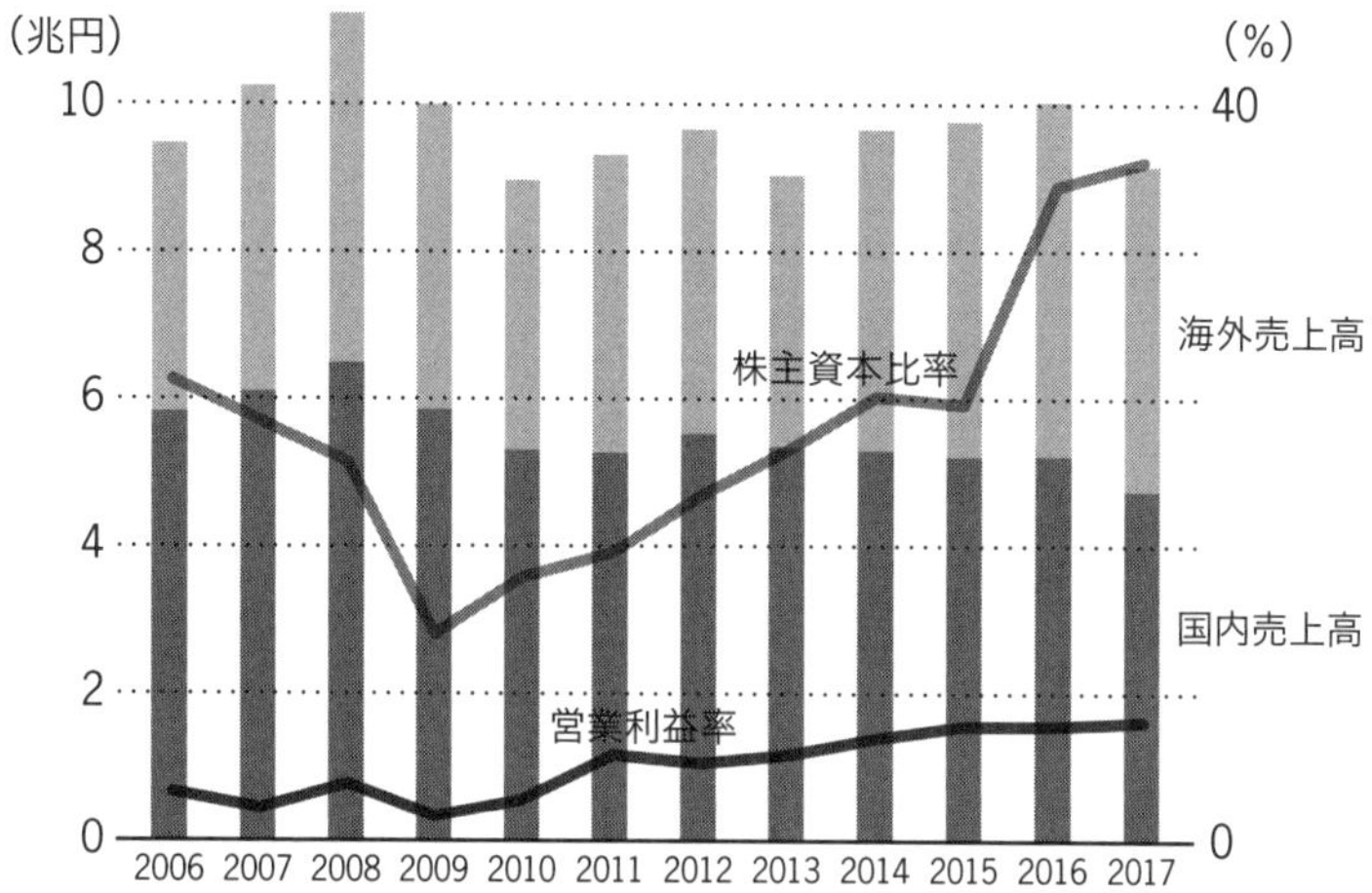

年に設立された、日本最大規模の総合電機メーカーです。10兆円規模の売上を誇り（図表26）30万人以上の従業員数を抱えて、世界で事業を展開する日立は、伝統的な日本企業の特徴を色濃くもつ、日本を代表する大企業です。その一方で、**1ケタ台前半の低収益性、1倍前後の低PBRといった、日本の電機メーカーに共通した特徴**をもつ同社は、資本市場において必ずしも高い評価を受ける会社ではありませんでした。

グループ経営最適化を模索してきた歴史

日立グループの特徴のひとつは、900社を超える子会社です（2009年時点）。「この木なんの木」の歌詞で始まる、同社のグループ会社を紹介するテレビＣＭを目にしたことがある方も多いことでしょう。幅広い事業領域を手がける日立は多数の子会社を有しており、２００９年3月末時点では16社と、電機業界最多の上場子会社を有していました。事業が肥大化していたのです。

上場子会社の立場からすると、上場企業としての一定の独立性を求められる一方で、親会社である日立製作所の意向も無視できず、財務面で制約を抱えていました。また、親会社の傘の下にあるという点で、経営面において甘えの生じやすい構造でもありました。

逆に日立製作所の立場から見ると、**上場子会社の経営を１００％掌握することができないために事業の連携を進めにくく、また収益性が中途半端な事業を抱える状況**が生じていました。財務的に見ても、多くの外部株主が存在する上場子会社については、少数株主の持ち分である利益やキャッシュフローを日立製作所は１００％取り込むことができず、ゆがんだ構造に陥っていたのです。

２００３年、日立製作所は半導体事業を切り出しています。同様に三菱電機から分社化された半導体事業と統合し、同事業はルネサス テクノロジ（現ルネサス エレクトロニクス）として独立し、徐々に日立製作所との関係を薄めていきます。このほかにもプリンター事業など、日立製作所は２０００年代にハードウェア事業の売却を一部進めました。このように、日立製作所は子会社の整理を進めてきましたが、その変化の度合いは大きな事業転換や買収によって成長を加速するＧＥやＩＢＭ、シーメンスといった海外競合と比べると、非常に限定的で遅々としたものでした。

また、リーマンショック前年の２００８年３月期、トヨタ、パナソニック、ソニー、シャープといった日本の主要メーカーが最高益を記録した一方で、日立は２００７年３月期、２００８年３月期と赤字が続きました。当時は日立金属、日立化成、日立建機、日立ハイテクノロジーズといった稼ぎ頭の事業が最高益を計上するなど、絶好調だった一方で、本体と非上場の子会社は膨大な赤字を垂れ流していたのです。

特に足を引っ張っていたのが、薄型テレビとＨＤＤ（ハードディスクドライブ）、電力の赤字事業です。薄型テレビは、激烈な価格低下により利益確保が困難な中、販売数量も伸び悩んでいたこと、ＨＤＤは２００２年の買収以降、経営統合がうまく進展していなかったこと、電力は納入した原子力発電タービンの不具合と海外火力案件で工事遅延が発生していたことなど、三者三様の事情により、大きな損失が発生していたのです。

経営危機以前から、赤字事業の切り出しは懸案事項として意識されていましたが、多いものではひとつの事業に何千人もの社員が配属されているといった背景もあり、担当者の感情的な抵抗もあり、冷静な議論がなされないままに赤字が垂れ流されている状態でした。

史上最大の赤字から、聖域なき改革へ

そんな中、2008年のリーマンショック後、金融危機の煽《あお》りを受けて2009年3月期に、日立は7873億円の当期純損失を計上します。日本製造業史上最大の巨額の赤字であり（当時。2016年度の東芝の当期純損失は9657億円）、直前期である2008年3月期の同社の純資産合計額3・3兆円をもってしても、大きな影響を及ぼす業績の悪化でした。上場来初の無配となった同社の自己資本比率は前年度の20・6％から11・1％へと急激に悪化しました。かつて**「財務の日立」と呼ばれていた頃からは考えられないような財務状況に追い込まれた**のです。

こうした窮地の事態を受けて、日立製作所は経営陣を刷新。子会社の会長を務めていた当時69歳の川村隆氏が会長兼社長に就任します。それまでの日立製作所では、経営陣としての役職を務めると、子会社の経営者に転出するというのが一般的なトップ人事の慣行でした。川村氏も2003年に副社長を退いた後に就いた、上場子会社の経営者から出戻るという極めて異例のトップ人事であり、同社の危機感が如実に表れています。

川村社長は中核事業である「社会イノベーション事業」への経営資源の集中を宣言し、電力、産業システム、都市開発といったインフラ事業とITとの融合を進めるとともに、V字回復に向けて子会社を整理するなど、採算性のない事業からの撤退を進めました（図表27）。

図表27　川村社長時代に行われた子会社整理の主な取り組み

2009年	3月	日立国際電気の株式をTOB（公開買付け）により、104億円にて13%取得。出資比率が約52%に達し、同社の子会社となる。
	3月	子会社の日立工機の株式をTOB（公開買付け）により162億円にて10%取得。
	10月	子会社の日立プラントテクノロジーの株式をTOB（公開買付け）により307億円にて94%取得。
	10月	子会社の日立マクセルの株式をTOB（公開買付け）により686億円にて91%取得。
	10月	子会社の日立情報システムズの株式をTOB（公開買付け）により576億円にて98%取得。
	10月	子会社の日立システムアンドサービスの株式をTOB（公開買付け）により255億円にて99%取得
	10月	子会社の日立ソフトウェアエンジニアリングの株式をTOB（公開買付け）により730億円にて97%取得。
2010年	6月	NEC、カシオ計算機とともに合弁会社「NECカシオモバイルコミュニケーションズ」を設立。出資比率は10%。

特に顕著なのが、上場子会社５社（日立情報システムズ、日立ソフトウェアエンジニアリング、日立システムアンドサービス、日立プラントテクノロジー、日立マクセル）の完全子会社化です。

日立は典型的な日本の大企業であり、かつての経営の意思決定では、ＯＢまでも含めた合意形成を重んじる文化を有していました。**図体の大きさゆえの意思決定の遅さを指して、「日立時間」と揶揄《やゆ》されていた**ほどです。そんな企業文化の下で、川村社長は２００９年３月の就任後、わずか数カ月で長年の懸案事項であった子会社の取り込みに向けた指針を発表したのです。それだけ事態が差し迫っていたことの裏返しであり、「ラストマン（最終責任者）」としての役割を担った川村社長の覚悟の表れでもあったのでしょう。

上場子会社の統合に加え、コスト削減、非注力事業からの撤退を進めていきます。コスト削減については、グループ集中購買などにより、2009年度の資材費を約3000億円低減させました。また、薄型テレビについては、自社生産から撤退し、プラズマディスプレイのパネル工場を売却します。また、携帯電話事業については、2010年にNEC、カシオ計算機とともに合弁会社を設立し、出資比率を10％にまで引き下げて事実上の撤退を進めるなど、巨額赤字の止血に取り組みました。

その一方で、川村社長は社内カンパニー制を導入し、上場子会社と同列の位置づけで、6つのカンパニー制を導入しました。責任が曖昧だった主要事業を社内カンパニーに区切り、PLだけでなく、BSの責任をも事業責任者に負わせることで、意識改革を図ったのです。毎年のIR説明会で、グループ責任者が対外的な説明を行うようになったのも、こうした取り組みの一環です。

また、2009年11月には公募増資と転換社債型新株予約権付社債（CB）を通じて、4000億円の資金を調達することを発表しました（実際の調達額は約3500億円）。資本増強によって、危機的な財務状況からの脱出を図ったのです。財務状況の危機が回避できると、改革の手を緩めてしまうのがありがちな日本企業の姿ですが、「悪かったのを普通に戻しただけ」（川村会長）、「全然満足していない」（中西社長）といった当時の発言通り、日立製作所はさらに改革を進めていきます。

バトンタッチした中西社長が進めたグループ内外の再編

川村氏は就任1年間で応急措置を終えた後、社長を退任し、会長職に専任します。そして、2010年に社長に就任した中西宏明氏もポートフォリオの入れ替えを矢継ぎ早に進め、子会社の統合や、複数の企業が互いに出資し新しい会社を立ち上げて事業を行うジョイント・ベンチャー（JV）化など、事業買収を通じて聖域なき改革に取り組んでいきます（図表28）。

特に2012年に売却されたHDD（ハードディスクドライブ）事業は、2002年にIBMから約2400億円で買収した後、5年間で累積赤字が1000億円を越す問題児として低迷していたところを、中西社長みずからが立て直した事業でもあります。一時は上場まで見すえていた同事業を黒字であるにもかかわらず売却したという点で、日立の聖域なき取捨選択が強く印象づけられた出来事でした。

また2014年に三菱重工業とのJV設立によって実現した、火力発電事業の統合も、5000億円近い事業規模をもつビジネスでありながら、35％の出資比率でマイノリティとなるという点で、非常に思い切った事業の外部化といえるでしょう。社内からも「基幹拠点

図表28　中西社長時代に行われたグループ内外再編の取り組み

2011年	10月	三菱電機、三菱重工業とともに3社の水力発電システム事業を統合
2012年	3月	HDD（ハードディスクドライブ）事業を行う日立グローバルストレージテクノロジーズの全株式を、米国のHDD世界最大手ウェスタン・デジタルへ約3440億円で譲渡
	6月	日立パワーヨーロッパ、レモンディス傘下であるドイツの発電プラントサービス会社クセルフォン・エナジーを買収
	11月	英国の原子力発電事業開発会社であるホライズン・ニュークリア・パワーを889億円で全株式取得
2013年	2月	日立メディコの株式をTOB（公開買付け）により226億円で94%取得
	4月	2009年に子会社化した日立プラントテクノロジーを吸収合併
	7月	日立金属と日立電線、合併
	10月	プリント基板加工事業の子会社、日立ビアメカニクスを香港の投資ファンド、香港The Longreach Groupに譲渡
	12月	上場子会社、日立メディコの株式をTOBにより225億円で取得。保有比率を61.7%から93.4%に
2014年	2月	三菱重工業と火力発電システムを主体とする分野で事業統合し、合弁会社、三菱日立パワーシステムズを設立。日立の出資分は35%
	3月	金融機関向けにATMやPOSシステムを用いた決済サービスを提供するインドのプリズムペイメントサービスを買収
	3月	日立マクセルを再上場。保有株式の約3分の2を売却し、保有比率を約30%まで引き下げ（2017年には15%弱まで引き下げ）
2015年	2月	イタリアの防衛大手フィンメカニカ傘下にある鉄道関連2社を2600億円で株式の40%取得
	2月	日立データシステムズ、データ管理の米国・ペンタホを買収
	6月	7億円（51%）出資により、電力・オートメーション企業であるスイス・ABBと国内向け高圧直流送電事業に関する合弁会社設立
2016年	3月	子会社の日立物流をSGホールディングスへ875億円で譲渡

を三菱に譲り渡すのか」といった反対の声が噴出しましたが、国内の市場環境が厳しくなり、グローバル市場で戦うためには単独での成長が難しいという考えの下で断行された取り組みでした。このほか、プリント基板加工事業（２０１３年譲渡）や日立マクセル（２０１４年再上場）など、単独での成長可能性が乏しい非中核事業については、譲渡、ＪＶ化、再上場など、さまざまな方法で切り離しを図りました。

非注力事業についてはこのように切り離しを進める一方で、社会イノベーション事業に関連するグループ会社については、支配力を強める取り組みを日立製作所は行っています。２０１３年４月には子会社である日立プラントテクノロジーを吸収合併、同年７月には中核子会社であった日立金属と日立電線の両社が合併、同年12月にはＴＯＢによって日立メディコを完全子会社化します。特に日立金属と日立電線の合併は社内外で驚きをもって受けとめられる出来事でした。

日立製作所第３代社長の駒井健一郎が経営原則に「自主独創」を掲げたように、日立は伝統的に子会社の独立性を重んじる文化を有していました。特に日立金属（鉄鋼メーカー）、日立化成工業（プラスチック樹脂加工）、日立電線（国内外の電力会社向けの電線が主力事業）は「御三家」と呼ばれる中核の３社であり、過去にグループ再編が試みられた際にも、トップやＯＢからの猛反発を受けていたのです。エコカーのモーターに必要なネオジム磁石で世界シェア40％を握る日立金属が好業績を連続する一方で、国内外の電力会社向けの電線を主力事業とする日立電線は国内需要の伸び悩みによって5期連続の赤字が見込まれており、国内市場が低迷する中で、経営資源を集めて海外市場を開拓することを目的とした統合でした。

さらに、グループ内の再編だけでなく、外部の事業についてもM＆Aによる取り込みや提携を日立は進めていきます。２０１２年には発電事業を手がけるイギリスのホライズン・ニュークリア・パワーを約９００億円で買収。２０１４年にはインドで金融機関向けに決済サービスを提供するプリズムペイメントサービス社を買収、２０１５年２月にはビッグデータ分析を行う米国のペンタホ社、イタリアのフィンメカニカ社傘下の信号・車両事業を買収しました。

２０１２年のホライズン・ニュークリア・パワー社の買収も、原発メーカーである日立が発電事業を買収するという異例の展開ということで注目を集めました。この買収は、原発メーカーである日立が、海外での原発建設を受注するため、海外での建設実績を積むために実施したものだったのです。当時、中西社長は「発電事業をやるつもりはない」とまで発言していました。９００億円という大規模な投資案件であり、社内での議論も賛否が分かれましたが、福島第一原発事故により、国内における原発新設が望み薄となった当時の日立にとって、原発事業は海外に活路を求めるしかない状況での取り組みでした。

事業ポートフォリオの再編と併せて、川村社長時代に取り組まれたグループ内の意識改革も継続されます。「赤字を出さなきゃ（低収益でも）いい、というカルチャーからは脱皮しないと」（中西社長）という考えのもと、日立のことをいかに顧客とマーケットにわかりやすく示すかを優先的な課題と位置づけ、5グループ体制への移行を行いました。また社内格付制度を導入し、子会社の財務状況を格付けし、それに応じて投資資金の分量を調節するといった取り組みを行ったのです。

タブーだった子会社の経営管理に踏み込む

2009年の経営危機以降、同社の取り組みのうちで特筆すべき点は、資本市場に対する説明と実際の改革に向けた取り組み内容が明確に一致していたことです。同年1月、業績の大幅な悪化が見込まれた時点で、日立製作所は収益改善の見込めない不採算事業・製品からの撤退、国内拠点の統廃合、人員適正化など、事業構造改革の徹底を宣言します。

また、こうした宣言を踏まえ、同年7月には2009年度中の社会イノベーション事業の強化に向けて上場子会社5社（日立情報システムズ、日立ソフトウェアエンジニアリング、日立システムアンドサービス、日立プラントテクノロジー、日立マクセル）の完全子会社化という構想を発表。約2790億円を費やしてこれを実現しています。

当時の上場子会社16社は、それぞれに独立心が強く、日立製作所本体と比べると総じて好業績を上げていました。しかし、事業分野によっては日立製作所との重複も多く、グループ内競合などの弊害が目立っていました。特に完全子会社化した5社については、上場させている意味の乏しさを長らく指摘されていましたが、子会社の社長や役員を日立ＯＢが務めるケースも多かったため、改革が難しかったのです。２００９年3月の巨額の赤字決算により、存亡の危機に立たされた日立製作所は、川村社長の指揮のもと、長年のタブーに切り込んだのです。

こうした言行一致を経て、２００９年には、約３５００億円の大型資本増強に踏み切ったのです。日立製作所にとっては27年ぶりの増資であり、これは当時の資本市場の状況から見て、同社が実現できる、最大規模の増資でした（A．外部からの資金調達）。

事業からの利益創出にあたり、カギとなったのが子会社の経営管理です。先述した上場子会社の完全子会社を通じて、優良子会社のキャッシュフローを日立製作所が取り込めるよう、資本関係を整理するとともに、その他の子会社でも合理化を進め、コスト削減を図りました（B．資金の創出）。

中西社長の就任以降も改革の手を緩めることはなく、ＨＤＤ事業の売却や、聖域化していた「御三家」の日立金属と日立電線の合併といった事業の取捨選択を進め、利益改善によって得たキャッシュを費やして社会イノベーション事業の強化に向けたＭ＆Ａを進めていきました。ポートフォリオを絞り込むことにより、利益率の改善と投資分野の集中を図ったのです。

このように、有言実行のグループ再編、実行によって得た信頼をベースにした資本の調達、事業からの利益創出を通じて、2008年度に11・1%にまで低迷していた自己資本比率を、2012年度には20%台にまで回復し、2014年3月期には営業利益が5000億円を超えるまでに業績も回復しました。

また、改革の裏では、主要子会社の社長が直接アナリストや報道陣に事業の状況を説明する「Hitachi IR Day」を開催するなど、情報開示に向けた画期的な取り組みも実施しました。子会社の社長が直接外部に触れる場を作ることで、外部に対する意識を植え付け、緊張感を醸成していったのです（D．ステークホルダー・コミュニケーション）。

【アマゾン　資料】

http://media.corporate-ir.net/media_files/irol/97/97664/reports/Shareholderletter98.pdf

http://phx.corporate-ir.net/phoenix.zhtml?c=97664&p=irol-presentations

http://u-account.hatenablog.com/entry/2017/07/31/063000

https://www.bloomberg.co.jp/news/articles/2017-08-15/OUQBO8SYF01T01

http://www.dhbr.net/articles/-/2917

https://www.nikkei.com/article/DGXLASFL11H0R_R10C16A2000000/

http://jp.wsj.com/articles/SB11281588234518813488504581535593730249316

『ジェフ・ベゾス 果てなき野望』（ブラッド・ストーン著、滑川海彦解説、井口耕二訳、日経ＢＰ社）

https://aws.amazon.com/jp/aws_history/

https://www.businessinsider.jp/post-35001

https://www.recode.net/2017/7/9/15938658/amazon-prime-numbers-members-us-households-cable-tv

http://itpro.nikkeibp.co.jp/atcl/column/14/200047/062800026/?rt=nocnt

http://thebridge.jp/2016/06/alexa-could-be-the-4th-pillar-of-amazon-says-jeff-bezos?utm_source=FeedBurner-Sd+Japan%28Japanese-New%29&utm_medium=feed&utm_campaign=Feed%3A+SdJapan+%28The+Bridge+%28Japanese%29%29

https://www.geekwire.com/2017/amazon-75-smart-home-speaker-u-s-market-share-echo-unit-sales-reach-15m-new-study-finds/

https://irnote.com/n/nd9e4d1cbbeae

【リクルート　資料】

http://www.recruit.jp/ir/library/upload/settlement_201703_indeed_frs_jp.pdf

http://www.recruit.jp/ir/library/upload/settlement_201703_jndeed.pdf

http://www.recruit.jp/ir/library/upload/report_201801_fq_jp.pdf

【ＪＴ　資料】

『ＪＴのＭ＆Ａ 日本企業が世界企業に飛躍する教科書』（新貝康司著、日

経ＢＰ社）
http://www.misaki-capital.com/Documents/newsletter/Misaki_Newsletter_Vol.7.pdf
http://biz-journal.jp/2013/12/post_3726.html
http://diamond.jp/articles/-/44331
http://techtarget.itmedia.co.jp/tt/news/1206/25/news05.html

【関西ペイント　資料】

http://diamond.jp/articles/-/116769
https://www.nikkei.com/article/DGXNASDD130AQ_T11C10A2000000/
https://jp.reuters.com/article/idJPL4N0FZ3J620130729
https://www.nikkei.com/article/DGXLASDZ06H8Q_W6A201C1EAF000/
https://www.morningstar.co.jp/msnews/news?rncNo=1753427
https://ma-times.jp/49134.html

【コニカミノルタ　資料】

https://jp.reuters.com/article/konica-minolta-idJPKBN0FZ0UT20140730

【日立製作所　資料】

https://www.nikkei.com/article/DGXNASDD2103U_R20C11A2000000/
https://newspicks.com/news/2163361
https://newswitch.jp/p/4388
http://business.nikkeibp.co.jp/article/topics/20110314/218987/
『週刊東洋経済』2013年2月2日号「消沈の電機業界でＶ字回復　日立に学べ」
『週刊ダイヤモンド』2013年1月5日号「"中西改革"が日立のタブーをぶち壊す」

第4章

PL脳に侵された会社の症例と末路

ここからは、第1章で触れたPL脳の症例＝ファイナンス的に不合理な会社の活動について、より詳しく解説しながら事例も加えて見ていきます。

1 最もシンプルな症状「売上至上主義」

売上至上主義とは読んで字のごとく、PL上の売上高の最大化こそが経営上の最優先のテーマであるとする考え方のことです。**実入りとなる利益より、トップラインである売上高を優先してしまう**のです。経営レベルでみれば全社の売上高ということになりますが、事業単位、あるいは製品単位において売上高の最大化を優先する取り組みもまた、売上至上主義に基づいた行動といえるでしょう。**PL脳の中でも、もっともシンプルな症状**です。

事業単位や製品単位において、「(売上高前年比)10%成長」を目標として掲げる会社は少なくありません。こうした考え方は、主に多数の事業を抱えるコングロマリットや、多数の商品を販売するメーカーでもたれる傾向にあります。

売上至上主義の最大の問題は、売上高の最大化をめざすことによって、利益の獲得が後回しになってしまう点にあります。企業価値とは「その会社が将来にわたって生み出すと期待されるキャッシュフローの総額を現在価値に割り戻したもの」であることはすでに述べました（49ページ参照）。その点から考えれば、売上とは単にキャッシュを稼ぎ出すという目的を達成するための途中指標にすぎません。**売上を拡大したからといって、必ずしも利益やキャッシュが増えるわけではない**のです。

会社の目標が売上高の最大化にすり替えられてしまうと、本来の目的であるキャッシュの創出が阻まれてしまいかねません。もちろん、会社や事業、製品のフェーズによっては、利益以上に売上高の最大化を優先すべきフェーズや状況というのも確かに存在します。しかしながら、それはあくまで将来的にキャッシュを回収するという目論見と長期的な展望があったうえでの短期施策であるはずです。

次に、もう一歩踏み込んで、「売上至上主義」の問題について考えてみましょう。

売上高の最大化を目的にするということは、売上の「質」を見えにくくし、売上高の要素分解を切り捨てる考え方ともいえます。

売上高を要素分解すると、シンプルには「単価×販売数量」と表すことができます（図表30）。売上高のみを見ていると、仮にある会社が自社商品を工場で製造し、100円で1万個売るのであっても、1000円で1000個売るのであっても、トータルの100万円という数値は同じ価値として認識されます。ここで、この場合のコスト面について考えてみま

図表29　売上高を要素分解する

売上		単価		販売数量
①100万円	＝	100円	×	10,000個
②100万円	＝	1,000円	×	1,000個

▼

・製造コスト　①<②
・営業コストやマーケティングコスト　①>②

⇨製造コストだけでなく、トータルのコストで見ないとどちらがいいかわからない

しょう。大量生産による工場の稼働率の高さや大量仕入れによる原価コストの軽減などを考えると、１０００個生産するよりも1万個を生産販売するほうが、商品1個あたりの製造コストは安く抑えることができます。

一方で、多くの数量を販売しようとすると、その分、マーケティングコストや営業コストは余分に発生する可能性が高くなります。同じ売上であったとしても、**製造から販売まで含めたすべてのコストを勘案すると、どちらがより効率的で「良質」な売上であるのか、**本来であれば把握したうえで目標とする販売数量と価格を設定すべきはずです。しかしながら、売上高という結果指標のみに過度に注目すると、こうした売上の「質」が見えづらくなってしまうのです。

仮に売上高と利益がそれぞれ異なる2つの状況が想定される場合、経営者はどのような判断を行うべきでしょうか？

たとえば、施策Aを行うと、売上高が多い一方で利益は少ないのに対し、施策Bを行うと売上高は少ない一方で、利益がより多いといったケースも起こり得ます。先に述べたように、会社や事業の状況によっては、利益よりも売上を優先すべき時も確かにありますし、この前提だけでは、施策Aと施策Bのどちらを選ぶべきか、一概に判断することはできません。

ところが売上至上主義に従うと、状況にかかわらず無条件に施策Aを選択することになります。それどころか、売上至上主義に陥っている会社の場合、2つある施策のうち、どちらのほうがより利益が多いのかといった見立てがそもそもできていないケースが少なくありません。「売上が出ないと利益が出ない」という考え方自体は間違ってはいないのですが、一方で**売上が出るからといって利益が出るわけではない**ということも、同様に頭の片隅に置いておく必要があります。

ここまでお読みいただいて、さすがに「今どき、売上高だけに固執して経営している会社なんてないだろう」とお感じになる読者の方も少なくないのではないでしょうか。会計に関する知識が多少なりとも普及した現代であれば、少なくとも利益にも相応の注意が払われているはずだとお考えになるのは、極めて自然なことだと思います。確かに全社レベルであれば、売上のみに着目して事業を管理する経営者というのは、今となってはさすがに少数派であろうと思われます。

ただし、**現場レベルで見てみると、「今どき」も実情は大きく変わらない**のではないでしょうか。たとえ経営者は売上高より利益を重視していたとしても、管理上の複雑さ・面倒さから現場の経営管理は売上中心になってしまい、結果的に会社全体が売上至上主義の精神構造から抜け出せていないことも、いまだに珍しくないようです。現場レベルで売上を偏重するあまり、実態としてコストの管理がずさんになっているケースも現実には散見されるのです。

たとえばメーカーの現場では、いまだにこうした売上至上主義に端を発する「販促費問題」が発生しています。比較的新しい産業であっても、たとえばスマートフォンゲームの開発会社の現場で、投資回収や限界利益（売上から変動費を引いた額）の概念が共有されていることはまずもってありませんし、基本は売上を重視した意思決定が為されています。

売上至上主義の3つの原因

こうした売上至上主義に陥ってしまう原因をたどっていくと、大きく以下の3点が挙げられるでしょう。後で、それぞれ詳しく解説します。

①　マーケットの現状が見えていない
②　前年対比の成長が目的化している
③　利益をベースにした社内の管理が難しい

①　マーケットの現状が見えていない

ＰＬ脳は、マーケットが右肩上がりに成長する高度経済成長期と非常に親和性のある思考形態です。売上が伸びることが前提であれば、人を増やし、生産設備を増強して販売数量を追い求めることが短期的に合理性をもつ局面が多々あります。ただ問題は、そうした状況においては、えてして売上の質が見逃されてしまうことです。

たとえば新カテゴリーの製品が世の中に普及していく過程では、まだその製品をもっていない人たちが製品を買うため、マーケットは拡大の一途をたどります。ところが、そのカテゴリーの製品が世の中に普及しきってしまうと、今度は買い替えのタイミングでしか製品が売れなくなり、市場の伸びは鈍ります。また競合の参入が相次ぎ、品質が向上して製品の寿命が伸びると、ますます製品が売れにくくなるため、市場は縮小し、なおかつ1社あたりが得られる売上の規模も縮小してしまうのです。

本来であれば、こうした**マーケットの構造変化を把握したうえで、生産設備の構築や処分、投資回収を考えておくべき**です。しかし、市場の変化を織り込まずに製品を開発し、既存の開発体制を前提として、前年よりも増産する計画ありきで予算計画をすえると、「製品が売れていないのはよいものを作れていないからだ」、あるいは「売り方が悪いからだ」といった議論に論点がすり替えられてしまいます。

その結果、しばしば見受けられるのが、販売数量を保つために価格を下げるといった施策です。既存の生産設備を保有し続けることを大前提とすると、生産数量が減少すれば一製品あたりの原価は上がってしまいます。そこで既存の生産設備は保ったままで製造原価を上げないために、販売数量や生産数量は前年と同規模を維持するといった方針が採られ、そのために販売価格を下げようとするのです。

ただそうなると、製品の利益幅が圧縮され、場合によっては事業の採算性が合わないような事態になりかねません。特に競合とのシェア争いを意識すると、「限界利益が出る限りは、ギリギリまで単価を下げてでも他社製品には負けるな」といった発想に陥ってしまいがちです。製造原価だけでなく、マーケティング費用や営業費用も含めた製品単位での利益がどう変化するのかといった、**売上の「質」に対する観点は抜け落ちてしまう**のです。

たとえばファミリーレストランチェーンなどの外食産業では近年、セントラルキッチンが導入されるようになりました。店舗間で調理施設を共有し、一元的に調理のプロセスを集約することで、コストを削減しようとする試みです。セントラルキッチンで調理できる量の限界に達するまでは、店舗数を増やせば増やすほど、調理にかかる店舗あたりのコストは下がります。

ただし「既存店舗の調理コストを低減するためにセントラルキッチンを設ける」という発想で事業を運営しているうちはよいのですが、これが反転して「セントラルキッチンを活かさなくてはならない（＝稼働率を上げなくてはならない）ので店舗を増やす」という発想に陥ると、採算性に対する注意が下がり、店舗を増やす誘惑に駆られてしまいます。こうした発想に基づく規模拡大もまた、ＰＬ脳にとらわれた売上至上主義の表れであるといえるでしょう。

② 前年比の成長が目的化してしまっている

前年比に基づいた成長そのものが目的化し、そうした考えに基づいたコミュニケーションを社内外で行っていることもまた、売上至上主義を脱却できない一因でしょう。社外の投資家やメディアに向けた情報発信や、社内向けの状況説明をするにあたり、会社の業績が前年対比でどのように推移しているかをベースに話すのは、非常にシンプルでお手軽な方法です。「ＰＬは会社の通信簿」といわれるように、ある一定期間における会社の成果の一側面を伝えるツールとして、ＰＬが便利であることは間違いありません。

ただ一方で、ＰＬに依存した説明を続けていると「増収増益」を続けない限り、会社の成長が止まったと見做《みな》され、否定的な目で見られることになります。増収増益を実現しなかったとしても、企業価値の向上に向けた取り組みが着実に行えていることを論理的に説明できればよいのですが、前年との比較で連続的にＰＬベースでの説明を続けていると、前後での一貫性の取れた情報発信が難しくなってしまいます。

その結果、**「増収増益」の維持を優先するあまり、利益率を悪化させたり、競争優位性を失いかねない施策を打つ**といったことが起こるのです。こうして、本来であれば「企業活動の実態を正確に説明する」べきステークホルダーとのコミュニケーションが、「説明の辻褄を合わせるために、企業活動の方向性を変える」といった風に、行動と説明の因果関係が逆転するような状況を導いてしまうのです。

③ 利益をベースにした社内の管理が難しい

仮に全社レベルでは売上以外の指標を目標にすえていても、実務上、現場では売上をベースにした管理がなされていることもあります。事業形態にもよりますが、事業単位や製品単位での利益管理はそれほど簡単なものではありません。ましてやこれが、多数の事業を束ねるコングロマリットや、数多くの製品の開発販売を担う総合電機メーカーなどであれば、事業・製品単位での利益管理はさらに複雑になります。その結果、部門ごとの指標は利益ではなく売上に寄ってしまうのです。

利益管理が難しいということは、言い換えればユニットコスト（1商品、1事業など、1単位あたりのコスト）の管理が極めて難しいということでもあります。たとえばバックオフィス業務といった本社で発生している費用や、複数の異なる製品が同じ生産施設で製造されている場合の設備コストを、個別の事業や製品単位でどのように費用に盛り込めばよいのかといった問いには、簡単に答えることができません。部門ごとの管理指標が利益やキャッシュフローになった瞬間、現場の管理が一気に複雑になるのです。

管理手法が難しすぎて、現場の状況が把握できないようでは本末転倒です。こうした実務上の都合もあり、部門単位では「売上をいくら立てるか」を出発点として目標を議論することが多いのです。それ自体は仕方ない面もあるのですが、こうした議論の前提として「売上が上がれば、いつかは利益も上がる」あるいは「固定費を回収するには売上を上げるしかない」といった点が強調されすぎていると、現場は売上のみに着目して事業を行うことになってしまいます。**当初は「利益を上げるために、ひとまず売上を上げていこう」という発想から売上をベースにした現場管理が始まったはずが、伝言ゲームの末、「売上を伸ばすことがすべてである」と現場は考えてしまいかねない**のです。

京セラの創業者である稲盛和夫氏は、「売上を最大に、経費を最小に」こそが経営の原点であると述べています。「売上を最大に」だけを意識して事業を行うと、「経費を最小に」という経営の原点から一方の車輪が外れた状態で走り続けることになります。こうした状況を防ぐために、稲盛氏は部門単位で厳密に利益を管理する「アメーバ経営」を提唱していますが、こうした仕組みを現場に導入し、実際に運用できている会社はごくわずかであるのが現状でしょう。第3章で取り上げたリクルートの「ユニット経営」などは稀有な事例です。

こうした3つの主要因に加えて、**売上規模やシェアに固執する会社や経営者のプライド、メンツもまた、売上至上主義に少なからぬ影響を与えている**ことでしょう。飲料メーカーなどであれば、売上や利益ではなく、出庫しているケース数をメインの指標として、自社と競合の比較をしているケースもあります。また製造業であれば、抱えている工場の生産ラインを止めてしまうことに対する恐怖心もあるでしょう。事業や製品をまたいだ共有コストが重い、あるいは重いと思ってしまうがゆえに、売上と生産の規模で解決しようとしてしまうのです。

携帯端末競争で総崩れとなった日本勢

国内の市場成長を前提にした、売上至上主義の代表例に、携帯電話端末の業界があります。

携帯電話が一般の人々に普及するようになったのは、１９９０年代後半のことでした。当時の携帯電話の主要な用途はほぼ通話に限られていましたが、99年、ＮＴＴドコモ対応の携帯端末でメールの送受信やウェブサイトの閲覧ができるi-mode《アイモード》の提供が開始されたことが大きな転機となりました。i-modeの開始により、ネットバンキングや待受画像、着信メロディの配信といったサービスが立ち上がり、爆発的に普及することによって、携帯電話の普及は社会現象となったのです。

携帯電話の（通信）キャリア各社は、新規顧客の獲得や他キャリアからの乗り換えを促すために、携帯電話の買い替えサイクルを短くする戦略をとりました。そのために、携帯電話を短期間で多機能化し、付加価値を加えることで購買意欲を刺激する施策をとったのです。こうして日本の携帯電話は、後に「ガラケー（ガラパゴス携帯）」と呼ばれるように、世界にも類を見ない圧倒的な高機能端末へと独自の進化を遂げました。また購買促進にあたり、キャリアは徴収した通話料金をベースとした潤沢な資金を背景に、端末購入代金の値引きを競って実施しました。こうして、キャリア間での実質的な値引き競争が始まったのです。

当時のＮＴＴドコモは、日本で一世を風靡していたi-modeを世界に広めるという目標を掲げていました。２０００年当時のＮＴＴドコモの時価総額は40兆円にまで達し、親会社であるＮＴＴを10兆円以上も引き離して日本企業トップの時価総額を誇っていましたが、こうした株高と世界進出の意思の下、同社は海外での積極的なM＆Aや資本提携を進めます。2001年にはアメリカの携帯キャリアであるAT＆Tワイヤレスに対して1兆1000億円を出資し、株式の16％を取得していますが、欧米、アジアの通信会社に対しても、累計で2兆円近くの出資を行いました。

こうしたNTTドコモの海外戦略に、端末メーカーも追随します。自動車メーカーの世界展開に部品メーカーや塗料メーカーが付き従ったのに似た状況が、携帯電話の業界でも起こったのです。当時の端末メーカーは、i-modeが世界に広がることによって自社端末も世界展開できることを期待していましたが、携帯キャリアに追随することによって、いくつかの課題を抱えることになりました。

まず、携帯電話の販売をキャリアに完全に依存してしまったことにより、価格決定など、実質的な売上の規模や「質」をコントロールする力を失ってしまうことになりました。また買い替えサイクルの短縮化を目論む携帯キャリア各社は端末メーカーに対し、短期間で新たな機能を盛り込んだ新機種を開発するよう求めました。こうしたキャリアの方針は、端末メーカーにとっても短期的な売上を増やすうえではメリットのある取り組みでした。一方で、新機種の研究開発のために多額の予算を要した点で、端末メーカーにとっては負担の増える要求でもあったのです。

また同時に、製造量が拡大することによって生産設備の新設・拡張が必要となり、多くの固定費を抱えこむことになりました。さらに、携帯電話の部品である半導体チップの高機能化が同時に起きたことによって、チップを製造するクアルコム等のメーカーに対するライセンス費用が高くなりました。こうしたコストの高騰もまた、端末メーカーの負担となったのです。

キャリア依存の深刻化は、海外に通用しない独自仕様の端末開発に猛進すると同時に、グローバル展開の機会を逸するという事態も招きました。一方で頼みであったi-modeのグローバル展開が頓挫《とんざ》してしまったため、携帯キャリアに追随して海外展開するといった端末メーカーの当初の目論見が叶うことはなかったのです。海外での積極的な投資を進めていたNTTドコモは、AT&Tなど出資先4社の収益環境の悪化に対して、最終的には1兆円を超す損失を出し、株式を売却することになりました。

その後、利用者の端末買い替えサイクルが長期化したうえ、スマートフォンの登場によってガラケーの販売台数は急速に減少。アップルをはじめグローバル展開によるスケールメリットを生かしたプレーヤーが台頭しました。スマートフォンでは、ハードウェア以上にソフトウェアが差別化要因となりましたが、日本ではガラケー時代からキャリアがサービス開発を主導していたため、端末メーカーには消費者に望まれるコンテンツ開発のノウハウも十分に蓄積されていなかったのです。

ガラケー時代に端末メーカーが取った行動を振り返ってみると、キャリアの戦略に依存して売上拡大を優先し、事業の肝である開発や販売といった機能をキャリアに依存したがために、結果的に売上とコストをコントロールできないまま、闇雲に販売拡大戦略を継続してしまった構図が浮かび上がってきます。端末メーカー各社は、長期的に何が価値の源泉になるのかという視点を失い、短期的な売上の獲得に走りました。設備投資を通じて過大に資産を抱えた一方、**事業サイクルやテクノロジーの変化のスピードを見すえて、適切な期間内にキャッシュを回収するといった考えが希薄であった**ために、その後、多くのメーカーが撤退や再編に追い込まれることになったのです。

当時の携帯キャリアは、自分たちが望む販売サイクルを実現するために、端末メーカーに対して短い期間での新機種開発、一定の台数の製造を求めました。端末メーカーは売上拡大を至上命題とし、大手キャリアから示された仕様に合わせて携帯電話を作り続けましたが、このことが携帯キャリアに対する依存度を高めることになり、気がついた時には総崩れという状況に陥ってしまったのです。主体的に「企業価値を最大化する」という、ファイナンス思考の基本姿勢が欠けていたのです。

ファイナンス思考が奏功したソニーの携帯端末事業

携帯電話の買い替えサイクルが長期化し、市場が縮小すると、今度は端末メーカー間での値下げ合戦が始まりました。販売台数を維持するために、粗利が出る限りにおいて徹底的に値下げするといった廉価販売を各社が行ったのです。業界各社が相次いでこうした施策を採ると、当然のことながら市場はますます縮小し、すべてのプレーヤーの利益が減少してしまいます。こうした携帯電話業界における負のサイクルを断ち切った事例として、ソニーモバイルコミュニケーションズを挙げることができます。

もともとソニーは、携帯電話端末メーカーとして後発だったこともあり、2001年にスウェーデンの端末メーカーであるエリクソンとともに、ソニー・エリクソン・モバイルコミュニケーションズを共同で設立しました。その後、「ウォークマン」や「サイバーショット」、「ブラビア」といったソニーブランドを冠した端末を次々に発売し、販売台数を伸ばしていきました。

一方、金融危機による不況や携帯電話の低価格化、スマートフォンの登場による競争の激化に伴い、より迅速な意思決定を行うため、2012年、ソニーはエリクソンの保有するソニー・エリクソンの50％分の株式を10億5000万ユーロ（約1100億円）で取得。ソニーモバイルコミュニケーションズとして再出発することになりました。

それまでのソニーの携帯電話事業は、販売台数が多くないとキャリアに採用されないといった恐怖感もあり、シェアの拡大や販売台数の増加といったトップライン（売上高）の最大化を至上命題としていました。**規模を拡大しないと固定費を回収できないといった考えが根強かった**のでしょう。

ところが2014年、ソニーの構造改革を推進してきた十時裕樹《とときひろき》氏が社長に就任すると方針を一転し、高価格帯商品へ集中したほか、アメリカや中国といった不採算地域の事業展開を大幅縮小する施策などによって、商品や地域の選択と集中を遂行し、黒字化に向けた収益力の改善に取り組んだのです。いわば、販売台数の追求から利益追求への戦略転換でした。

その結果、2013年度、2014年度ともに3910万台だった販売台数は、2015年度には2490万台、2016年度は1460万台まで減少しましたが、商品・地域の選択と集中を通じたコスト構造の見直しにより、赤字状態が続いていた営業利益は2016年度には黒字化を達成し、事業の泥沼化に歯止めをかけたのです。

ダイエーの「売上はすべてを癒す」は今は昔か？

このほか売上至上主義の典型例といえば、創業者の中内㓛が「売上はすべてを癒す」と述べたとされるダイエーが挙げられるでしょう。

同社の栄枯盛衰を振り返ると、日本の高度経済成長とともにPL脳で拡大を続け、バブル崩壊と同時に、膨らみきった資産に押しつぶされてしまった様が見て取れます。

ダイエーの歴史は1957年、大阪市の千林商店街にオープンしたドラッグストア「主婦の店・大栄薬局」に遡ります。以降、ダイエーは食品、衣料品、家具、家電といった生活に必要な商品が何でもひとつの店舗で揃うゼネラルマーチャンダイズストア（GMS）という業態を日本に確立し、全国に展開しました。食料品や衣料品などを自分で選び、レジで支払うスーパーマーケットという業態を日本に根づかせたのもダイエーです。


創業者である中内は「よい品をどんどん安く（GOOD QUALITY BEST PRICE）」「お客様のために（For the Customers）」といった方針を掲げ、それまでの流通の常識を打ち破る数々の取り組みを行いました。そうした方針を体現したのが、**大量仕入れによってコストダウンする「流通革命」であり、「価格破壊」をスローガンとした値引き大量販売による拡大路線**だったのです。当時の流通業界から見れば常識はずれの方針を貫いた背景には、中内が戦時中、フィリピン・ルソン島で飢餓に苦しみながら捕虜生活を経て、命からがら生還したという原体験があったのだそうです。

「価格破壊」を進める上で、中内は「価格の決定権をメーカーから消費者に取り返す」という信念を貫き、時にはメーカーと激しく衝突することもありました。特に有名なのが、松下電器産業（現パナソニック）との「30年戦争」です。1964年、ダイエーは松下製品を

20％の値引き価格で販売しました。こうした値引き販売に不満をもった松下電器はダイエーへの出荷停止措置をとりましたが、対するダイエーは、松下電器を独占禁止法違反で告訴することにより応戦。両社が正式な和解に至ったのは30年後の94年のことでした。

圧倒的な販売力を背景に、ダイエーは価格破壊のためにメーカーへの強硬な姿勢を貫き、メーカーの協力が得られない場合には自社で商品を開発することによって対抗しました。これがプライベートブランド（ＰＢ）の始まりです。

次々と流通業界の常識を打ち破ったダイエーは、新店舗の開発でも独自の手法を採りました。売上拡大をめざす同社は、土地を買って店舗を広げ、その土地を担保に銀行から資金を借り入れ、さらに土地を購入するというサイクルを繰り返すことで規模の拡大を図ったのです。その過程では、本来の出店に必要とする以上の土地を買い込み、ダイエーの出店によってさらに値上がりした余分な土地を売却して売却益を得る、あるいは担保にするといった不動産ディベロッパーのような取り組みも行われていました。

69年に発売された中内の著書『わが安売り哲学』（日本経済新聞社）には「店を豪華にするよりも、売り場面積を増やしていく。店は戦争の基地であり、基地をいくらもっているかが戦争の勝敗を決める」といった同社の方針が明確に示されています。こうした拡大路線の結果、ダイエーの売上は一時グループ全体で5兆円を超えるに至りました。

一方で、売上高を重視するダイエーの積極的な拡大路線は、大きなリスクも抱えていました。一般的に、小売チェーン店の売上高が上がると、利益率が下がっていくのはよく知られた現象です。小売チェーン店は、開業当初は採算性のよい商圏を慎重に検討し、利益率の高い地域を狙って出店しますが、規模を追求し、売上の目標数値を掲げると、その達成のためには初期ほどの採算性の見込めない商圏にも出店せざるを得ません。その結果、チェーン全体の利益率が押し下げられてしまうのです。ダイエーもご多分に漏れず、売上規模と利益率のトレードオフという落とし穴にはまってしまいました。規模の拡大を最優先した結果、ダイエーの利益率は小売店の中でも特に低い状態まで下がってしまったのです。

また、ダイエーの拡大路線は、「土地価格が上がり続ける」という「土地神話」を前提としていました。確かに地価が値上がりし続ける限りにおいては、既存の土地の価格が上がり、信用力を増してさらに新しい土地を買うといった正の循環が生まれます。ですが、ひとたび地価が下がり始めると、途端にこうした循環は逆回転することになります。バブルの崩壊によって日本中の地価が下落し始めると、土地の担保価値が下がり、ダイエーの新規出店は困難になりました。また新規出店による規模の拡大を最重視した結果、各店舗の収益性は低く、メンテナンスも十分になされていませんでした。そうなると、後に残るのは老朽化した収益性の低い店舗と膨大な債務です。

98年度の同社の連結売上高は約3兆円。連結の経常損失が約１００億円であったのに対して、連結有利子負債は約1・3兆円にまで膨らんでいました。こうして流通業界における一大帝国にまで成長したダイエーは、バブル景気の崩壊とともに衰退の道をたどり始めます。2004年には産業再生機構の支援先となり、2014年にイオンの完全子会社となったダイエーは、上場を廃止しました。

ダイエーの歴史は日本の高度経済成長と時を同じくしています。市場が年々右肩上がりに成長していく環境下においては、シェアを失わないために売上を追求するという考えには一定の合理性がありましたし、上がり続ける地価がそうした拡大路線を下支えしていました。またダイエーが掲げる「価格破壊」を実現するためには、商品を大量に安く仕入れる必要がありました。スケールメリットを活かして仕入元と有利に交渉するためにも、ダイエーにとっては規模を追求することが、最優先の経営課題になっていたのでしょう。

一方でこうしたダイエーの戦略は、市場全体が成熟段階を迎えて需要が弱まると、一気に通用しなくなる手法でもありました。市場の成長を前提とするあまり、いつの間にか大きなリスクを抱え込んでいたのです。ダイエーの興亡は「売上を拡大する」という小売店の発想を起点として不動産ディベロッパー事業を営み、時代の変化によって流通業としてもディベロッパー業としても立ち行かなくなってしまったといえます。

採算性を無視して投じられるメーカーの販促費

売上を偏重する思考法は、メーカーの販促費の活用方法などにも表れます。メーカーは小売の店舗に商品を卸すだけでなく、商品を販売促進するために費用を投じます。店舗の商品に掲げられる「のぼり」や「ＰＯＰ」、売上実績に応じて問屋や小売店舗に支払う「リベート」、商品を陳列する棚の確保や商品の値引きの原資となるお金がこうした販促費にあたり、卸や小売といった取引先ごとに投じられています。

本来であれば、こうした販促費は、販売量が多く、より多くの利益を稼ぎ出す店舗に対して支払われるべきはずです。しかし、多くの場合、**支払先が稼ぎ出す営業利益と連動していないのが現実**です。その結果、メーカーから見れば、利益率の極めて悪い取引先に販促費が支払われるといった事態が頻発しているのです。

こうした状況が起こってしまう原因をたどっていくと、第一に取引先ごとの利益が正確に把握できていない点が挙げられます。本来であれば、ある商品が店舗ごとにどの程度売れていて、どの程度の利益を創出しているのかをモニタリングすべきなのですが、流通過程に卸が介在するといった事情もあって、店舗ごとの販売動向に関する情報が見えにくくなっているのです。また販促費を振り分けるメーカーの営業部員は、売上高をベースに人事評価されていることも少なくありません。そのため、販促費を差し引いた利益ベースではなく、売上の多い取引先に対して、過剰な販促費を投じてしまうといった事態が起こるのです。

販売量や売価、店舗別の利益といった指標を定量的に分解して把握することは、ファイナンスに関する活動を行うにあたり、前提となる情報を得るための基本動作です。また、会社全体で重要視する経営指標と従業員のインセンティブを合致させることも、同様にファイナンス的に考えると実施すべき基本動作です。ところが、前述した背景もあり、メーカーでは定量的な情報を把握できていないケースが往々にして生じるのです。

メーカーの製造現場では通常、個々の商品がどの程度の粗利を創出するのか、製造原価が把握されているものです。一方で、販売に際してどの程度の販促費が使われているのかについては、製造原価ほどの厳格な管理はなされておらず、売上単位で把握されていることが少なくありません。そのため、販促費の使い方次第では店舗によって同じ商品の利益率がまったく異なるといった状況が起こり得るのです。

また通常、販売数量が増えると製造原価は下がっていくものです。したがって安直に考えると、粗利（売上－製造原価）を増やすためには、製造量を増やすのが最適な方法ということになります。ところが、粗利を確保するという観点から、製造量（つまり販売量）を多めに固定して販売計画を立てると、製造した商品を売りきるために値下げを行う本末転倒な施策が必要となり、トータルの利益（売上高－製造原価－販促費）が減るといった悪い循環に入ってしまうのです。

　このように、たとえ全社レベルでは売上よりも利益を重視して事業運営を行っていたとしても、**現場レベルでは管理の複雑さを避けるために、結果として売上偏重型の施策が採られているケース**が少なくありません。個別の現場管理を単純化しようとしすぎるあまり、全体の採算性が崩れてしまう典型例です。

2　会計知識があっても陥る「利益至上主義」

　売上至上主義ほど単純ではなく、一定の会計リテラシーがあってもかかってしまうPL脳の代表症例が「利益至上主義」です。

　ここで、まずもって確認しておかねばならないことは、利益を追うこと自体は、会社にとって決して悪いことではないということです。元手となる資金からより多くの富を生み出すことは、経済的に見た会社の目的の一側面です。また資本調達コストの面から見ても、利益が出ている状態のほうがデットの調達コストは下がり、会社経営にはプラスに働きます。特殊な状況を除き、一般的には赤字よりも黒字のほうが会社の状態は健全であるといえますし、利益も多いに越したことはありません。

　しかし、利益の捻出や増加を絶対視し、そうした目標の達成に会社の意思決定が縛られてしまうと、かえって会社の長期的な価値向上の妨げにもなりかねないケースが生じます。また、最終利益の最大化を目的にすえると、会計操作に近い取り組みがなされてしまうこともあるのです。

ＰＬ上の利益が、売上総利益から最終利益（当期純利益）に至るまで階層構造になっていることはすでに説明した通りですが、どの段階の利益を重視するかによって、利益捻出に働きかけるアクションや、それが会社にもたらす意味も異なってきます。ここでは営業利益と最終利益を重視するＰＬ脳の事例について見ていきましょう。

「営業利益」をかさ上げする

① マーケティングコストや研究開発を削る

営業利益とは、売上総利益（売上－原価）から販管費（販売費および一般管理費）を差し引いて算出される、会社の利益のことです。販管費とは、会社の営業活動全般や一般管理業務のための費用ですが、端的には、会社の本業に関わるお金のうち、製品やサービスを作るのに直接関わる費用（原価）以外のものと考えればいいでしょう。たとえば、総務部や人事部といったバックオフィス、営業部門に関わる人件費が含まれるほか、製品の運送費用や社員の旅費交通費、資産を減価償却した費用などもまた、販管費に計上されます。

ＰＬは四半期や1年といった、決算期間に閉じた範囲で会社の売上や利益を表すものです。こうした**ＰＬに計上される費用の中には、効果がその決算期の後になって表れる、いわば資産的な側面のある費用も含まれています。**広告宣伝費用や研究開発費などはその典型例でしょう。広告宣伝費用は、単にある特定商品の売上拡大のみを狙って投じられるとは限りません。通常は、製品シリーズや会社全体のブランド構築をも企図して、広告宣伝は行われるものです。

こうしたブランド構築に向けた資金投下は、予算が投じられた決算期にすぐさますべての効果が表れるものではなく、長期間をかけて徐々に効果が積み上がっていくものです。その過程では、継続的な一定の投資が必要になります。一方でそこにかけた費用については、実際にお金をかけた決算期に計上しなくてはなりません。ここに、マーケティング活動の効果と費用計上における時期のズレが生じるのです。本来的には、会社の価値向上のために継続的なブランディング活動が必要ですが、目の前の営業利益を最大化しようとすると、こうした支出を抑えようとする誘惑に駆られてしまうのです。

研究開発（Ｒ＆Ｄ）費も同様です。グーグルを運営するアルファベットやマイクロソフトなど、技術を重視する会社はＲ＆Ｄ費に売上の15％近くを投じています（図表30）。こうした技術志向の会社であれば、先々の製品・サービス開発を見越して、常に事業化する手前の技術に関する研究が必要です。ただＲ＆Ｄ費は売上向上に即座に貢献しない一方で、費用が生

図表30　R&D費用の多い米国企業

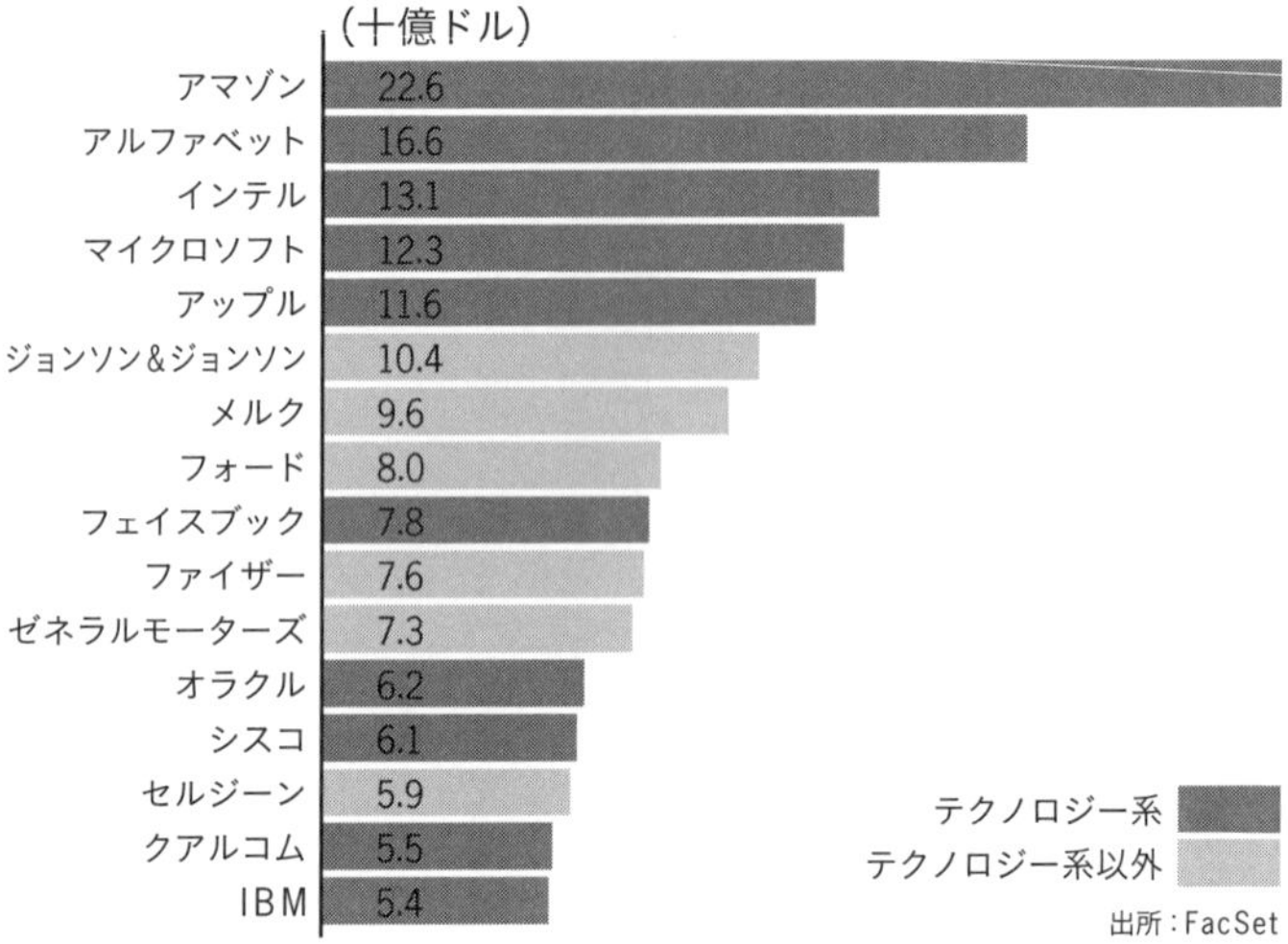

じた期のＰＬに反映されるため、営業利益を圧迫してしまいます。よって単純にその時々の営業利益率を比較すると、投資家に対して、非効率な事業運営をしているという印象を与えかねません。

　そこでＲ＆Ｄ予算を多く必要とする製薬企業やメーカーの中には、通常の営業利益とは別に、営業利益にＲ＆Ｄ予算を足し合わせた「研究開発費前利益」を提示し、投資家に対する説明を行う会社もあります。Ｒ＆Ｄ費の要素を除いた会社の競争力や効率を伝えようとする試みです。

②　のれんが発生する企業買収を避ける

　Ｍ＆Ａにおける買収額と被買収企業の純資産との差額を「のれん」と呼び、Ｂ

S上の無形固定資産として期間内に均等償却しなければなりません（詳細は巻末の特別付録の293ページを参照）。この「のれん」の償却によって営業利益が悪化するのを嫌うあまり、将来の成長に必要な事業の買収に躊躇するのもまた、典型的なPL脳の症状であるといえるでしょう。

「のれん」は一定期間をかけて会社のBSから均等に償却されていきます。本来、買収に必要なキャッシュは買収時に支払われており、後になって買収に要するキャッシュが出ていくということはない（アーンアウトなど、特定の買収スキームを除きます）のですが、**「のれん」の償却に伴う営業費用の発生によって、外部から見ると利益が目減りしているように映ってしまう**のです。

たとえば、売上高500億円、営業利益50億円のA社が、純資産100億円のB社を200億円で買収しようと検討したとします。この時に発生する「のれん」は100億円。償却期間を10年としましょう。A社の規模を考えれば、営業利益数億円をひねり出すために、現場は必死になって働いているはずです。そんな中、「のれん」償却が毎年10億円も発生するB社を買うという決断は、現場の観点からはなかなか理解し難いものがあるのかもしれません。仮にB社単体の利益よりも「のれん」の償却額のほうが大きいと、PLだけを見れば、現場の努力が買収によって一気に無にされたような感覚をもたれかねないからです。

PLを軸にして会社の意思決定をすると、このように会社・事業の買収に振り向ける資金に制限がかかってしまいます。たとえば、急成長しているソフトウェア企業などは典型例で、保有する資産が少なく現時点での利益率も低い割には企業価値の評価が高く、そのために買収時に大きな「のれん」が発生します。日本においてソフトウェア企業のM&Aが起きづらいことの背景には、こうした事情もあるのではないでしょうか。

逆にM&Aの件数が少なく、合従連衡が起きづらかったことは、日本のソフトウェア産業が世界に出遅れたことの一因にもなっているのです。もちろん、営業利益が黒字であるのに越したことはありません。ですが、短期での黒字最大化が最優先事項になると、将来の成長を見越した事業買収などできるはずがありません。

③ 意思決定が会計基準に左右される

この点、会社の意思決定に会計基準が大きな影響を及ぼしている側面もあります。実は、財務諸表を作成する際の会計ルールは国や地域によって考え方に違いがあります。基本的に会計基準には以下の3つがあることを覚えておけばよいでしょう。

① J-GAAP：日本の会計基準
② US-GAAP：米国の会計基準
③ IFRS：欧州を始めとした国際会計基準

どの会計基準も、財務状況を定量的に把握してステークホルダーに知らせたり、課税額を把握したりするために作られるという点で基本は同じなのですが、項目の呼び方や資産に対する認識などに違いがあります。たとえば、第1章で解説したPLの「特別利益・特別損失」は、IFRSには存在しません。会社はこうした会計基準のうち、どれかを選択し、その会計基準に則って財務状況を報告します。そして会計基準の違いが、実際の経営意思決定にも影響を及ぼすことがあるのです。

日本の会計基準（J－GAAP）では、このように買収した会社の買収額から時価の純資産を除いた額を「のれん」として償却することが求められています。その一方で、国際会計基準（IFRS）の場合、日本の会計基準でいう「のれん」を、ブランド価値、顧客リスト、ライセンス契約、ソフトウェアなどの無形資産に配分したうえで、そこからさらに残った部分を「のれん」として扱います。つまり、日本の会計基準に比べて「のれん」として認識される額が小さくなるのです。さらに国際会計基準では、毎年行う「減損テスト」において、「買収当初に見込んだB社からの収益が実現しない」と見做されない限り、こうした「のれん」は償却されません。

本来、会社の収益性を、EBITDAをベースにしてステークホルダーに説明していれば、日本の会計基準に則った決算であったとしても問題はないのですが、PLをベースにして説明している限り、会計基準の違いが企業の意思決定そのものにも大きく反映されてしまうのです。

2018年5月時点で、日本の上場企業のうち、IFRSを適用しているのは151社。今後の適用を予定しているのは40社。**全上場企業のわずか4%**にすぎません。すでに適用している会社を見てみると、大企業ではソフトバンク、電通、リクルート、JT、楽天、コニカミノルタ、比較的新しい会社では、じげん、メタップスが挙げられます。ここに挙げたどの会社も、**M&Aに積極的に取り組んでいることは、IFRSの採用とも無関係ではない**でしょう。その裏には、M&Aを通じて積極的に企業価値向上を図るといった思惑があるのです。

「のれん」に対する国内外のとらえ方の違いは、機関投資家やアナリストの国内外での反応にも表れます。会社がM&Aを行った場合、海外の機関投資家やアナリストはまず、買収の意義や価格の妥当性について尋ねる傾向にあります。それに対し、日本の機関投資家やアナリストからは、買収後の会社のPLがどうなるのかや、合併後のPLの足し算・引き算に関して質問が集中することが少なくありません。経営者のみならず、日本の経済界にPL脳がいかに根深く浸透しているかを端的に表す反応といえるのではないでしょうか。

日本企業が買収先を探すときの悪いクセ

ＰＬ脳に陥り、のれん償却を過度に気にしていると、どうしても買収対象が限定されてしまい、会社の成長ステージを引き上げるような思い切った経営判断ができなくなってしまいます。

この点、**日本企業が買収先を探す時に頻出するリクエストが以下の3条件**です。

1. 利益が出ている会社
2. 買収価格が低い会社（安い会社）
3. 成長している会社

えてして経営者が1番目と2番目の条件を挙げるのは、「利益が出ており、なおかつ買収価格の低い会社でなくては、『のれん』の償却分を吸収できない」ことが最大の理由です。それでいてなおかつ「成長している会社」という3番目の条件が加わると、そんな状況で売却を希望する会社など、まずもって存在しません。

よしんば条件を満たす会社があったとしても、売りに出ればほかにも名乗りを挙げる買収希望者が現れるため、結果として買収価格が上がってしまい、結局、2番目の条件（買収価格が低い会社）を満たせないことになるのです。

どうしてもこの3条件を満たそうとすると、結果として不動産業などの複雑な事情をもつ会社や、コンプライアンスに難点があるグレーな産業の会社など、いわく付きの案件ばかりが検討の俎上《そじょう》に載ってしまいます。

海外の大企業を見てみると、フェイスブックのインスタグラム買収（10億ドル）や、グーグルによるユーチューブ買収（16億5000万ドル）、モトローラ・モビリティ買収（125億ドル）など、**利益ではなくユーザー基盤や技術を狙った買収が珍しくありません。**

買収当時のインスタグラムは社員わずか13人、売上ゼロの会社でしたし、ユーチューブの広告収入も買収額の100分の1以下の1500万ドルに過ぎませんでした。グーグルによる買収のわずか2年後に、再度29・1億ドルでレノボに売却されたモトローラ・モビリティについては一見、買収の失敗にも見えますが、2度目のM＆Aではモトローラ・モビリティの製品群がレノボに売却されている一方で、主要な特許については継続してグーグルが保持しています。

こうした買収は、そのままの事業であれ形を変えてであれ、今では買収した両者の企業価値向上に貢献しています。**PLを軽視してはいけませんが、それを絶対視したままでは、このように技術やユーザー基盤を買うといった大きな構想が描けない**のです。

日本企業で珍しくのれん償却を恐れないサントリー

この点、日本でもPL脳にとらわれることなく、「のれん」の償却を恐れずに果敢な投資を行っている事例もあります。

サントリーなどはその好例でしょう。サントリーホールディングスは2014年、「ジムビーム」などのブランドをもつスピリッツ（蒸留酒）メーカー、ビーム社を約160億ドル（約1兆6500億円）で買収しました。この買収によりサントリーは、推計ですが約6500億円の「のれん」、ならびに約9800億円の無形資産を抱えることになりました。結果、買収に必要な年間250億円の金利負担に加え、のれん代の償却費用も年300億円まで膨らむことになったのです。

利益に対するインパクトを考えると、通常であれば到底踏み切れない買収ですが、グローバル・カンパニーに転換するという強い意志の下、「2020年に蒸留酒事業で売上高1兆円をめざす」という高い目標を掲げ、それを達成するためには取らなければならないリスクであるという判断に至ったのでしょう。また、こうした果敢な取り組みができたのは、同社が未上場のオーナー企業であったこととも無関係ではないはずです。

一方で、子会社であるサントリー食品インターナショナルもまた、2015年にJTの飲料自販機オペレーター事業を1500億円で買収しています。これにより、同社は約1000億円の「のれん」を抱えることになりました。サントリーホールディングスと異なり、同社は上場企業であり、少数株主への説明責任も負っています。本件もまた、PL脳にとらわれることなく断行された、成長に向けた意志の表れであると言えるでしょう。

注目すべきは、両社が買収の実行時点ではJ－GAAPを採用しており、「のれん」の償却がPLに反映されたということです。先述の通り、「のれん」の償却によって、会社から実際のキャッシュが消えることはありません。**毎年ののれん償却に実態がない以上、EBITDAをベースに会社の業績を観察していれば、より冷静な目で事業の意思決定が行えるはずですが、**PLを中心に会社の経営をとらえていると、なかなかそうした考え方をするのは難しいことでしょう。

ビームと飲料自販機オペレーター事業の買収が、本質的にサントリーグループの価値向上に貢献するかどうか、本書執筆時点ではまだ答えは出ていません。しかし、J－GAAPを採用しているにもかかわらず、のれん償却を恐れずに果敢に挑戦したサントリーによる買収は、日本において稀有な事例であることは間違いありません。

なお、こうしたM&A攻勢やそれに伴うグループ事業のグローバル化進展もあり、サントリーホールディングス、ならびにサントリー食品インターナショナルはともに、2017年

12月期より、IFRSの任意適用を開始しています。

なんとしても守りたくなる「最終利益」

あらゆる手段を講じて最終赤字を回避しようとする発想もまた、代表的な利益至上主義の症状といえるでしょう。

「前年同期比減」以上に、「赤字化」という言葉のインパクトは強いため、仮に事業の価値向上とは直結しない施策であったとしても、経営者としてはあらゆる手段を駆使して赤字化を避けたいと思うものです。

「営業利益を作る」という行為は、原価と販管費のコントロールによってなされるものです。したがって何らかの点で、会社の本業そのものと関係のあるアクションといえます。一方、**最終利益を重視する場合、コントロールする要素は営業外損益と特別損益**であり、本業とは関係のない財テク的な要素であることが、最終利益を作るアクションの共通点です。こうした取り組みが本業の強みに影響を与えないのであればまだいいのですが、場合によっては会社の競争力に悪影響を及ぼすこともあります。またこうした行為がいき過ぎると、PLを見かけのうえで水増しするような取り組みになってしまうこともあります。

子会社・関連会社株式の時価評価への洗い替え

会社を連結することによる利益のかさ上げとは反対に、**すでに連結している会社を連結対象から外すことによって、見かけ上のPLを作ることも可能**です。それが「子会社・関連会社株式の時価評価への洗い替え」を活用した、テクニカルなPLの作り方です。

株式の評価方法には、**取得原価**と**時価**があります。取得原価とは、取得した時点の株価であるのに対し、時価とは、取得後の株式の値動きの結果を反映した評価額のことです。

たとえば、A社が時価総額100億円の上場企業D社の株式を20％取得したとしましょう（取得原価20億円。図表31）。数年後、D社の事業が好調に推移し、時価総額が500億円に達したとします。この時、A社が保有しているD社の株式の取得原価は20億円であるのに対し、時価は100億円（500億円×20％）です。

さて、現行の会計基準（2018年時点）では、会社が保有する子会社、ならびに関連会社の株式を、通常は取得原価で評価します。したがって保有している期間、他社の株式はBS上にも取得原価で計上されます。ところが、A社が保有するD社株式の一部を売却し、D社をA社の連結対象から外す際には、D社の株式を時価で評価するという処理を行うことになっています。またこの処理に際して、売却分だけでなく、社内に引き続き保有しているD社の株式についても、取得原価から時価に洗い替え（再評価）するのです。

図表31　株式の取得原価と時価による評価の違い

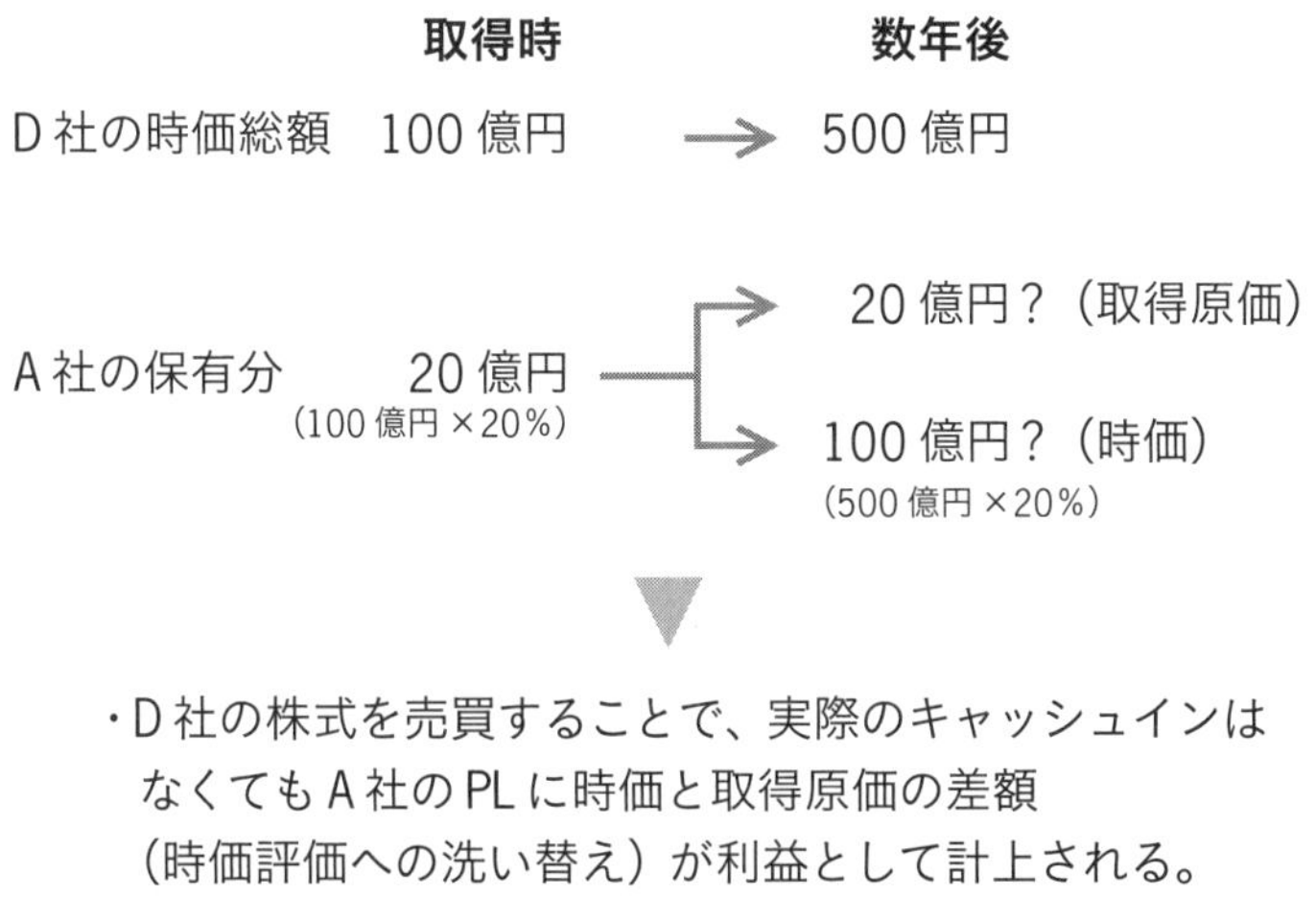

これは一体、何を意味するのでしょうか。

先ほどの例に戻って、株式取得時に100億円だったD社の時価総額が500億円に上がり、A社が保有しているD社の株式20%分の時価が20億円から100億円にまで上がったケースを考えてみましょう。この時に、A社がD社株式の5%分を売却するとします。そうすると、A社にはD社株式5%分の取得原価5億円（取得時の時価総額100億円×5%）と現在の時価25億円（時価総額500億円×5%）の差額である20億円（25億円－5億円）が、関係会社株式売却益として利益に計上されます。

ここで注意すべきは、売却したD社株式5%分だけでなく、まだA社が保有しているD社株式15%分（20%－5%）もまた、

75億円（時価総額500億円×15％）分の価値があるものとして時価評価されるという点です。その結果、時価75億円と取得原価15億円（取得時の時価総額100億円×15％）の差額である60億円が、PL上に計上されるのです。D社の15％分の株式についてはいまだに売却されておらず、キャッシュインも起こっていませんが、A社のPL上では利益を作ることができてしまいます。

本件もまた、関連会社の連結と同様、キャッシュの創出や事業の付加価値向上を伴わないテクニカルな手法による利益の作り方といえます。D社の例であれば、売却した25億円分（時価総額500億円×5％）については確かにキャッシュインが発生していますが、時価評価の75億円分（時価総額500億円×15％）については、PL上で利益計上されているものの、実際には何もお金は動いていないのです。

会社のパートナー戦略の見直しによって、A社がD社株式を5％分売却しているのであればよいのですが、仮に成長戦略上、D社の事業領域がA社にとって重要であるにもかかわらず、この株式売却が行われていたとしたらどうでしょうか。

株式売却によってD社の経営権を手放すことは、A社の成長戦略にとって正しい判断とは言えないはずです。もしD社株式の評価額を時価に洗い替えをして、利益をPLに計上することを狙って、A社が株式を売却していたのだとすれば、これは本末転倒と言わざるを得ません。これはなにも荒唐無稽な絵空事ではなく、現実にも、時価評価への洗い替えを狙ったと思しき日本企業の意思決定が散見されるのです。

ここでは利益至上主義のＰＬ脳が顕著に表れる連結外しの例を挙げましたが、反対に、**すでに保有しているグループ会社の株式を買い増すことでＰＬを作る**こともできます。時価よりも低い取得原価で資産計上されているグループ会社の株式を買い増すことによって、すでに保有している株式もまた時価評価され、含み益がＰＬ上に反映されるのです。

売却の場合は、保有している株式のすべてを売ったわけでもないのに手元に残した株式までもが時価評価されます。反対に、既存投資先の株式を買い増した場合は、元から保有していた株式までもが時価評価されるわけです。

時価と取得原価の差額がＰＬに利益として計上される点に、時価評価洗い替えトリックの本質があります。最終利益が悪化している、あるいは赤字転落しかねない企業の経営者にとっては、強い誘惑に駆られる施策であることでしょう。

これとは真逆のケースで、グループ会社の時価評価が下がっている場合、本来は保有する株式を売却すべき状況下でも、評価損がＰＬ上に計上されることを恐れ、売却を躊躇する場合があります。二の足を踏んでいる間に、さらに株価が下がってしまいかねません。非効率な状況を打破しないまま放置しているという点において、資本コストの面から考えても悪手であると言わざるを得ません。

column

伊藤忠VSグラウカス

2016年7月、アメリカの空売りファンドであるグラウカス・リサーチ・グループは、伊藤忠商事の2015年3月期決算が不正会計であると主張するレポートを発表しました。グラウカスはレポート中で、伊藤忠の投資判断を「強い売り推奨」とし、同社の株価は最大50％下落するとの見解を述べました。この発表を受けて一時、同社の株は最大で前日比10％安まで下落。終値も6・3％安となりました。

空売りファンドとは、「安い時に株を買って高くなったら売る」という一般の投資家とは異なり、株価が高すぎると思われる会社を特定し、その会社の株式を売却することで収益を上げるファンドのことです。具体的に「空売り」とは、株価が高いと見込んだ会社の株主から株式を借りて売却し、時間が経って株価が下がった時点で安値になった株式を買い戻し、株の貸し手に返却するという投資手法のことです。売却時と買い戻し時の差益によって、空売りファンドは収益を上げます。空売りを行うことによって、株価が高い企業が対象であっても投資家は収益を得ることができるのです。反対に見込みが外れ、空売りした株式の価格が上昇してしまうと、その差分は空売りファンドにとって損失となります。

こうした空売りを行うファンド自体は決して珍しいものではありませんが、グラウカスが日本市場において特殊だったのは、株式の売却後にレポートを通じて「伊藤忠の株価が不当に高い」という旨の主張を行ったことです。グラウカスが空売り後に発表したレポートには「弊社は空売りポジションを保有しており、株価が下落すれば、相当の利益が実現する立場にあります」といった事実関係が明記されていました。

こうした劇場型の空売りファンドは、企業側にとっては決して面白くない存在でしょう。一見、道義に反するようにも思える空売りファンドの活動ですが、一方で、アメリカではこうしたファンドの活動がきっかけとなってエンロンの不正会計が明るみに出たといった事例もあり、不正の発見や市場の効率化に貢献している側面ももっています。

さて、本件でグラウカスが不正だと主張した伊藤忠の会計処理は以下の3点です。

1点目は2015年3月期、コロンビア石炭事業で1531億円相当の減損認識をせず、持ち分法適用から除外して損失を切り離した点についてです。伊藤忠は2011年に、資源大手であるドラモンド・カンパニー傘下で、コロンビアの炭鉱事業を保有・運営・管理する会社の株式を20%取得しました。ところがその後、石炭価格はピーク時から64%下落。ストライキや運営上の問題も重なり、同社の収益性は悪化しました。2015年3月期に伊藤忠はこの鉱山への出資分を「関連会社投資」から「その他の投資」に変更していますが、グラウカスはこの処理が不適切な区分変更であり、本来であれば認識すべき1531億円相当の損失を回避したと指摘しています。

2点目は2016年3月期に伊藤忠が1・2兆円を投じて10％の株式を取得した、中国国営企業CITICについてです。伊藤忠はCITICからの持ち分法投資利益や配当などを通して、2017年3月期に700億円の収益を見込むとしていました。これは同期に見込む伊藤忠の当期純利益約3500億円の内、実に20％に相当する額です。これに対し、グラウカスは中国政府の支配下にあるCITICに対して伊藤忠は重要な影響力をもっておらず、持ち分法を適用すべきではないという見解を示しました。

3点目は2015年3月期末に約600億円の再評価益を計上した、食品・流通会社である台湾の頂新ホールディングスについてです。伊藤忠は2015年3月期に同社を連結対象から外しています。これによって伊藤忠は頂新の再評価益として2015年3月期に約600億円（同期の当期純利益は約3000億円）を計上しています。この区分変更について、グラウカスは「会計上の利益は発生したが、経済実態的にも伊藤忠と頂新の関係上も変化は生まれていない」とし、2015年3月期の利益計画を達成させるために連結外しを行ったのではないかと指摘しました。

こうしたグラウカスの主張に対し、伊藤忠は法的措置の可能性に言及したうえで真っ向から反論しています。

まずコロンビアの石炭事業については、複数の監査法人による見解を踏まえた評価であること、合弁のパートナーであるドラモンドから資金拠出の要請があった際、リスクを限定するために要請に応じず、実質的には持ち分が20％以下になっていることを理由に、自社の処理は正当であったと反論しました。またグラウカスが1531億円相当と主張した損失額についても、グラウカスが用いた売上高マルチプルによる試算（売上高に業界平均の倍率を掛けて資産価値を評価する手法）は不適切であり、ディスカウント・キャッシュフローを用いるべきだとも述べています。

また2点目のC−T−Cについては、「国営企業への持分投資が一切認められない」というグラウカスの主張は「極論だ」としたうえで、タイの財閥CPグループとともに投資を行い、合計で20％の持ち分を保有していること、C−T−Cが香港に上場する企業であり、踏み込んだパートナーとして仕事をしていることを挙げ、持分法を適用することは妥当であると主張しました。

3点目の頂新については、2014年7月に食品分野でCPグループと業務提携するに際し、同グループと競合する頂新を持分法から外すことが実質的に必要であったがために行ったことであり、「600億円の利益を埋めるために、数週間の間に持分法を外して益出しをしたという指摘は、極めてよろしくない」と反論しています。

グラウカスが指摘した3点はいずれも、持分法適用や時価評価洗い替えといった投資区分に関する内容です。総合商社は多いものでは1000社以上の連結対象企業を抱えており、PL上の評価とキャッシュの流れが合致しないことが珍しくありません。こうした投資区分による認識の問題は、ほかの商社にとっても他人事ではないでしょう。グラウカスのレポート発表から本書執筆時点で1年以上が経過していますが、レポート発表翌日以降、同社の株価は常に高い水準にあり、投資家は伊藤忠側の見解を支持していることがうかがえます。両社の主張のどちらに理があるのかをここでは論じませんが、本件はPLの認識のあり方を巡って交わされた象徴的な出来事であったといえるでしょう。

3　会社の実態から目を背ける「キャッシュフローの軽視」

「利益は意見、キャッシュは事実」、**「勘定合って銭足らず」**といったフレーズは、利益とキャッシュの本質的な違いを表しています。これまで再三触れてきたように、ＰＬにはどうしても意思をもって数字を作れてしまう側面があります。テクニカルな操作によって、会社の業績を実態よりもよく見せることが、合法的にできてしまうのです。

こうした利益とキャッシュの差異は、投資家や債権者、取引先といった外部者にとって、会社の実態を正確に把握して合理的に行動するために、注意を払うべきポイントです。同時に、経営者や従業員など、会社の内部の人々にとっても、利益とキャッシュの差異は会社の存続を左右しかねないという点を、強く認識する必要があります。

仮に赤字であったとしても、あるいは債務超過に陥っていたとしても、会社が即座に倒産するということはありません。しかしキャッシュが底をつき、取引先などに対して支払うべきお金が用意できなくなると、会社は倒産します。極端な例だと、**ＰＬ上は黒字であったとしても、資金がないために会社が倒産してしまう**事態も起きます。これが「黒字倒産」であり、「勘定合って銭足らず」という状況です。特に高成長の事業では、手元にあるキャッシュ以上に必要とされる資金が多くなり、こうした「黒字倒産」が発生しやすくなるのです。

赤字が続いても、お金がある限りは事業を継続できますが、資金が底をつくと会社は倒産してしまいます。だからこそ会社にとって、キャッシュフローが重要なのです。特に余裕資金の乏しい中小企業にとって、経営上の課題のほとんどは、資金繰りに関連すると言っても過言ではありません。

運転資本の増加は黄信号

「勘定合って銭足らず」の典型例は、事業の拡大に伴う運転資本の増加と、それに伴う資金の不足です。「運転資本」とは、ある事業を運営するために必要な資金のことです。

製造業を例にとって考えてみましょう。製造業の基本的な事業の流れは、会社が外部から原料を仕入れ、社内で加工し、製品化したものを顧客に販売して代金を回収するというものです。ここで注意すべきは、**原料の仕入れや製品の販売といった具体的にモノが動くタイミングと、お金が動くタイミングは異なる**ということです。

私たちが日常生活の中でモノを買う状況を考えてみると、コンビニやスーパーマーケットのような不特定多数の小売店で現金を支払い、商品を入手するといったプロセスを思い浮かべるのではないでしょうか。このような場面では、モノを入手するのと同時に、お金を売り手に支払います。しかし法人の場合、個人とは違って、基本的には特定の取引先との間で仕

図表6（再掲）　貸借対照表

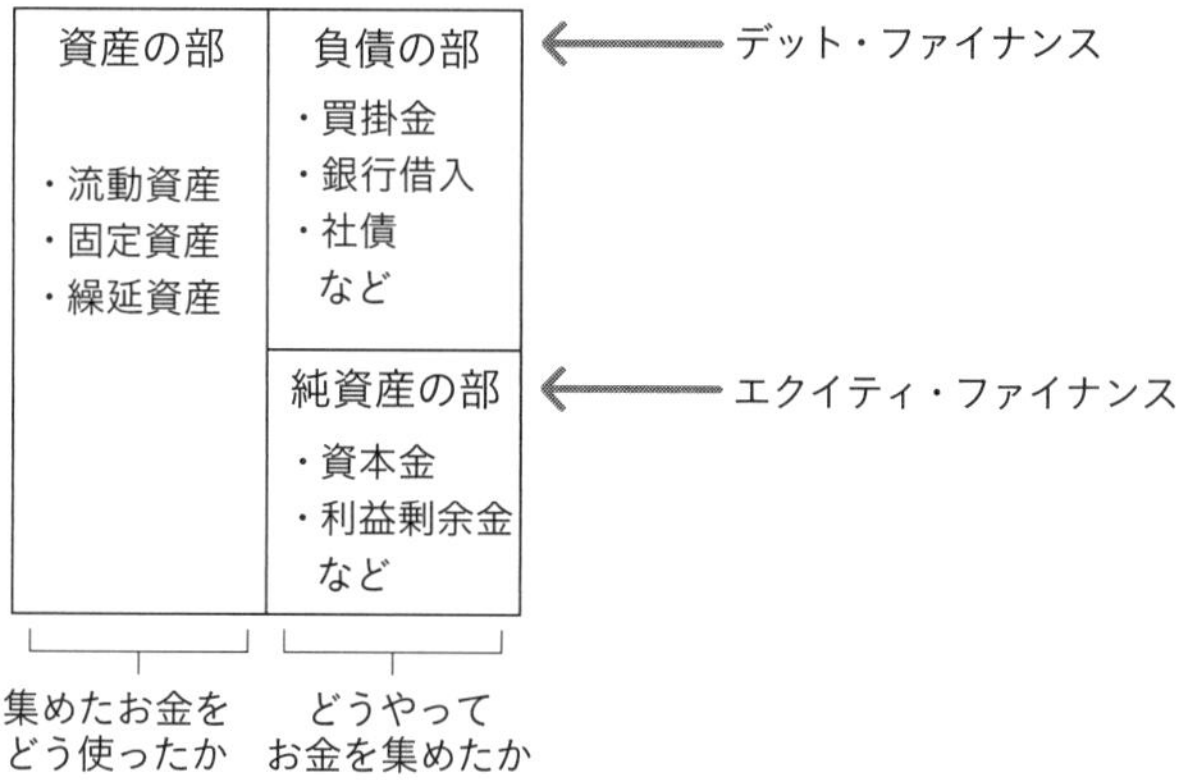

入れや販売といった取引を繰り返します。こうした取引先は複数にまたがり、また一定期間内に頻繁に取引することもあるため、その都度現金の受け渡しをしていると現場の業務が煩雑になってしまいます。そこで法人間の取引では、一定の期間（通常は月単位）に発生した取引の代金をまとめ、一定期間後に支払うといった商慣行が成立しています。

　仕入れに要する代金のうち、仕入先に支払っていない代金のことを「**買掛金**」と呼びます。買掛金は取引先ごとに決められた期間を経て、仕入先に支払わなければいけません。買掛金はＢＳの右側に負債として計上されますが（図表６再掲）、「一定期間後に支払わなければならないお金」という性質は、借金と共通するものがあります。一方、商品を販売した顧客からまだ回収していない代金のことを「**売掛金**」と呼びます。売掛金は、一定期間後に販売先から代金を回収する権利（債権）であり、バランスシートの左側に資産として計上されます。「期限が来たら現金を得る権利」という点では、資産的な価値があるためです。

顧客から製品が高く評価され、販売量や売上が増えるということは、会社にとって喜ぶべきことです。一方で、**販売量や売上が増えるということは、原料の仕入れなどに対して会社が先行して払わなければならないお金が増えるということ**でもあります。原料を仕入れてから代金を支払う期間（支払サイト）と製品を販売してから代金を回収するまでの期間（回収サイト）のズレに注意し、買掛金や売掛金のボリュームを常に把握したうえで、必要な運転資本を準備しておかなくてはなりません。そうしないと、せっかく売上が増えて利益が上がっているにもかかわらず、買掛金を支払うタイミングにキャッシュの回収が間に合わず、結果として会社が倒産するといった事態を招きかねないのです。

仕入代金を支払ってから、仕入れた物を販売して代金を回収するまでの期間を、前述のとおり「**キャッシュ・コンバージョン・サイクル（CCC）**」と呼びます。仮に仕入代金を支払ってから、仕入れた物を販売した代金を回収するまでに30日を要すると、キャッシュ・コンバージョン・サイクルは30日ということになります。**キャッシュ・コンバージョン・サイクルが短ければ短いほど手元の資金に余裕ができ、仕入れや新たな設備投資に費やす資金の**

余裕が増します。この点、小売業のように商品を販売したその場で現金を回収できる「現金商売」であれば、ほかの業態に比べるとキャッシュ・コンバージョン・サイクルが短い傾向にあります。会社が資金の余裕をもち、安定的に経営を続けるためには、キャッシュ・コンバージョン・サイクルの長さが肝です。

こうした支払サイトや回収サイトの長さが原因で、売上や利益は増えているにもかかわらず、キャッシュフローは悪くなっているといった事態は、規模の大小を問わず、あらゆる会社で起こり得ることです。資金繰りに苦心している中小の町工場よりも、むしろ期間に対する認識の低い大手ＩＴ企業のほうが、気づかぬ間にはまり込んでいる問題かもしれません。

たとえば、見込み顧客から、代金の回収期間を長くすることと引き換えに、大量受注するといった状況を考えてみましょう。ＰＬ上は売上も立ちますし、粗利も多く計上されますが、その反面、キャッシュフローは悪化してしまいます。仮に手元に資金が潤沢にあり、なおかつ全体の取引量から見ればわずかな影響しかないという状況であれば、このような取引を行うことにも合理性があるかもしれません。しかし、運転資本が不十分な場合であれば、長期にわたるキャッシュ・コンバージョン・サイクルを穴埋めするために、借入を行うなど、資金の準備をしなくてはなりません。利幅の薄い事業であれば、借入の利子でほとんどの利益が消失してしまうといった事態も起きかねません。これでは何のために案件を獲得したのかわからなくなってしまいますが、ＰＬのみに着目してキャッシュに対する注意が低いと、こうした落とし穴にハマってしまうのです。

このような事態を防ぐためには、**キャッシュ・コンバージョン・サイクルを適切な期間に保ち、極力運転資本を減らす取り組みが必要**です。具体的には主に以下の3点が挙げられます。

1. 支払サイトを長く設定する（原料の代金をなるべく後に支払う）
2. 回収サイトを短く設定する（商品の代金をなるべく早く回収する）
3. 在庫を減らす（仕入れから売るまでの期間を短くする）

支払サイトや回収サイトといった期間をどう設定するかは取引先との交渉次第です。仮に仕入先に対して極端に長い支払サイトの設定を要求すると、仕入先から見ればキャッシュ・コンバージョン・サイクルが長期化することになってしまい、その分、価格を高く設定されてしまうかもしれません。極端に業界標準から外れない範囲で、折り合いをつけていくしかないのでしょう。

子会社管理が甘くなる

キャッシュに対する意識の低さは、子会社の管理に表れることもあります。通常、親会社は子会社のＰＬを月次単位で細かく管理し、事業に大きな変化がないかをモニタリングしているものです。一方、いくら子会社の利益が多く、なおかつキャッシュが蓄積していたとしても、配当や借入（親子会社間の資金融通）として吸い上げないことには、子会社が創出したキャッシュを親会社が自由に活用することはできません。

キャッシュ軽視のＰＬ脳にとらわれた会社だと、子会社のＰＬに関しては徹底したモニタリングが行われている一方で、配当や借入（親子会社間の資金融通）についてはまったく議論されていないといったケースもあります。そのため、ＰＬだけを見てキャッシュが蓄積されている気になっていても、いざ事業投資を積極的に行おうとして蓋を開けてみたら、親会社には肝心のキャッシュがないといった事態も起こりかねないのです。**子会社管理を行ううえでは、ＰＬだけでなくキャッシュ面まで配慮してグループ会社間でのキャッシュの最適な配置を検討**しなくてはなりません。

会社の中には、事業から生み出されるキャッシュフローを目的として他社の買収を狙う戦略を採用しているものもあります。買収後の子会社の経営チームをすべて親会社から派遣する場合であればいいのですが、引き続き買収前のチームが経営に関与することを前提とする場合には、買収前の段階で子会社が創出するキャッシュの取り扱い方について合意しておくことが重要です。そうした合意がなければ、子会社の経営チームが創出したキャッシュを用いて追加投資をしようと考えていると、配当方針や資金使途を巡って親会社と子会社経営チームとの間で意見が食い違いかねないからです。

この点、**キャッシュフロー軽視のPL脳とは対照的な存在が、バークシャー・ハサウェイのウォーレン・バフェット氏**でしょう。同社は保険事業から生み出されるキャッシュフローを用いてコカ・コーラ、クラフト・ハインツ、アメリカン・エキスプレスといった強固なブランドをもつ消費財メーカー、メディア、金融事業などに対して積極的な出資を進めてきました。同社の投資スタイルは長期保有を前提としており、マーケットのリターン率を圧倒的に上回る投資リターンを長年上げてきたことで知られています。「よい人を雇い、管理はしない」という表現から見て取れるように、バフェット氏は買収した事業のオペレーションには基本的に介入しません。一方でキャッシュフローについては集約的な管理を行うのが特徴です。

バークシャー・ハサウェイでは、子会社の余剰資金は本社に集約することを求めています。同社の副会長であるチャーリー・マンガー氏は「バークシャーでは、経営は極めて分権化されていますが、資本配分は極めて集中管理されている」と述べていますが、事業運営の権限委譲を進めるのと同時に、キャッシュの管理を中央集権的に行い、次なる投資に回していく姿勢は、バークシャー・ハサウェイの規格外の成功を支えている要因のひとつといっても過言ではないでしょう。

4 黒字事業でありがちな「バリューの軽視」

複数の事業を展開する大企業の場合、事業ごとのPLを厳密にモニタリングしている一方で、事業そのもののバリューについては十分な注意が払われていないというのもまた、ありがちな状況です。**個々の事業にどの程度注力すべきかは、複数の事業を扱う大企業にとって重要な経営課題**です。仮にある事業に将来性がないと判断するのであれば、撤退も含めて、以後の取り扱いを冷静に考えなくてはなりません。ところが、PLに偏った観点で自社事業を評価していると、黒字でありさえすればよしとされ、こうしたシビアな意思決定の範疇から外されかねないのです。

事業とは、投資した資金から回収できるリターンの規模感やその確度、失敗した場合に会社が被るインパクトの大きさなどを想定したうえで、実際に取り組むかどうかを判断すべきものです。また事業を開始した後でも、刻々と変化する競争環境を反映して、常に事業を再評価し、会社にとって引き続き魅力的な事業であるのかどうかを把握していなければなりません。

たとえば、成長が期待できる市場で新たな事業を立ち上げたところ、売上が上がり利益も出るものの、想定よりも利幅が極端に薄かったとしましょう。利幅が薄いとその事業からは投資余力は生まれませんし、初期投資の大きい事業であれば、投資回収もままなりません。本来、こうした事態が起こることは、事前にわかっているに越したことはありません。このような場合、経営者はどのような判断をすべきでしょうか？

その事業は自社の価値向上に貢献するのか？

多くのビジネスには、事前にどれだけ綿密な想定を重ねたところで、実際に手がけてみないと気づかない落とし穴があるものです。果敢にリスクを取りに行くのは重要なことですが、同時に、**思わぬ事態に遭遇したら、早々に方針を転換する柔軟さをもつこともまた重要**です。利幅が極端に薄い事業を継続していても、収益構造の大きな転換が見込めない限り、将来性は乏しいと言わざるを得ません。

ところが、利幅は薄くても黒字化している状態だと、えてして利益が出ているがゆえの「まだいけるんじゃないか」といった雰囲気が醸成されてしまうものです。事業から撤退しようとすると、「黒字化している事業なのに、なぜ止めてしまうんだ」といった反発の声が、組織内外から挙がることでしょう。その結果、「黒字は出ているから事業は当面静観する」といった判断をなし崩し的にしかねないのです。

仮に初期投資の回収が難しく、5期目の段階で資産の収益低下分を帳簿価格に反映する減損処理が必要になることが見えていたとしても、5期目の赤字だけを受け入れてしまえば、4期目までは黒字なので「格好はついた」という見方が社内で共有されることもあります。中には「5年間の中で4勝1敗だから構わない」といった声まで出ることもあります。資本コストの観点を踏まえて考えれば、これがいかにピントの外れた議論であるか、理解できるはずです。この点では、黒字の時のほうが事業の継続に関する損切りの判断は難しいでしょう。

資金回収がままならないことがわかった段階で、経営者がみずからに問うべきは、「その事業が自分たちにとっての本業なのかどうか」です。本業でないのであれば、「その事業がなくなると本業が継続できないようなインパクトがあるのか」を検討する必要があるでしょう。

もしこの問いに対する答えが「ノー」であれば、早期に当該事業を外部化するための対策を講じる必要があります。具体的には、他社事業との統合による切り出し、内製工程のアウトソーシング、事業そのものの売却、事業の縮小・撤退といった対応が挙げられるでしょう。「黒字だし、まだいけるはず」「黒字事業をわざわざ切り離す必要がない」といったPL脳で考えていると、状況がより悪化し、場合によっては会社全体の屋台骨を揺るがす事態に至りかねません。自社の価値向上にとって本当に意味のある、バリューのある事業に専念するよう、常に意識する必要があるのです。

シャープの液晶テレビ関連事業の過大投資

バリュー軽視によって、構造的に収益性の低い事業への対策が後手に回った典型的な事例としては、シャープの液晶テレビ事業が挙げられます。シャープは1912年に設立された老舗電機メーカーです。独自性の高い家電シリーズの展開や、一時は生産量で世界一となった太陽電池・太陽光発電のモジュール生産量などでよく知られましたが、2016年には台湾の鴻海《ホンハイ》精密工業に買収されています。

シャープがこのような事態に陥った原因は、10年以上にわたって大型投資を進めてきた液晶事業の不振により、収益性が悪化してしまった点にあります。

シャープは2001年に液晶テレビ「AQUOS」を発売し、液晶テレビ事業を成長の大黒柱と位置づけました。当時は2003年に地上デジタルテレビ放送の開始を控え、テレビの買い替え需要が高まっていた時期にあたります。翌2004年には亀山工場、2006年には亀山第2工場を立ち上げるなど、続けざまに積極的な大型設備投資を行い、液晶テレビ事業を推進していました。当時、これらの工場の名を冠した「世界の亀山」「亀山モデル」というフレーズは、多くの関係者の耳目を集めました。

ところが、海外企業への液晶技術の流出に伴う競争の激化、円高トレンドによる価格の下落、リーマンショック後の景気後退による需要の減少により、事業は悪化しました。200

9年には最先端液晶工場「シャープディスプレイプロダクト（現堺ディスプレイプロダクト）」を稼働しましたが、事業成長を前提とした計画に基づく設備投資であったために、新工場は当初に目論んでいた稼働率に達することができませんでした。一時、スマートフォンが普及し始めた時期には、中小型液晶パネル事業が成長を牽引したものの、その後の量産化の遅れによる受注の減少、中国スマホメーカーの台頭にともなう価格下落や競争の激化により、この事業もまた低迷してしまいました。

10年以上にわたり、シャープは液晶事業に大規模な投資を続けてきましたが、液晶パネル事業は期待していた成長を果たすことができませんでした。結果として、それまでの過剰投資が裏目に出て、収益性を悪化させる主要因となったのです。

シャープの液晶事業の歴史を振り返ってみると、初期は世界中で液晶テレビが売れていた時期であったことが見て取れます。部材メーカーは最高益を更新し、液晶テレビ関連事業は間違いなく売上を牽引する成長事業でした。この時期の市場規模の拡大は大変な勢いがあり、電機メーカーの中では「ここで投資しないと商機を逃す」といった危機感が醸成されていました。業界全体が、過当競争に陥っていたのです。

液晶テレビの関連事業を展開するためには設備投資が必要であり、多くのキャッシュを必要とします。本来であれば投資回収や時間の概念といったファイナンス思考が重要な局面ですが、シャープは投資資金の多くを銀行融資に頼っていました。目の前のPLが短期的に急激に伸びていたため、事業規模の成長と投資回収に対する目論見が甘くなった節もあるのでしょう。一方で、投下されたキャッシュはこの2年間では到底回収することができず、後々まで会社の財務状況に影響を及ぼすことになったのです。

当時の液晶事業の業績は、成長は鈍っているものの、増収増益を続けていた状態です。**投資回収ができないことが見えてきたとしても、「やめる」とは言いづらい状況**だったのです。

シャープの2006〜2008年の年頭記者会見資料を見てみると、市場規模の拡大や売上に関する説明がなされていることは確認できる一方で、投資回収の説明は一切ありません。リーマンショック後の2009年になると、経営戦略説明会資料では投資有価証券評価損や事業構造改革費用が巨額に上っていることが言及されており、リストラモードに舵を切ったことが確認できますが、時すでに遅しという状況です。

以上は、多分に後づけの説明ではあります。しかしながら、回収見込みのない事業を継続推進していると、取り返しのつかない事態に発展しかねないということが、一連の経緯から見て取れます。

日立のハードディスク事業売却

逆に、事業が黒字であったにもかかわらず、企業価値の観点から果断に事業売却に踏み切った事例もあります。前章でも紹介した日立のハードディスク事業の売却も、そうした事例のひとつでしょう。前述のとおり日立製作所は１９１０年に創業された老舗企業であり、日本を代表する総合電機メーカーです。

２００２年、日立製作所はＩＢＭからＨＤＤ（ハードディスク駆動装置）事業を買収しました。買収額は20億５０００万ドル（約２４００億円）にのぼり、日立の歴史上、最大規模の買収でした。２００３年には既存のＨＤＤ部門を統合し、株式会社日立グローバルストレージテクノロジーズ（日立ＧＳＴ）を設立しています。

当時の日立は半導体事業も手がけており、ハードウェアやエレクトロニクスの事業についても拡大路線を続けていました。年間２００億ドル規模（当時の為替レートで2兆４０００億円）のＨＤＤ市場におけるマーケットリーダーとなることをめざして日立はＩＢＭのＨＤＤ事業買収に踏み切りましたが、当時はＨＤＤ事業を手がける企業も多数あったために競争も激しく、価格競争やコモディティ化の波で徐々に収益性は悪化。数年間にわたり巨額の赤字を計上し続けることになりました。２００５年より、会長兼ＣＥＯとして日立ＧＳＴのターンアラウンドに従事したのが、後に日立製作所の社長となる中西宏明氏（現取締役会長執行役）です。一時は事業売却も噂された中、同社は自力での経営再建を継続しました。

こうした再建の結果、２００８年に日立ＧＳＴは営業黒字を達成し、その後も日立製作所の連結決算にも大きく貢献するまでに至りました。２０１０年には、さらなる大規模投資と経営スピードの向上を見越し、日立ＧＳＴのナスダック上場準備も発表されていました。ところが翌年、日立はこの方針を一転し、日立ＧＳＴはウェスタン・デジタル（ＷＤ）へ売却され、その完全子会社となったのです。売却額は約43億ドル（約３４４０億円）でした。


当時、日立のような伝統的な大企業が黒字事業である子会社の大規模な売却に踏み切ったことは、珍しい事例として話題になりました。また当時の日立製作所の社長を務めていたのが、不振子会社であった日立ＧＳＴの再建に尽力した中西現会長自身であったことも合わさって、日立の「聖域なき選択と集中」の表れとして、この事業売却は強く印象づけられたのです。売却の背景として、将来的にはＨＤＤのさらなるコモディティ化の進行が懸念される中で、ＷＤ社が日立ＧＳＴを高く評価したことが挙げられます。この売却を通じて確保された資金や人的リソースを活用し、社会イノベーション事業の強化に振り向けていくと、日立は説明しています。

日立は、２００７年3月期から4期連続で最終赤字状態が続いていました。２００９年末に第三者割当増資と転換社債で合わせて約３５００億円を調達し、財務の立て直しと事業の選択と集中を進めていた時期にあたります。日立GSTの売却は2011年3月の東日本大震災の直前に成立していますが、同年夏のタイ洪水の被害を受けることもなく、結果として、日立にとって最良のタイミングで事業を売却できたことになります。

また、日立GSTの売却はハードディスクドライブ業界の再編を促すことにもつながり、日立が独自でHDD事業を保有していた時よりも、同事業の魅力を高めることになりました。日立は日立GSTの売却に際し、売却対価として現金のみではなく、一部をWD社の株式でも引き受けています。それによって、WD社の価値向上分も、売却のリターンとして取り込んだのです。

日立の業績は厳しい状況にありましたが、**もしこの時に目の前のPLの利益を確保することを優先していたら、その後のV字回復は実現できなかった**でしょう。事業はバリューが下がることが見えた段階で、なるべく早期に高い価格で売却することが理想です。しかしこれは口で言うほど簡単なことではありません。現場からはさまざまな反発も起きます。そうした中、果断にHDD事業の売却に踏み切った日立は稀有な成功事例といえるのではないでしょうか。

5　つい目の前の見栄えが気になる「短期主義」

上場企業は、基本的に将来にわたって無期限に事業を続けることを前提としています（ゴーイング・コンサーン）。一方で、決算は1年や四半期といった期間によって区切られ、会社はその期間の結果によって評価されます。

したがって**経営者は、どうしても目の前の決算内容をよくしたい、ＰＬをよく見せたいという動機をもつ**ものです。その度合いが過ぎると、事業売却や構造改革のように、長期的には会社の成長に貢献する一方で短期的なコスト計上を必要とする大胆な施策は、着手しづらくなってしまいます。

会社の長期的な業績は、目の前の業績が積み重なった延長線上で達成されるものではありますが、まず短期のＰＬを作ることを優先した結果、長期にわたる会社の価値を押し下げているのでは、本末転倒です。

東芝のＰＣ事業にみる不正会計問題

短期主義の顕著な例としては、２０１５年に表面化した東芝の不正会計問題が挙げられます。同年7月、東芝の粉飾決算に関する第三者委員会による報告書が公表されました。それによると、東芝は２００８年度から２０１４年度第３四半期にわたる7年弱の間に、累計修正額が１５６２億円にのぼる利益を過大に計上していたことが判明しました。

この問題は、東芝という日本を代表する大手電機メーカーを舞台に起こったこと、不正に計上された額が巨額にのぼったことから、大きな話題となりました。また、不適切な会計処理を実施していた事業部門が連結子会社を含めて多岐にわたり、なおかつ当時の社長みずからが不適切な会計処理に関わっていたこともあり、東芝グループが会社ぐるみで行った不正行為として強く世間に印象づけられた事件でもあります。こうした不正会計の発表を受け、同社の株価は急落。資金繰りも苦しくなったことから、花形事業であった子会社・東芝メディカルシステムズや東芝メモリの売却にまで発展しました。

第三者委員会による調査の結果、不正会計額が最も多かったのがパソコン（ＰＣ）事業です。調査の結果を受けて、６２５億円の修正額が計上されることになりました。ＰＣ部門では5年にわたり、「マスキング値差」を用いた不正な利益の計上が行われていました。この不正な利益を計上することで、目先のＰＬ上の利益を積み上げていたのです。以下、東芝がＰＣ事業で行っていた短期主義的な利益計上の手法を見てみましょう。

東芝のＰＣ事業部門は、下請け製造（ＯＤＭ）メーカーにパソコンの製造を委託していました。従来、パソコンの製造に必要な部品は、ODMメーカーが独自に仕入れ、パソコンの完成品を作っていたのです。2001年度から2002年度にかけて、東芝のPC事業は業績不振に陥ってしまいました。

これを受けて2004年度、東芝はPC事業の構造改革に踏み切りますが、その際に大きなテーマになったのが、製造コストの削減です。ODMメーカーからパソコンを仕入れる際のコストを下げることで、PC事業の収益性を改善しようとしたのです。そのために東芝は、パソコン製造に必要な主要部品を独自に一括して調達し、その部品をODMに譲渡することによって、コストの低減を図りました。ODMからではなく東芝から大量の発注をかけることによって、主要部品の調達コストを下げることが本来の目的だったのでしょう。

東芝が一括購入した部品は、調達額に一定の価格を上乗せして、ODMメーカーに譲渡されました。このODMに譲渡された際の価格のことを「マスキング価格」と呼びます（図表32）。マスキング価格は、東芝の部品調達価格を隠すことを目的として設定されたものです。ODMは、東芝から仕入れた部品の調達価格（マスキング価格）に加工賃などを上乗せし、パソコンの完成品を東芝に納品していました。マスキング価格も含め、こうした取引形態は、製品開発を外注するメーカーではそれほど珍しいことでもなく、これ自体が問題あるものではありません。

問題は、部品をODMメーカーに譲渡する際、東芝は部品の調達価格に上乗せした差額

図表32　東芝のPC「マスキング価格」のカラクリ

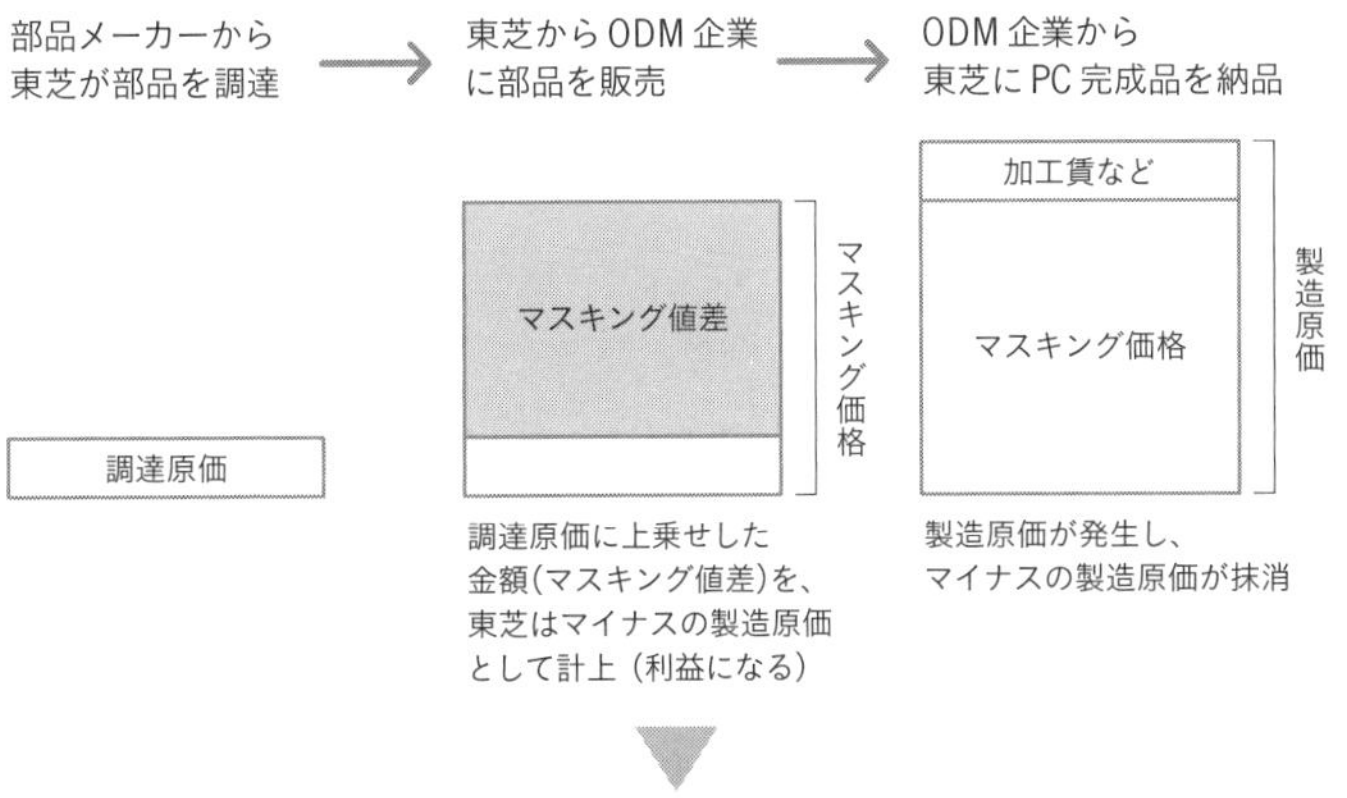

・PCが完成しておらず、売上や原価が発生していない段階でも利益が計上される。
・マスキング値差を恣意的に設定することで、利益を水増しできる。

⇒マスキング値差を増やしていけば、以前のマイナス原価が抹消されても、さらに利益をかさ上げできる。
2008年度は調達原価の2倍だったマスキング値差が、2012年度には5.2倍へとエスカレートした。

（マスキング値差）を完成品であるパソコンの「製造原価のマイナス」としてＰＬに計上し、ＯＤＭメーカーからパソコン完成品が納入される際に、製造代金と相殺していたことです。本来、東芝は完成品であるパソコンを顧客に売ることによって初めて売上を計上し、キャッシュを得るはずです。ところが、ＯＤＭメーカーに対する部品販売代金をＰＬ計上していると、まだパソコンが完成していない段階で、売上もキャッシュも発生していないにもかかわらず、利益（製造原価のマイナス）は計上されるというねじれが発生します。

　東芝はこのマスキング値差を活

用し、PL上の当期利益をどんどんかさ上げしました。ある期にマスキング値差を利益として計上しても、パソコンの完成品を納入した段階でその利益は帳消しにされるわけですから、期をまたいで見ればバランスが取れた数字になります。ところが、完成品が納入されて利益が減額されるタイミングでさらに多くの部品をODMメーカーに譲渡し、利益計上すれば、帳消しされた利益分を上回る利益を新たに計上することができます。東芝は月単位でODMメーカーに部品を譲渡する際のマスキング価格をどんどん引き上げたうえ、ODMメーカーに必要以上の部品を譲渡することにより、さらに利益の上乗せを図りました。こうした取引が「チャレンジ」の名の下で2008年度から恒常的に行われました。当初は部品価格の2倍であったマスキング値差が、2012年度には部品価格の5・2倍にまでエスカレートしたことが調査報告書に記されています。

2012年度には、それまで東芝のPC事業カンパニーとODMメーカー間でなされていたこのような取引に、グループ内の子会社までが巻き込まれるようになりました。東芝が調達した部品を東芝子会社に対してマスキング価格で譲渡することによって、東芝は利益をかさ上げし、その子会社がさらにまた別のグループ会社に対してマスキング価格よりも高い価格で譲渡するといった社内取引が行われることになったのです。複数のグループ子会社を渡った部品は、最終的に高い価格でODMメーカーに譲渡されますが、グループ内でのPC部品取引が行われるようになったことで、「より迅速な利益コントロール」が可能になったのです。

図表33　PC事業の売上高と営業損益の月別推移

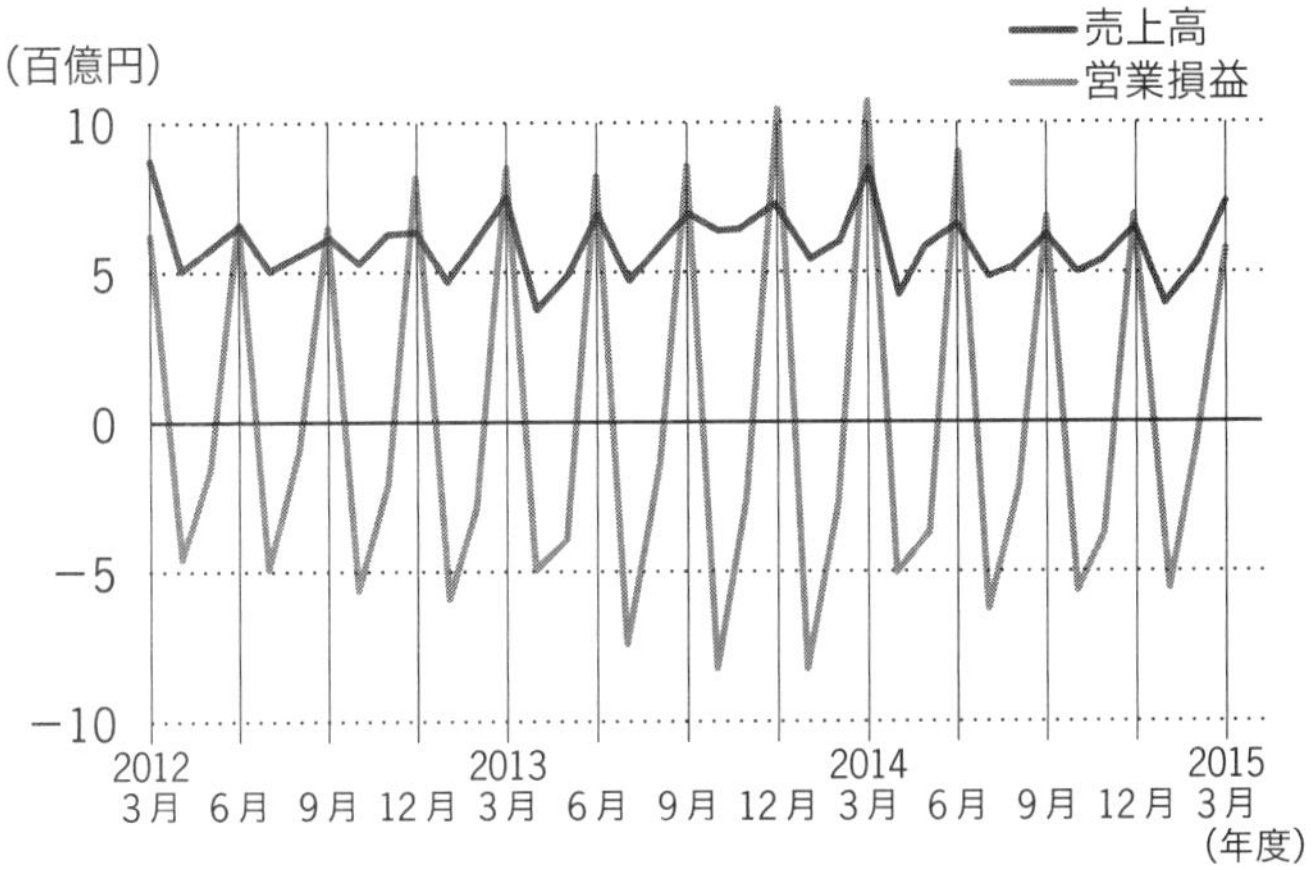

出所：第三者委員会。2012年3月〜2015年3月のみ抜粋して加工

東芝の一連の不正会計問題は非常に複雑に見えますが、このＰＣ部門における部品取引について言えば、世の中によくある「期末の押し込み販売」と構造は同じです。加えて、複数のグループ会社をこの取引のプロセスに交えることによって、循環取引にも似た利益計上がなされていたのです。テクニカルに会計を操作したところで、実際にはキャッシュは増えず、最終的にはどこかで帳尻を合わせなくてはなりませんが、目先の利益を優先すると、どんどんそうした帳尻合わせが先送りになり、最終的な影響額が大きく膨らんでしまうのです。それを象徴的に表しているのが、第三者委員会の調査報告書に記載されている、ＰＣ事業の売上高と営業損益の月別推移（図表33）で

す。この図を見ていると、四半期の期末だけ大きく営業利益が計上され、その他の月は利益が沈み込んでいる様子が見て取れます。発覚前には、期末の営業利益が売上高をも超えるという事態にまで発展していきます。

短期主義を避けるためのＭＢＯ

いいときであれ悪いときであれ、会社の状況をありのままステークホルダーに共有し、今後行うプランを真摯に説明するのがＩＲの基本です。現状を取り繕って伝えたり、ましてや不正な会計処理によって意図的に会社を実態よりもよく見せようとしたりすることは言語道断の行為です。以上を踏まえたうえで、短期主義的に会社の業績をよく見せようと考えてしまう背景には、資本市場から決算期単位での業績改善を強く求められているからといった事情があることも認識しておくべきでしょう。

資本市場からの短期的な業績に対するプレッシャーを避けるために採られるのが、ＭＢＯ（マネジメント・バイアウト）です。ＭＢＯとは、経営者が株主から自社株式を買い取ることです。外部株主のいない１００％のオーナー企業となることで、経営者の意思をより反映しやすくすることを狙って行われます。上場企業の場合、ＭＢＯによって市場に流通する株式を買い戻し、自社株式を非上場化することになります。近年の日本では、かつらメーカーとして知られているアデランスや大手芸能事務所のホリプロ、ツタヤの運営で知られるカルチュア・コンビニエンス・クラブ、出版社の幻冬舎などがMBOを行っています。

経営者（マネジメント）が会社を買収（バイアウト）することからMBOと呼ばれていますが、現実には経営者が株式を買い戻すための資金をすべて用意することができるケースは稀です。多くの**MBOは、経営者の長期的な経営方針に賛同したバイアウトファンドなどが90%以上の資金を提供**しており、彼らが新たな株主になっています。この点において、ほとんどのMBOは、実質的にはバイアウトファンドによる買収であり、字義通りにすべての経営支配権を経営者が握っているわけではないという点には注意が必要です。

MBOを行う利点として、「短期的な業績に対する責任がなくなる」という点が挙げられます。会社の長期的な視点に立った戦略を支持する株主（経営者本人やバイアウトファンドなど）と共同で事業を育てていくため、短期的な視点を過度に気にする必要がありません。**長期的な価値の創造に専念するため、目先の利益を圧迫するような大型投資といった、非連続な施策が実行しやすくなる**のです。

非上場化が実現できれば、不特定多数の株主に向けたIRを行う必要もなくなります。株式会社の建て付け上、経営者は株主に代わって会社の運営を行っているわけですから、投資家に対する説明責任を負っています。ただ、必ずしもすべての投資家が経営者の考える方針に賛同するとは限りません。そうした状況が最も顕著になるのが、長期的な投資が必要となる意思決定を行う局面です。会社の長期的な成長を見越して、目先のＰＬを毀損してでも大きな勝負を仕掛けるといった場面において、株主間の見解が分かれるのは珍しいことではありません。そういった事態を打開するための打ち手として、現状の株価に上乗せした価格で経営者が株主から株式を買い取るＭＢＯがなされるのです。

事業ポートフォリオ再編をめざすデル

２０１３年、アメリカ大手パソコンメーカーのデル（Ｄｅｌｌ）は、ＭＢＯによって株式を非上場化しました。当時のデルは、年間売上高６００億ドル、純利益25億ドルを超える世界有数のパソコンメーカーでしたが、株価は低迷した状態でした。既存事業の将来性は厳しく、市場から評価されていない状態だったのです。創業者であるＣＥＯのマイケル・デル氏は、クラウドコンピューティングを中心とするソフトウェアやソリューション事業にシフトすることによって、自社を再成長させることを考えました。

一方で、クラウドコンピューティングは多額の先行投資を必要とする資本集約的な事業であり、なおかつグーグルやアマゾンといった強敵がシェアを握る市場です。既存の株主にとって許容できるリスクの事業ではありませんでした。そこで同社は、バイアウトファンドであるシルバーレイクや投資銀行のゴールドマン・サックスと連携して資金を調達し、

ＭＢＯによって自社株式を非上場化したのです。

その後、同社は事業ポートフォリオの大胆な再編成に向けて、多数の事業買収や売却を繰り返しています。その中でも特に大きな打ち手であったのが、２０１５年に行った世界最大のストレージ機器開発企業であるＥＭＣの買収です。買収額６７０億ドル（約８兆円）にものぼる巨額の買収でしたが、この買収により、デルはクラウドコンピューティングに事業を転換するための布石を打ったのです。

こうした一連の買収が果たして功を奏するのかどうかは、本書執筆時点ではまだわかりません。しかしながら、こうした**大胆な取り組みが、上場を維持した状態では極めて困難であったことは間違いない**でしょう。もしも上場を維持していれば、一連の事業買収や売却によって、同社の目先のＰＬと株価は大きく乱高下していたはずです。こうした状況について説得力をもって株主に伝えるためには、相当の時間と労力を要しますし、そうした労力を費やしているうちにディール自体が流れてしまうといった事態に陥っていたことでしょう。デルグループの長期的な価値最大化に向けた方針転換のためには、このＭＢＯは不可欠なプロセスだったといえます。

大型設備投資のため実施したUSJ

日本におけるMBOの成功事例としてはユニバーサル・スタジオ・ジャパンの運営で知られるユー・エス・ジェイを挙げることができます。施設への来場者数増加を狙うための大型設備投資（『ハリーポッター』のアトラクションなど）を行うにあたり、非上場化が最適と判断した事例です。

同社は大阪市が過半数を出資する第三セクターとして、1994年に開業しました。2001年の開園当初こそ、1102万人が来場しましたが、翌年には764万人にまで減少。その後も来場者の低迷が続きました。また同社は、開業時に金融機関から1250億円の借入を行っていました。この借入金の返済に毎年約100億円を要し、さらに、アトラクション施設の減価償却費が毎年約150億円発生していたこともあり、同社の経営状況は決して芳しいものではありませんでした。

こうした財務状況を改善するため、2005年にユー・エス・ジェイはゴールドマン・サックス系のファンドなどを引受先とする250億円の第三者割当増資を行いました。ここで得た資金で金融機関からの借入金を返済し、借入金を約650億円まで圧縮したうえで、有利な返済条件での借り換え（**リファイナンス**）を行ったのです。

その後、ユー・エス・ジェイは２００７年にマザーズ上場を果たします。公募増資によって１００億円を調達し、借入金の圧縮に充てましたが、来場者数は低迷状態が続いていました。２００９年、リーマンショックの影響もあって株価が低迷していた状況下で業績の立て直しを狙い、ユー・エス・ジェイはバイアウトファンドであるＭＢＫパートナーズとゴールドマン・サックス系のファンドの傘下に入り、ＭＢＯを実施。非上場化するに至りました。来場者の減少が進行しつつも株主からは利益の創出を求められ、ともすれば縮小均衡に陥りかねない状況下での、大規模投資による再成長をめざした非上場化でした。

非上場化以降、ユー・エス・ジェイは積極的な設備投資を行っています。象徴的なのが、映画『ハリーポッター』の世界観を再現したアトラクションとエリアの開設です。年間売上約８００億円に対し、４５０億円にものぼる投資を実行しました。その結果、ＭＢＯを実施した２００９年には８００万人であった来場者の数は増加傾向に転じ、２０１６年度には１４６０万人に達しました。経営状況の劇的な改善を受けて、２０１５年にはユニバーサル・スタジオの親会社であるコムキャスト社がユー・エス・ジェイの株式51％を１８３０億円で取得。２０１７年には残りの49％を２５００億円で取得しました。２００５年にリファイナンスで新株を引き受け、２００９年にバイアウトを行ったゴールドマン・サックスから見れば、リファイナンス以来、実に12年にわたる再生案件だったということになります。

ＭＢＯについては、そもそも経営者が考える方針を上場したままでは実行できないのか、投資家に対する説明が不十分ではないか、といった指摘もあります。また会社にとって最大のインサイダーである経営者が、投資家から株式を買い取るのですから、会社の内情をよく理解した経営者が自分にとって有利に働くように不当に安い価格で株式を買い取っているのではないかといった疑いをもたれたり、利益相反ではないかといった批判の声が挙がることもあります。

一方で、経営者の身に立てば、いくら言葉を尽くしてＩＲをしたところで、適正に会社を評価してもらうことができず、思い切った成長戦略を描けないといった悩みを抱えることもあります。ＭＢＯとは、こうした悩みを払拭し、**株式の移動によって会社の「経営」と「所有」を一致させる、会社にとって極めて大きなイベント**なのです。

以上、ここまで繰り返しＰＬ脳についての問題点を挙げてきました。

これは何もＰＬが不要だということではありません。会社の状況を把握するうえで、ＰＬを含めた財務諸表は極めて重要な道具です。しかしながら、ファイナンス思考がないままにＰＬのみを見て意思決定していると、結果として会社の価値を毀損し、場合によっては会社の継続にも課題が生じかねないことについて、ビジネスパーソンは十分な注意を払うべきでしょう。

ＰＬはあくまで会社経営を正しく行うための道具にすぎません。ＰＬを偏重しすぎるがあまり、ＰＬをよりよく見せるために経営を歪め、企業価値が毀損することがあってはなりません。道具は使うものであり、道具に振り回されていては本末転倒なのです。

column

スタートアップが陥るPL脳の特徴

ここまで主に、上場企業を例にとってPL脳の症例に関する解説を行ってきましたが、PL脳はなにも上場企業で特有に見られるものではありません。ここでは上場前のスタートアップがもつPL脳について考えてみましょう。

スタートアップがPL脳にとらわれてしまいがちなのは、**主にベンチャーキャピタル（VC）からの資金調達と上場直前のタイミング**です。創業初期か、それとも上場を目前に控えたレイトステージなのかによって考え方は変わりますが、スタートアップに対してリスクマネーを投じるVCは、東証一部のような市場に上場している公開株の投資家に比べ、利益に対しては寛容な傾向にあります。

ビジネスモデルを成立させようと試行錯誤している初期段階のスタートアップの場合、先行投資による支出が先に発生するため、利益の創出に時間がかかります。あまりに事業が小さな段階で無理に利益を創出しようとすると、会社の規模が小さいビジネスに最適化してしまい、スケールする事業を構築できない状態に陥ってしまうのです。そこで多くのスタートアップは利益の創出を後回しにし、利用者数や売上の成長を重視する傾向にあります。そのような支出が先行する段階の企業を支えることが、ＶＣの重要な役割であるともいえます。

ＶＣは、スタートアップの成長性を重視します。成長の結果、損益分岐点を超えて将来的に多くの利益が創出されることを期待できさえすれば、たとえ現時点では利益が出ていなかったとしても、ＶＣは資金を投じることでしょう。

この際、「成長性」を測るにあたって顧客数や取引回数といった中間指標を重視すべき事業もありますが、最もわかりやすいのは売上の成長です。売上が伸び続けていれば、先行投資が落ち着いた後は、利益がどんどん創出されるであろうという考えです。この考え方自体は誤ったものでもありませんが、有利な条件でＶＣから資金を調達するために、スタートアップ側がＰＬを作ることを意識し始めると、投資対効果の悪い施策を打ってでも顧客数を増やして売上を増やそうといった発想に陥ってしまいかねません。

売上至上主義的なＰＬ脳は、上場のタイミングにも見られます。スタートアップが上場する際、新規に公募する株式や売り出す株式を幹事となる証券会社がいったんは引き受け、それを一般の投資家に販売するといったプロセスをたどります。この際、証券会社としては「この会社は成長性がある」といったセールストークができないことには意図した株数を売却することができないため、スタートアップに対して売上や利益を上げることを期待します。

また多くの場合、上場時の株価はPER（株価収益率〈Price Earnings Ratio〉：時価総額÷純利益、または株価÷1株あたり利益）を根拠に設定されます。上場するスタートアップの同業であると見なされる上場企業のPERを参考値とし、その参考値とスタートアップの直近の1株あたり利益を掛けることで、株価が算出されるのです。中には赤字で上場するスタートアップもありますが、そうした場合にPERではなくPSR（株価売上高倍率〈Price to Sales Ratio〉：株価÷1株あたり売上）などの代替数値を参考に、公募時の株価が設定されることもあります。

上場時に持分比率の減少を最小限に留めつつ、より多くの資金を調達するためには、株価を上げる必要があります。そのために、純利益をなるべく多く創出しようとするインセンティブが、スタートアップの経営者には働きます。これが利益至上主義的なスタートアップのPL脳です。

スタートアップの場合、上場時の会社を評価する尺度が、そもそもPL脳に即しているのです。またより多くの資金を得るためには、VCがもつPL脳的発想に合わせるのが合理的であるという状態にあります。

会社の局面によって、「売上を重視する」「利益を重視する」といったメリハリをもつことは決して悪いことではありません。ですが、スタートアップのPL脳は半ば外部から押し付けられたものであるということは、常に意識しておく必要があります。また、スタートアップを取り巻く人々がもつPL脳に適合することによって会社のスムーズな成長の妨げになるといった事態が生じぬよう、起業家は注意しなくてはならないのです。

第4章のまとめ

- 進行したPL脳は、売上至上主義、利益至上主義、キャッシュフロー軽視、バリュー軽視、短期主義などの症状として表れる。
- 売上の最大化こそが経営の最優先事項ととらえる売上至上主義は、マーケット環境よりも自社の業績数値が議論の出発点になっており、前年対比の成長が目的化している会社で起きやすい。社内の業績管理が利益ベースだと難しいことが、売上至上主義の進行に拍車をかけている。

▼利益の捻出・増加を絶対視する利益至上主義では、マーケティングコストや研究開発費の削減、「のれん」の償却を嫌った事業買収の抑制、子会社・関連会社株式の時価評価への洗い替えといったアクションが見られがち。利益の確保は重要であるが、固執するとかえって会社の長期的な価値向上の妨げにもなりかねない。

▼PL上の数値に意識が偏ると、キャッシュフローに対する注意が薄くなり、運転資本の増加や、子会社からの資金回収が後手に回るといった事態を招く。結果として機動的な資金の活用ができず、場合によっては経営難に陥りかねない。

▼「赤字さえ出なければよい」などといった発想で事業の価値を軽視していると、事業の処理が後手に回り、会社全体の屋台骨を揺るがす事態に至ることがある。

▼目先のPLをよく見せることを優先する短期主義の発想では、事業売却や構造改革のように、短期的なコスト計上を必要とする大胆な施策は着手しづらくなり、長期にわたる会社の価値を押し下げることになる。

第5章

なぜPL脳に陥ってしまうのか

ここまでＰＬ脳の弊害について、事例を踏まえて述べてきました。会社の長期的な成長、ならびに企業価値の向上にとっては、明らかに問題のある考え方であることがご理解いただけたのではないでしょうか。

それでは、日本の多くのビジネスパーソンや投資家、メディアはなぜ、こうしたＰＬ脳に陥ってしまうのでしょうか。

ここでは、私たちがＰＬ脳にとらわれてしまいやすい構造的な原因を、①高度経済成長期の成功体験、②役員の高齢化、③間接金融中心の金融システム、④ＰＬのわかりやすさ、⑤企業情報の開示ルール、⑥メディアの影響という6つの点から考えてみます。

1　高度経済成長期の成功体験が染みついている

まずもってＰＬ脳は、高度経済成長期に最適化した発想であるといえます。そして「ジャパン・アズ・ナンバーワン」とまでいわれた**高度経済成長期における成功体験が強烈すぎたがゆえに、いまだに日本企業はＰＬ脳から脱しきれていない**というのが、かくもＰＬ脳が根深く浸透している理由のひとつであると私は考えています。

第二次世界大戦での敗戦以降、日本人は焦土からの復興の道を歩み始め、１９５０年に勃

PL脳に陥りがちな原因

①高度経済成長期の成功体験
②役員の高齢化
③間接金融中心の金融システム
④PLのわかりやすさ
⑤企業情報の開示ルール
⑥メディアの影響

発した朝鮮戦争に端を発する特需を機に、急速な経済成長を遂げます。55年から73年にかけて、日本の実質経済成長率は実に平均年10％を超えていました。直近過去20年の日本の経済成長がほぼ横ばいであることを思うと、この発展がどれほど急激なものであったかがよくわかるでしょう。68年には、日本の国民総生産（GNP）は西ドイツを抜き、世界第2位へ躍り出たのです。終戦後の復興期から70年代前半にかけての、世界にも例を見ない日本の急速な経済成長は「東洋の奇跡」とまで称されました。

こうした**経済成長を背景に、日本人が自分たちの企業経営のあり方に対する自信を深めていったの**は極めて自然なことであったでしょう。その象徴が、アメリカの社会学者エズラ・ヴォーゲル氏によって執筆された『ジャパン・アズ・ナンバーワン』です。同書は「日本の経営が世界に認められた証」と受け止められて70万部のベストセラーになりました。

ヴォーゲル氏は、日本の高度経済成長の理由を、勤勉な国民性や優秀な官僚機構など、日本特有の文化や経済・社会制度に求めました。特に、終身雇用や年功序列といった日本型の雇用慣行を「日本的経営」と称し、日本企業の躍進の原因として挙げたのです。前年比で2ケタ％での業績成長が遂げられる中、こうした理論の提示によって、当時の日本の経営者がどれほど自分たちのやり方に自信を深めたのか、想像に難くありません。この強烈な成功体験が今でも組織の記憶として深く根づいているがために、現代の経営者もまた、過去の手法を引きずってしまいがちな傾向にあるのではないでしょうか。

しかしながら、こうした**景気拡大の主要因が、「団塊の世代」と呼ばれる戦後の人口増加と、それによる労働人口の増加、消費の拡大によるものであった**ことは、近年盛んに指摘されている通りです。こうした人口増加による生産・消費の拡大に加え、朝鮮戦争による特需や、インフラ整備のための雇用創出、防衛に予算を割く必要に迫られなかった特殊事情など、複合的な要因が日本経済の発展を後押ししたのです。確かに高度経済成長期の経営者たちは、マーケットと労働力の拡大を非常に効率的に実現しました。ですが、主には市場牽引による業績の拡大を、自分たちの経営手腕によるものであると錯覚した節があります。

さて、再三述べている通り、ＰＬ脳はこうした高度経済成長期に最適化した発想です。パイが大きく成長せず、市場が飽和した状態の競争であれば、いかにしてパイを奪い合うか、いかに新たなパイを創造するかといったマーケティング的な視点が、本来はより重要になるはずです。しかしながら、高度経済成長下では、成長を前提として会社組織が設計されます。放っておいても市場のパイが拡大する経済の下では、いかに生産を増加してそのパイを取りにいくかが、発想の起点になってしまうのです。他社よりも早く拡大するパイを取りにいくことに特化して経営方針を固めると、そうした発想は売上志向につながっていきます。

結果として、組織の発想はより内向き思考に寄っていきます。なぜならば、**顧客のニーズや競合他社の動きをとらえ、それに対処していくことよりも、市場の拡大に合わせて自分たちの目標を達成することができるかどうかが主眼**になり、しっかりとオペレーションできているかどうかこそが重要だからです。「資本効率がどうあるべきか」といったことをつべこべ考えるよりも、いかに前年対比で日々の業績を改善するかということこそが重要になってくるのです。

ネズミ講に似た日本的経営

売上志向と日本的経営が組み合わさった状態を、一歩引いて考えてみると、固定費が年々自然増していく構造にあることがわかります。日本的経営に沿って終身雇用と年功序列を同時に成立させるのは、ネズミ講に似た状態です。**新入社員は低い賃金に耐えて滅私奉公《めっしぼうこう》をし、**

後になって給料を取り戻すという構造にあるからです。この構造を維持するためには、常に親ネズミ（ベテラン）を支える子ネズミ（新入社員）を、毎年多数採用しなくてはなりません。これは会社から見ると、賃金コストが線形に伸び続けることを意味します。日本的経営を前提とすると、毎年社員の採用を続けなければならず、また採用した社員の雇用と年功序列賃金の維持のために、売上の成長を持続しなければなりません。その結果、売上を追い求めるためにさらに採用するといった循環構造に陥るのです。

市場が拡大しているうちはこうした売上志向と日本的経営に則った経営手法が有効に機能しますが、**マーケットの拡大が止まった瞬間、この構造は破綻**してしまいます。マーケットが伸びていない、あるいは縮小しているにもかかわらず、過去に採用した人材の雇用は持続せねばならず、また賃金コストが上がり続けるとなると、辻褄が合わなくなってしまうのです。たとえ売上が停滞し、下降局面に転じようとも、終身雇用のために人が辞めるまでには時間差があるため、大胆な改革を行わぬ限り、じわじわと業績は悪化してしまいます。このような状況では、企業価値が毀損していくのは当然のことです。

現代においてもなお、高度経済成長期のパラダイムの延長線上で、ＰＬ脳に基づく経営を続けていると、もはや成長しようがないマーケットにおいても無理な成長路線を追い求めることになってしまいます。その結果、投資対効果の低い事業投資を続けてキャッシュが流出し、過剰投資によって衰退の道を歩むことになります。そうした状況が極まれば、会社は破

図表34　TOPIXとS&P500の成長差は8倍超

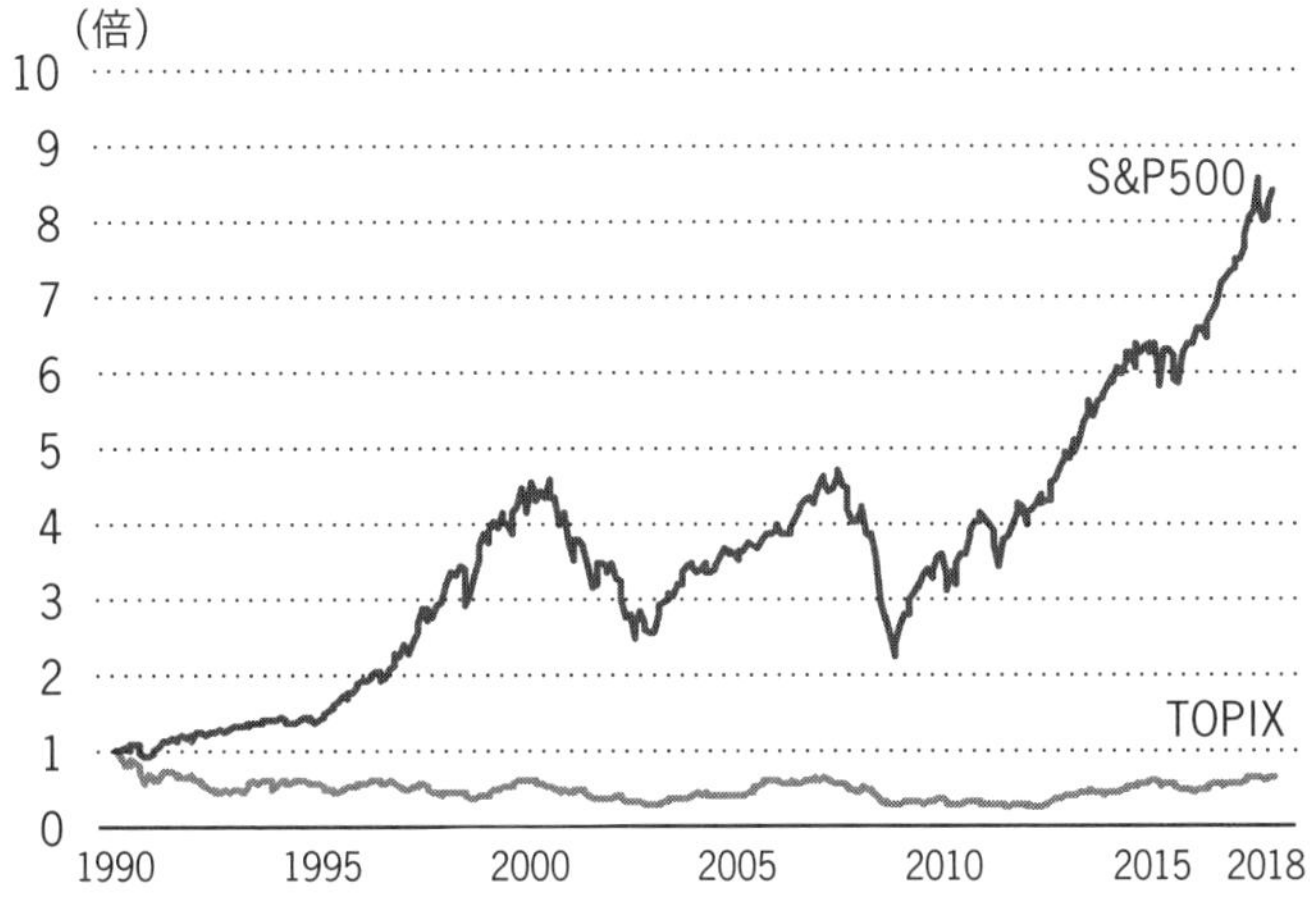

＊1990年1月=1として指数化

綻に至るのです。

最近では、かつてのエクセレントカンパニーの不振を報じる記事を目にすることが少なくありません。これらの企業は、ＰＬ脳に基づいて高度経済成長に過剰適応してしまい、21世紀においてもいまだに過去のパラダイムを引きずった経営を続けているからこそ、大きな矛盾に直面しているのではないでしょうか。

その結果が如実に表れるのが、株式のリターンの低さです。**数十年単位で見ると、日本株式のリターンは、他国のそれに対して、圧倒的に低い水準**にあります（図表34）。90年から２０１８年までにかけて、東京証券取引所に上場している全銘柄の時価総額を指数化したＴＯＰＩＸの成長はほぼ横ばい。つまり、過去30年弱において、ほぼ成長していないということです。一方で、アメリカのニューヨーク証券取引所、ナスダックに上場している代表的な５００銘柄のパフォーマンスを数値化したＳ＆Ｐ５００は、同期間で8倍以上に成長しています。

資本効率の悪い経済活動しかできない会社であれば、他社に吸収されるなり清算されるなりして統廃合するほうが、ファイナンス的には正しい意思決定のはずです。マクロ的な観点に立てば、より競争力のある企業に資本を集約し、業界の再編を図っていくことが、日本の産業が競争力を維持するうえでは重要です。

また、会社で働く個人にとっても、衰退する会社の中で汲々《きゅうきゅう》として働くよりも、社会の構造変化に応じてキャリアを転換し、より伸びていく産業の中で活き活きと活躍するほうが、やりがいを感じられるのではないでしょうか。

しかしながら、**倒産件数の増加は日本では往々にして「悪」であると解釈されます**。その結果、産業全体の新陳代謝が進まず、市場から退出すべきゾンビ企業が残り続けてしまいます。同じ駅の西口と東口に似たようなスーパーが立ち並び、利益幅をすり減らしながら消耗戦を行っているという構図が、日本各地で繰り広げられているのでしょう。

アメリカでは過去20年間に、上場企業は７０００社から３６００社にまで減っていますが、その結果として市場に残った米主要企業の時価総額は3倍になりました。対する日本は、２０１８年2月時点で上場企業数は３７００社を超え、アメリカの上場企業数を上回りましたが、1社あたりの時価総額は下がり続けており、全体の時価総額は米国の約5分の1に留まる状況にあるのです。

2 日本の会社でますます進む役員の高齢化

役員の高齢化も、日本企業がPL脳から脱しにくい理由のひとつとして挙げられるでしょう。**終身雇用、年功序列を基本とする日本的雇用慣行を採用する日本企業の中において、経営者は内部昇進者であることが基本**です。「経営」とは本来、営業や開発、生産、管理などと並列に扱うべき、ひとつの職種であるはずです。営業と開発に上下関係がないのと同様に、経営もまた職階として理解されるべきではありません。経営者よりも報酬の高い社員がいたとしても、何も不思議はないはずですが、実際にそのように受けとめられることは、まずありません。

課長→部長→執行役員→取締役と、出世の過程を単線的にとらえるのが、典型的な日本人のキャリア観ではないでしょうか。本来、取締役の責務は事業執行とは大きく異なります。株主に対して責任を追うという意味においては、**執行役員から取締役になることは、「昇進」というよりも「ジョブチェンジ」であり、「転向」と呼ぶほうがより正確**なはずです。ところが、現実には取締役のポジションが、過去に事業の執行を成功させてきた社員に対する論功行賞の恩賞として用いられています。社会全体における人材の流動性の差によるものなのでしょうが、特定の会社での経営で実績を残した経営者が、業界をも跨いでほかの会社の経営を担うといったアメリカの経営者像とは対照的です。

キャリア観が単線的であるということは、経営者になることが、勤め上げる会社におけるキャリアの総仕上げ、ということになります。したがって、特に社員数の多い日本の大企業においては、経営経験を積むのは歳を重ねてからになるのです。東京商工リサーチによると、2016年における全国の社長の平均年齢は61・19歳に達しており、上昇の一途をたどっています。Strategy&による世界の上場企業上位2500社を対象とした調査を見ても、新任CEOの平均年齢は世界平均が53歳であるのに対し、日本は61歳と、対象国の中で飛び抜けて高い年齢です。

高齢でしか役員になれないということは、経営者として在任する期間が短いことを意味します。そうすると、必然的に会社の未来を見すえる期間も短くなり、自身の任期期間中を大《たい》過《か》なく全《まっと》うすることに意識が向いてしまうのが人情というものです。結果として、たとえば5年程度の期間内では起こりにくいものの、10年単位では会社に重大な影響を及ぼしかねないリスクへの対応は後手に回ってしまいます。そうした長期的なテーマよりも自身の任期内に発生する軽微なリスクへの対処が優先されてしまうからです。むしろ、現在の利益向上のために、長期的な価値向上を犠牲にし、将来のキャッシュフローを取り崩そうという態度になりかねません。

また、BSに計上される資産の内容とは、過去からの積み上げによって築かれたものです。したがって、経営者個々人の功績をBSで図ることはできません。その点、PLであれば任期中の経営者自身の成果を示しやすいのでしょう。

この点において、PL脳の問題は、単に経営者の知識やスキルの欠如といった問題にとどまりません。経営に携わる者の職業倫理観そのものが問われる問題なのです。さらに踏み込んで言えば、経営者自身が積極的な態度で会社をよりよくしていこう、**みずから新たな事業を生み出していこうと真剣に考えているのかどうかという、志の問題**でもあると言えるでしょう。

3　間接金融中心の金融システム

間接金融中心の金融システムもまた、日本の企業風土にPL脳を浸透させていくうえで、大きな影響を及ぼしたといえます。この点を考えるにあたって、現代の日本企業の行動原理や経済にまつわる制度の特色の源流は、戦時体制下の統制経済にあるという点を理解しておく必要があります。

日本の企業文化における主な特徴として、終身雇用や年功序列といった雇用慣行、民間の経済活動に対する官僚の介入、株主支配に対する軽視の風潮といった点が挙げられます。これらは、えてして日本固有の文化に由来すると考えられがちですが、実際には戦時中に日本国がアジア太平洋での総力戦を遂行するために人為的に導入された制度によるものです。こうした**統制経済によって取り入れられたシステムの最たるものが、間接金融中心の金融システム**です。


ここで「統制経済」と呼ばれるシステムが構築された経緯について、簡単に触れておきましょう。統制経済は、国の資源と労働力のすべてを戦争のために動員することを目的として、「革新官僚」と呼ばれた官僚たちを中心に構築されたシステムです。1938年に「国家総動員法」が制定されていますが、これは国内のあらゆる経済活動に対して政府が介入することを可能にする法律でした。この国家総動員法によってその後、さまざまな勅令が発せられていきます。

たとえば39年には、初任給が公定されることになりました。また従業員全員を対象にした一斉昇給を除いては、昇給は認められなくなっています。こうした過程を経て、年功序列賃金が日本社会に定着していったのです。

また株主に関しては、配当が制限されることになり、株主の権利が制約されるようになりました。国民生活が圧迫される中で、高い配当性向は所得分配の観点から望ましくないと考えられたのです。その結果、株価が低迷したこともあり、資金調達の中心が直接金融から間接金融に移っていったのです。実際、31年における フローベースの産業資金供給を見てみると、87%が直接金融によるものであり、30年代の日本企業による資金調達は、エクイティ・ファイナンスによるものが相当の比重を占めていたことがわかります。

さらに40年に発足した第2次近衛文麿内閣は、「利潤追求を第一義とする資本の支配より離脱する」として、「経済新体制」を掲げました。経済新体制では戦争の遂行が最重要事項とされ、政府による命令を通じて生産の数量ノルマを課す体制が整えられました。また同時に、労働者を大日本産業報国会に加入させることで、経営に対する発言権を強め、株主の権利を制限したのです。

日本の敗戦後、占領軍による「戦後改革」を経て、日本社会の仕組みは大きく変わりましたが、経済官庁をはじめとする官僚機構はほぼそのままに温存されました。結果、統制経済を指導した官僚たちが引き続き、計画経済的な観点に立って産業政策を牽引し、官僚主導の産業政策、日本特有の雇用慣行、株主軽視の風潮、間接金融中心の金融システムといった統制経済時のシステムが継続していったのです。戦後の日本経済は、主に重化学工業、輸出産業によって牽引されていますが、特にこうした産業の成長には日本型企業の構造や間接金融が大きく寄与しています。**「太平洋戦争の遂行」と「高度経済成長期の企業経営」は、国家総動員体制であったという点においては共通**していたのです。

こうした統制経済の影響を現代においても色濃く受け継いでいるのが間接金融です。日本における企業の資金調達の手段として通常真っ先に想起されるのは、銀行からの借入です。日本人の貯蓄率の高さから考えても、銀行は古くから資金提供の中心的なプレーヤーであったととらえがちですが、間接金融中心の金融システムもまた、軍需産業に対する資源の傾斜配分を目的として戦時中に整備が図られたのです。

さて、こうした歴史的経緯によって、銀行は戦後日本における資金供給の中心的な担い手となり、会社の経営に対する関与を深めていきました。特に高度経済成長期には銀行からの貸出が増え、「銀行支配」と呼ばれる状況が出現するようになったのです。

高度経済成長期には、会社は事業に投資する資金を必要としました。理屈のうえでは、リスク性の高い投資であればエクイティでの調達を行うべきですが、銀行を中心に金融システムが発達し、何よりも銀行がお金を貸してくれる事情もあり、当時は銀行からの借入が資金調達の中心でした。銀行に返済するお金までも、借り換えによって銀行から調達し、実質的に利息を払わなくてもよい状態が続いていたのです。

こうして、「メインバンク」と呼ばれる**主要取引銀行が中心となって会社の成長に合わせたシンジケートローンをタイムリーに組成するメインバンク制**は、日本の戦後復興や高度経済成長の原動力となりました。長期的な関係に基づき、バンカーが事業内容を深く理解したうえで、長期的な視座に立った資金提供を行うことで、銀行は産業金融の本旨を全うしてきたのです。

銀行内審査ではいまだに最終損益が重視される

デットであれエクイティであれ、資金を調達するためには、その資金の出し手と対話を行う必要があります。このコミュニケーションが、銀行のほうがやりやすかったといったことも、企業がデットを優先した理由のひとつでしょう。エクイティでの資金調達の場合であれば、投資家からどのタイミングでどれくらいのリターンを上げるのか、説明を求められます。ここでしっかりと説得力のある計画を提示できないことには、株価が下がってしまいます。

デット調達とエクイティ調達の本質的な違いは、前者は債権者が金利からリターンを得るのに対し、後者は株主が会社の成長に伴う株価の上昇や配当によってリターンを得るという点です。株主は会社が成長しないことにはリターンを得ることができません。そうであるがゆえに、経営者に対し、積極的な投資などの成長施策を望むのです。一方の債権者は、どれだけ会社が成長したところで、得るリターンは変わりません。そのため、リスクを冒してまで会社の成長を望まないのです。金利を支払うだけの安定した利益が出ることを良しとする発想です。

そのため、高度経済成長期に**銀行から借入を行うに際して重視されていたのは、売上や利益が伸びているかどうか**でした。売上・利益が伸びている限りにおいては、微に入る細かな説明を行う必要もありませんでした。成長している会社であればお金を貸すというスタンスであるため、銀行も審査を綿密に行っていなかったのです。市場が拡大することを前提とした高度経済成長期であれば、そこまで綿密に借り手の収益力を検討する必要性がなかったといえるのかもしれません。

また、個人はお金を積極的に運用するよりも、銀行に預けるのが一般的であったため、銀行から見れば資金を集めるコストが安かったことも、積極的な貸出が行われていたことの理由のひとつでしょう。当時の銀行にとっては、会社に対する貸付残高を増やすことが何よりも重要だったのです。

こうした資金調達時の状況もあって、デットによる資金調達に際し、企業側からすればPL脳的なコミュニケーションでも十分に間に合っていたということが、経営者や財務担当者にPL脳が染みついていった原因でもあるのでしょう。売上や利益が伸びてさえいれば、事業見通しに基づいたリターンについての論理的な説明を必要としないため、ファイナンス的な観点はそれほど必要とはされていなかったのです。

銀行のコベナンツ（融資契約などにおける誓約事項）にしても、一番重要な条件は、最終損益が何期連続で赤字か黒字かであるかであり、キャッシュフローではなく、ＰＬ上の数値で判断を行っています。近年ではＥＢＩＴＤＡも見られるようになってきましたが、銀行の基本的な発想は、貸し付けたときよりも業績が悪くなっていないかであり、売上や営業利益が昨年対比でよければいいという考えに終始しているのです。

銀行内の審査において、最も厳格にモニタリングされる会社の項目は最終損益です。一定期間、最終損益が赤字になると、銀行はその貸付先を要管理先として、引当金を計上しなくてはなりません。これが企業の財務担当者が借入をしている銀行の担当者から２期連続の赤字は阻止するようにと言われる背景です。**貸し手である銀行が、貸出先の安全性を重視して最終損益を注視するＰＬ脳であるがために、借り入れする企業の側もまたＰＬ脳に染まってしまう**のでしょう。

バブル崩壊で迎えた行き詰まり

こうした**状況が変わり始めたのは、80年代**のことです。成長企業が国際化を図り、海外進出する流れに日本のメインバンクが十分に対応できなかったところに、金融自由化の圧力による銀行の収益圧迫が重なりました。そうした状況下において銀行は、本筋であったはずの産業金融だけでなく、土地や株への投機に対する融資までをも手がけるようになったのです。バブルの崩壊を機に、こうした融資の取り組みが機能不全に陥り、長きにわたる経済停滞の一因となったとするのが、一般的な見解でしょう。

高度経済成長期において、銀行や会社はマーケットが伸び続けることを前提に活動していました。売上や利益を伸ばし続けていくことが最重視され、結果として貸借対照表（ＢＳ）がどんどん大きくなり、資産効率が悪化していたのです。マーケットが拡大し続ける限りにおいて、ＢＳが大きくなること自体は悪いことではありません。しかし、**マーケットの成長が止まり、BSが重すぎると、余分な資産を処分し、整理する必要**が出てきます。問題はこうした事態に陥った際に、債務を返済できるかどうかが、銀行側も会社側も十分に検討できていなかった点にあります。その結果、業績が悪くなった会社からの「貸し剥がし」が頻発し、多くの会社が苦しむことになったのです。

一方で、財務状況が悪化し、過剰な債務を抱えて不良債権化した会社を対象とするビジネス機会は、リスク選好の金融業者にとっては非常に魅力的な市場でもありました。たとえば過剰債務に悩むゴルフ場などには「ハゲタカ」と揶揄《やゆ》される外資系金融機関やファンドが資金を提供しました。日本の銀行が不良債権化した融資先からの債権回収に躍起になっていたのを尻目に、外資系金融機関やファンドなどは、こうした債権を安く買い取り、担保権を実行することで直接不動産を手に入れたり、債権放棄や法的整理の手法を通じてBSを軽くしたりすることで経営を再建し、莫大なリターンを得たのです。背景には、PL脳が染みついた慣行により、日本の金融機関がリスクの高い市場に参入できなかったという事情もあったのでしょう。

紆余曲折を経て、現在では多くの会社のBSは随分と効率化されました。一方で、経営者や財務担当者の中には、いまだにPL脳にとらわれている人が少なくありません。**BSの整理によって、バブル崩壊からの応急措置的な緊急治療はひと通り完了したといえそうですが、多くの日本企業はマーケットが成長しない時代の思考形態に、いまだにシフトできていないのではないでしょうか。**

低成長時代における経営モデルの模索はまだ続いていますが、確実に言えることは、そのカギとなるのが「ファイナンス思考」であるということです。

4　PLのシンプルなわかりやすさ

PL脳が浸透している第4の理由としては、PLの見方を理解することが、ファイナンスに関するものの考え方を理解するのに比べて簡単であり、社内のオペレーションを管理する指標として使い勝手がよい、という点が挙げられます。

ＰＬは、会計やファイナンスの初心者にとっても比較的とっつきやすい財務計算書です。減価償却の概念や、財務上の収益や支出と実際のキャッシュの出入りがズレることなど、日常生活ではあまり馴染みのない考え方も含まれてはいますが、会社の売上からコストを引いたものが利益であるというＰＬの基本的な構成は、ほかの財務諸表やファイナンスの考え方に比べれば、シンプルでわかりやすいのではないでしょうか。右側でお金の調達方法を示し、左側で保有している資産の状況を表すＢＳの構成や、「資本コスト」、「時間的価値」といったファイナンスの概念よりも、よほど理解しやすいはずです。

理解しやすいことから、ＰＬは社内の部門ごとの数値管理を行う「管理会計」にもよく用いられます。管理会計は法的に作成することを義務づけられている財務書類ではなく、それぞれの会社が社内の管理のために、各々の創意工夫によって作り上げて運用している指標です。ただ一般的に「管理会計」と呼ぶ際、バランスシートやキャッシュフロー計算書がベースになることはあまりありません。ＢＳやキャッシュフローの概念を用いて現場を管理するのは、ＰＬよりもよほど難しいのです。多くの会社では、ＰＬをベースにした計算フォーマットが導入されています。

「全社員が経営者としての意識をもつ」といった掛け声は、多くの会社で聞かれることです。またそうした考えの下、事業部門単位での採算制度を採用している会社も少なくありません。

社員の一人ひとりがそうした意識をもつことは、組織の競争力を保つためには極めて重要ではあるのですが、その実、現場の担当者が把握しているのは月次や四半期、単年度単位におけるPL上の費用削減といったオペレーショナルな視点に寄っていることがほとんどです。

組織の規模が大きくなり複雑化すると、現場を管理するうえで、指標のわかりやすさはなおさら重要になります。こうした状況下、使い勝手のよさもあって、PLベースでの管理が多用されているのです。

事業の数が多くなると、各事業の成長フェーズも異なります。すでに収益化段階に入っており、いかにコストをコントロールするかが重要な事業もあれば、これから初期投資を行い、規模の拡大を企図する事業もあります。こうした複数の事業を管理するにあたり、目標数値を設定するうえでの軸となる指標が事業ごとに異なると煩雑であり、また不公平感も出るということもあり、一律にPLが共通の評価軸として用いられることが多いのでしょう。

コツコツ日本人に最適なPL管理

目先のPLをオペレーショナルにコツコツ改善することは、日本人にとって比較的得意なアプローチなのかもしれません。また、BSやキャッシュフロー、ファイナンスといった観点は、財務部だけが取り扱っていればよい専権事項としてとらえられている節もあるでしょう。もちろん、全社員にファイナンス的な思考法を理解してもらうことには限界もあります。

折衷案として、現場レベルではせめてPLを用いた事業管理を行うというのも、ひとつの方策ではあると思います。しかしながら、そのことが原因となって、全社の経営者自身までもがPLの最大化を最優先事項と思い込むようではどうしようもありません。

事業部門単位でPLベースのフォーマットに沿った目標を設ける場合、経営する側から見て最も現場を管理しやすいのは、トップライン（売上）を伸ばせと指示することです。しかしながらこれは先にも述べたように、経済成長期にこそ有効に機能する管理手法です。

2015年、フランスの経済学者であるトマ・ピケティ氏の『21世紀の資本』が世界的なベストセラーとなりました。本書の中でピケティ氏が述べているのは、現代社会においては、**経済成長から得られる利潤よりも、投資によるリターンから得られる利潤のほうが大きい**ということです。こうした状況を、ピケティ氏は「r（資本収益率）＞g（経済成長率）」という式で示しました。そしてこの結果、現代においては投資する資本をもつ富裕層と、労働力をもってしか富を得ることのできない一般の人々の間で、所得の格差がますます広がっていると唱えています。

そのうえでピケティ氏は、「g＞r」という式が成立する状況のほうが、歴史的に見てむしろ限定的であると述べ、我々の社会が拠《よ》って立つ資本主義そのものに対する疑義を投げかけています。ピケティ氏の論に従えば、45年から90年前後にかけて「g＞r」が成立していたことが稀有《けう》な状況だったということになります。人口ボーナスとそれに伴って経済成長する時代においては市場拡大が前提となるため、多産によってトップラインを上げ続けるという現場管理の手法が有効に機能したことは確かでしょう。

しかしながら、外部環境が変化した以上、いつまでも20世紀のパラダイムを引きずったオペレーション管理を採用し続けることはできません。こうした観点をもち続ける限り、確たる根拠なきまま「来年も過去と同じように5～10％の成長を目指せ」という号令がまかり通ってしまうことになります。またこうした**PLベースの管理手法が人事評価にまで埋め込まれていることが、PL脳を現場にまでより根深く浸透させる一因**となっているのでしょう。

5　企業情報の開示ルール

PLのわかりやすさに加えて、特に上場企業の場合、証券取引所によって定められている企業情報の開示ルールもまた、PL脳をより一層強く根づかせた一因ではないでしょうか。

念のためにお断りしておくと、証券取引所における開示ルールは、投資家に正確な情報を与えて保護するための重要な仕組みであり、必要不可欠のものです。一方で経営者が過度にこうしたルールを意識すると、かえって企業の成長の足かせとなることもあるように思うのです。

たとえば四半期ごとに上場企業が発表する決算短信では、まずもって売上高や営業利益、経常利益や当期純利益といった、ＰＬの数値が最初に記載されているものです。必然的に経営者の頭の中でも、これらの数値を最大化することが最も大事であるといった意識が刷り込まれてしまうはずです。

また、株価に最もネガティブなインパクトが及ぶのは、多くの場合は下方修正のケースです。当初の業績予想に対して、以下のいずれかが生じる見込みとなった段階で、会社はその旨を適時開示しなくてはなりません。

・売上高に対して10％以上の変動（プラスまたはマイナス）
・営業損益、経常損益、当期純損益に対して30％以上の変動（プラスまたはマイナス）

このうち、**売上の10％というのはそんなに大きくずれることはありませんが、利益の30％というのは、わりと簡単にずれてしまうもの**です。たとえば上場間もない新興企業の場合、営業利益が1億円程度であることも珍しくありませんが、この30％というと、３０００万円です。幹部社員の採用や、その他の不測の出費が生じれば、簡単に該当してしまう内容です。経営者としてはなるべく下方修正は出したくないと考えてしまうこともあり、ＰＬ脳の事例で見たように、ＰＬを作ろうという発想に陥ってしまいかねないのです。

6　メディアがあおる影響

企業の業績を報じるメディアもまた、ＰＬ脳の浸透に重大な責任を負っていることに触れないわけにはいきません。

決算期のビジネス誌に目を通せば、盛んに企業の業績の上げ下げを報じていることに気づくはずです。この時期の企業欄には「増収増益」、「減収減益」といった見出しが躍っています。読者にとっても売上の増減、利益の増減という過去との比較は取っつきやすいのでしょうし、報じる側も、こうした増減をストレートに伝えてさえいれば、とりあえずの責任は果たせると考えているのかもしれません。

単に業績の上げ下げを報じるだけであれば、人工知能でもできますし、何も頭を使うことなく簡単に記事を仕上げることができます。しかしながら往々にして、こうした記事には**業績の変化が企業価値の向上にとってどのような意味合いをもつのかといった観点からの解説が欠けています**。多くの場合、企業側の決算説明を要約するに終始してしまっています。

経営者もまた、自社の報じられ方を見るにつけ、メディアや株主からの追及から逃れるために、ますます四半期単位でのＰＬを重視するようになるのでしょう。こうして、ＰＬ脳がより強化されていくのです。

第5章のまとめ

▼会社やビジネスパーソンがＰＬ脳に陥ってしまいやすい主な要因に、①高度経済成長期の成功体験、②役員の高齢化、③間接金融中心の金融システム、④ＰＬのわかりやすさ、⑤企業情報の開示ルール、⑥メディアの影響が考えられる。

▼右肩上がりで継続的に市場が拡大する経済の下では、市場の伸びに合わせて生産規模を拡大し、売上やシェアを伸ばすことが最適な経営方針。ＰＬ脳は、高度経済成長に最適化した思考形態だった。

▼経営者としての在任期間が短いと、会社の未来を見すえる期間が短くなり、長期の経営テーマよりも目先の利益向上や任期を大過なく過ごすことに意識が向かいがち。この点でＰＬ脳は、単に知識やスキルの欠如だけでなく、職業倫理や経営者の志に関する問題である。

▼戦時中の統制経済の名残から、高度経済成長期には「銀行支配」と呼ばれる間接金融中

心の経済体制が築かれた。デットで資金を提供する銀行は、会社に対して成長よりも安定した経営を望み、利益が出続けることを重視する。

▼PLの見方を理解することは、ファイナンスの考え方を理解するのに比べて簡単であり、社内のオペレーションを管理する指標としても売上や利益は使い勝手がよい。

▼上場会社の場合、決算短信の冒頭にPLが記載されることや、業績予想の修正のインパクトの大きさから、経営者が過剰にPLを意識することが多い。

▼「増収増益」、「減収減益」といったように、会社の状況を伝えるメディアの切り口は、PL上の数値に集中しすぎている。

【参考】

https://www.nikkei.com/article/DGKKZO27421320W8A220C1DTA000/

http://www.sankei.com/west/news/140507/wst1405070060-n1.html

おわりに

日本社会と「理」「心」「運」

2年前に、ダイヤモンド社から『論語と算盤と私』という初めての自著を上梓しました。その中に、「理」「心」「運」について触れた一節があります。なんらかの事をなすにあたり、その成否を左右するものを考えてみると、「理」「心」「運」という3つの要素に因数分解できるのではないかという内容です。

「理」とはすなわち、頭で考える部分です。「戦略」と呼ばれるものも含め、目的の実現に向けて、合理的に最適な道筋を導き出す才のことです。「心」とは、「理」から得られた考えを実行しきる胆力であり、実行した結果を背負うことです。「運」は、読んで字のごとく。

ポイントは、こうした構成要素が結果に寄与する比率です。これら3要素は、事の成否において、どの程度の割合で影響を及ぼしているのでしょうか。

禅問答めいた問いであり、正解はありません。確たる根拠のない私の感覚値ですが、自分自身のわずかばかりの経験と見聞を元に鑑みるに、**「理：心：運」は、それぞれ「1：4：5」程度の割合で影響を及ぼしているのではないか**と、考えています。

こう述べると、「なんだ、半分は運なのか」と感じてしまうかもしれません。ですが、**「運」とはあくまで十分条件であり、必要条件である「理」と「心」を準備できていないところには舞い降りてこない**ものだと、私はとらえています。そう考えると、むしろ着目すべきは、理と心の「1：4」という比率であり、頭で考えるよりも、やりぬく胆力がより大きな影響を及ぼすという点ではないでしょうか。

残念ながら私には、「運」をコントロールする方法というものがあるのかどうかはわかりません。ですが、「運」以外の必要条件の部分で最善を尽くすことなら誰にでもできるはずです。「人事を尽くして天命を待つ」と言いますが、「理」で考え抜き、「心」でやりきり、「運」を待つことが、私たちにできる、せめてもの振る舞いではないかというのが、前著で述べた内容です。

さて、本書で解説してきた**ファイナンス思考とは、「理」「心」「運」で言えば、まさに「理」に該当する**ものです。先ほどの感覚値を正とするならば、事を成すうえでは、1割程度の要素に過ぎないものかもしれません。いくら頭で考え抜いても、実行が伴わないことには何の意味もないのです。

しかし、かと言って、自分たちが進む方向感を定めるプロセスを疎かにするわけにはいきません。元の考えが根本的に誤っており、本来向かうべき地点からズレた方角に向かっていたとしたら、いくら全力で走ったところで、目的地に到達できるわけがないのです。

本田宗一郎は「**理念なき行動は凶器であり、行動なき理念は無価値である**」と述べています。これは「理」「心」の関係性の正鵠《せいこく》を射た箴言《しんげん》でしょう。「心」を伴わない「理」は無価値ですが、「理」のない「心」はまさに凶器です。ファイナンス思考なき経営の危うさを、私たちは理解するべきでしょう。

もちろん、いくら正論を振りかざしたところで、現実がままならないことは、自身の経営経験を通じ、骨身にしみて実感しています。正論と現実は、えてしてかけ離れているものです。

ですが、だからと言って、**「現場感」や「リアリティ」といった名の下に現状を肯定し、追従しているようでは、進歩は望めません。**理想と現実の乖離を理解したうえで、思い描いた理想を100％は実現できないにしても、ままならない現実を少しでも「あらまほしき世界」に引き寄せる。数多《あまた》挙げることができる「できない理由」を少しでも多く潰す。事を成すには、こうした不断の努力が必要です。

現状維持の慣性に抗った結果を外部から見れば、ともすると理想とは程遠い中途半端で不完全な仕上がりに映るかもしれません。ですが、少しでも理想に近づこうとする試みなくして、組織、事業の発展はないのです。この点で「理」と「心」は、目の前に立ちはだかる、理想とかけ離れた厳然たる現実を、少しでもよいものにするための両輪であり、「運」をつかんで「天命」を待つうえで欠かすことのできない「人事」といえます。真に事業や組織の発展を望むのであれば、ファイナンス思考を避けて通ることはできません。

私が会計的なモノの考え方を学ぶにあたって熟読した京セラ創業者の稲盛和夫氏による会計本の名著『稲盛和夫の実学』（日本経済新聞社）の帯には「会計がわからんで経営ができるか！」という文言が躍っています。会計の重要性と同様、ファイナンス思考は会社経営のルールそのものであり、経営の「理」「心」「運」の中の「理」のベースです。まさに「ファイナンス思考なくして経営ができるか！」の思いで本書の執筆に取り組んできました。

態度であり思想であり、志である

本書ではファイナンスの「理論」や「知識」以上に、「考え方」こそがより重要であると、繰り返し述べてきました。これは言い換えれば、**ファイナンス思考とは取りも直さず「態**

度」や「思想」の問題であり、究極的には「志」の問題であるということです。

経営者の立場で考えれば、目先のPLさえ作っていれば社内外からの批判を避け、お茶を濁すことができるのかもしれません。しかし、そんな態度で真に世の中の発展に貢献する事業を作ることができるのでしょうか？ 時に、経営者の退任に寄せての挨拶で、「任期中、大過なく過ごすことができ」などといった発言を耳にすることがありますが、そのように与えられた状況をただ漫然とやり過ごすという態度で、私たちの社会は本当によくなるのでしょうか？

高度経済成長期であれば、時代の波に乗り続け、目の前のシステムを維持することが成長に直結した勝ちパターンではあったことでしょう。ですが、社会が成熟し、低成長かつ不確実性の高い現代において、そんな30年前の思考態度では緩やかな衰退を免れることはできません。高度経済成長を謳歌した老世代からは、ともすると「衰退を受け容れるべし」といったニヒリスティックで無責任なメッセージが発せられることすらあります。しかし、これから長きにわたり、日本に生きていく世代のひとりとして、また、子や孫の世代に社会を受け継ぐ責務を担った一員として、そのような敗北主義には、到底与《くみ》することができません。

高齢化とともに、現状維持を望む人々が増え、短いスパンでしか事の是非を判断できなくなっているという本邦の現状を鑑みるに、日本社会そのものがPL脳に罹患しているような感覚を抱くことがあります。**今、私たちに必要なのは、放っておくと衰退する既存産業や社**

会システムの受け皿となる、「ノアの方舟」をみずからの手で作ることであるように思われてなりません。

昭和の残滓《ざんし》ともいうべき過去の成功体験に固執するPL脳に引導を渡し、未来を切り拓くのは自分たちであるという気概をもつ一人ひとりが、個々に奮起する必要があるのではないでしょうか。多くのビジネスパーソンの脳中でしぶとく生き残る「昭和」に終止符を打つための、草莽崛起《そうもうくっき》です。本書で解説したファイナンス思考が、皆さんが活躍するうえでの理論武装の一助となれば、筆者にとってこれに勝る喜びはありません。

ファイナンス思考を身につけて日本を再興する試みに、皆さんも加わってみませんか？

本書を執筆するにあたっては、多くの友人からのご協力をいただきました。紙幅の都合もあり、ここで全員のお名前を記載することは叶いませんが、特に全体へのコメントをいただいた慶應義塾大学総合政策学部准教授の琴坂将広さん、株式会社レノバCFOの森暁彦さん、株式会社ビズリーチの竹内健太さん、大学来の友人である五十嵐圭太さん、山内一馬さんをはじめ、ご協力いただいたすべての皆さんに、この場をお借りして御礼申し上げます。

また本書の内容には、筆者が所属する政策研究大学院大学での客員研究員としての研究成果も含まれております。政策研究大学院大学、ならびに所属する研究室の黒川清先生にも、御礼を申し上げます。

前著に続きご担当いただいた、ダイヤモンド社の柴田むつみさんにも、この場をお借りして御礼申し上げます。

２０１８年６月

朝倉祐介

ファイナンス

『ざっくり分かるファイナンス』（石野雄一、光文社新書）

会計とファイナンスの違い、WACC、企業価値、お金の時間価値など、ファイナンスの基本を、ざっくりと理解するための基本知識が解説されています。

『まんがで身につくファイナンス』（石野雄一、石野人衣（イラスト）、ダイヤモンド社）

『ざっくり分かるファイナンス』の著者による、同書のまんが版。ファイナンスの基本をまんがを通し、ストーリー仕立てで理解することができます。

『MBAバリュエーション』（森生明、日経BP社）

企業買収（M＆A）は買収先の会社の具体的な値段を特定する必要があるという点で、事業会社がファイナンス理論を駆使する最たる場面です。M＆A実務における考え方の解説を通して、ディスカウント・キャッシュフローによる企業価値の算定方法など、資本主義の本質に関する理解を深めることができます。

column

会計とファイナンスに関する参考文献

本書は、ファイナンスの知識や「ファイナンス理論」よりも、「ファイナンス思考」を読者につかんでいただくことを企図して書きました。そのため、会計やファイナンスの一般的な理論の解説については、あくまで最小限の初歩的な内容や概念の説明にとどめ、あまりテクニカルな内容に深入りしすぎないことを心がけています。

一方で、実務の現場では、よりテクニカルな理論を駆使して、会社の意思決定に取り組んでいかなければならないことも、もちろんあります。そこで以下に、初学者が会計やファイナンスの理論を学ぶのに適した書籍をいくつか挙げておきます。

ご興味がおありの方は、こちらの参考文献を参照いただくと、より深く、会計やファイナンスの考え方に触れることができることでしょう。

会計

『増補改訂　財務3表一体理解法』(國貞克則 、朝日新書)

PL、BS、キャッシュフロー計算書の財務三表は密接に関わりながら、会社の財務状況を表現します。三表のつながりが理解できれば、一気に会計の理解が深まります。

管理会計

『利益が見える戦略MQ会計』（西順一郎・宇野寛・米津晋次、かんき出版）

会社の経営状況をタイムリーに把握し、採るべき打ち手を導き出すための分析が管理会計です。本書はコストを固定費と変動費に分解し、儲けの構造を明らかにすることで、実務に活かすための会計分析の基本を解説しています。

『稲盛和夫の実学』(稲盛和夫 、日本経済新聞社)

京セラ創業者である稲盛和夫氏による管理会計の教科書。同社は組織を「アメーバ」と呼ぶ小さな単位に分け、各アメーバが社内の取引を通じて個々に売上の最大化とコストの最小化を図ることで、会社全体の儲けの最大化を図っていますが、こうしたアメーバ経営の手法について解説されています。「会計がわからんで経営ができるか！」という帯文が印象的です。

ており、結果として価格競争に陥っていることを意味します。利益率を高めてROEを向上するためには、社会から必要とされる、より付加価値の大きな事業を運営するという本質的な取り組みこそが重要なのです。

まとめ

以上が、ファイナンスの基礎的概念です。ファイナンスは、企業価値を最大化することを目的とし、会社が今後得るキャッシュをより多くするための取り組みです。そのために、どういった資金の出し手から、どのような条件で資金を調達するのがよいのか、調達した資金を社内外でどのように有効活用すべきなのか、また事業を通じて回収した資金をその提供者にどのように還元すべきなのか。こうした、会社にまつわるお金の流れの最適なあり方を考え、適切な経営判断を行うために、ファイナンスの知見が不可欠なのです。

会計とファイナンスの関係をシンプルにまとめると、**会計は「会社の過去と現在の経営状況を正確に把握して管理する」ための道具**であるのに対して、**ファイナンスは「会社の将来の戦略を立てる」ために必要な道具**といえます。

会計を用いれば、過去の一定期間に会社がどれだけ儲けたのか、また過去のある時点で、会社がどのような資産をもっていたのかを把握することはできますし、売上をどの程度上げて、経費をどこまで削るかを考えることで、利益の創出を最大化するための管理が可能になります。一方で、ファイナンス的な考え方が身につけば、今あるお金をどのように会社の成長に結びつけるか、また、会社がより大きな事業に取り組むために、どこからどのようにお金を調達すべきかを考えることができるようになります。

会計は過去・現在を見るのに対し、ファイナンスは未来を見通すためのものです。定量的に自社の活動状況を把握して正しい意思決定を下すために、経営管理の視点を与える会計と、経営戦略の観点をもたらすファイナンスの素養は、経営者に限らずビジネスパーソンにとって不可欠な両輪であると言えるでしょう。

図表カ 日米欧の資本生産性の要因分解

		ROE	マージン	回転率	レバレッジ
日本	製造業	6.8%	3.5%	0.91	1.91
	非製造業	6.7%	3.2%	0.86	2.28
	合計	6.8%	3.3%	0.92	2.02
米国	製造業	18.1%	8.4%	0.77	2.24
	非製造業	14.5%	8.0%	0.61	2.33
	合計	16.0%	8.3%	0.87	2.29
欧州	製造業	15.3%	6.8%	0.79	2.44
	非製造業	15.6%	7.8%	0.66	2.74
	合計	15.4%	7.2%	0.86	2.58

注1）2004～2013年暦年ベース、金融除く、異常値を除く。
注2）日本はTOPIX500、米国はS&P500、欧州はSTOXX Europe600
出所：Bloomberg、みさき投資株式会社分析による「伊藤レポート」

務レバレッジ」は高ければ高いほどよいというものではありませんし、逆に低ければよいというものでもないのです。

つまり、ROEを上げるためには、利益率を上げ、資産の回転状況をよくし、財務レバレッジの最適化を図らなくてはなりません。

この点、ROEの向上を意識すると、テクニカルに自己資本を減らし、借入の増加を奨励することになるといった批判の声が上がることもあります。支払利息が増加することによって会社の財務状況が圧迫される、倒産リスクが高まるという考えです。

一見すると、もっともな指摘にも思えますが、実際に日米欧の企業における、収益性、効率性、安全性の現状を比較してみると、この指摘は当たらないことに気づきます。

上の図表カを見ておわかりの通り、日本企業が欧米企業に大きく劣っているのは、稼ぐ力である利益率です。本書で「お金とは、人や会社が世の中に何らかの価値を提供した見返りに受け取るもの」と述べましたが、事業の利益率が低いということは、十分な差別化ができていない商品・サービスを提供し

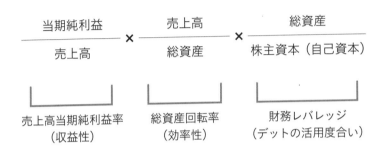

図表ワ　ROEの構成

ROE ＝　当期純利益　÷　株主資本

当期純利益／売上高　×　売上高／総資産　×　総資産／株主資本（自己資本）

売上高当期純利益率（収益性）　総資産回転率（効率性）　財務レバレッジ（デットの活用度合い）

以下のように表すことができます（図表ワ。デュポン分解）。

① **当期純利益 / 売上高**：「売上高当期純利益率」と呼び、会社の収益性を表す。

② **売上高 / 総資産**：「総資産回転率」と呼び、会社の資産の活用度合いに関する効率性を表す。

③ **総資産 / 自己資本**：「財務レバレッジ」と呼び、デットの有効活用度合いを表す。

総資産は負債と自己資本の合計ですので、③の「財務レバレッジ」とは、（負債＋自己資本）÷自己資本という式で表すことができます。先ほど、借りたお金で債券を買うという例を出して、ROICとWACCの関係について説明しました。先ほどの例では高利でお金を借りて低い利回りの金融商品を買っても仕方ないことを述べました。しかし、エクイティよりもデットのほうが資本コストが安いことを考えると、ROICの高い事業ではデットによって低い資本コストでお金を調達して投資するほうが、より効率的にお金を稼ぐことができます。一方で、会社の財務的な体力を大きく超えるほどの負債を抱えて事業を行えばよいというものでもありません。**デットとエクイティの適切なバランスはあくまで事業の収益性や財務状況を鑑みて判断すべき**ものです。この点で、「財

かどうかを確認するうえで、非常に重要です。

このROEですが、2014年に発表され、その後のコーポレート・ガバナンス・コードの指針ともなった『伊藤レポート』（伊藤邦雄・一橋大学教授を座長とする経済産業省『持続的成長への競争力とインセンティブ〜企業と投資家の望ましい関係構築』プロジェクト最終報告書）内で言及されたことで、注目を集めるようになりました。『伊藤レポート』では、「『資本コスト』を上回る企業が価値創造企業であり、その水準は個々に異なるが、グローバルな投資家との対話では、8%を上回るROE を最低ラインとし、より高い水準を目指すべき」といった、具体的な数値目標が掲げられています。

本来であれば、WACCを上回るROICを得ることこそが、経営者にとっての最低条件ですが、概念的に複雑で理解しづらいため、**『伊藤レポート』ではひとまずROE8%という目標数値がすえられている**のでしょう。

PLは、年度ごとの収益状況を示すフロー的な概念であり、過去の結果であるのに対し、BSは、過去に会社が積み上げてきた資産を表すストック的な概念であり、なおかつ将来に対する備えを表すものでもあります。この性質の異なる財務諸表の項目を取り出して計算するという点で、ROEは、ややトリッキーな指標です。特に、PLのみを見て、会社の良し悪しを判断している人にとっては、取っつきにくく感じられるかもしれません。

長らく、「日本企業のROEは低い」点が指摘され続けていますが、この背景には、経営者の意識や発想が多分に影響を及ぼしていることでしょう。旧来型の経営者の中には、PLやBS上の資産の規模が大きければ大きいほどよいと考えている人も見受けられます。「資産が大きいことは誇るべきことである」といった感覚をもった経営者も少なくありません。

ところが、**株主にとっての「効率」という観点から見ると、資産が大きいことが即座によい会社であることを意味するということはありません**。むしろ株主資本が大きくなってしまうと、株主から見た資金活用の効率度合いを示すROEは、どんどん低くなってしまいます。ROEを重要指標としてすえることは、経営者の目をPLだけでなくBSにも向け、両者のバランスに意識を向けるという意味において、非常に有効なのでしょう。

デュポン分解とROE向上の意義

ROEとは当期純利益 ÷ 株主資本、すなわちPL上の当期純利益を、BS上の「株主資本」で割ったものと説明しました。このROEをさらに分解すると、

ROICとWACCの逆ザヤ

ところが、実際の経営では、会社がWACCよりも低いROICの事業を保有し続けていることが珍しくありません。PL上の数値のみを見ていると、売上高の絶対額や営業利益の絶対額こそが最重要だと思ってしまいかねませんし、「黒字であれば問題ない」といった発想に陥ってしまいやすいのです。

経営者が「WACC」や「ROIC」といった知識をもち、資金コストの感覚をもたなくては、前述したように、「高い調達コストで資金を調達して、低利回りの金融商品を買う」といった馬鹿げた逆ザヤ状況を招きかねないのです。一般的な金融商品と異なり、WACCやROICは明示化されていないため、**経営者は常に自社の資本コストがどの程度なのか、また事業から得られる見込み収益がどの程度なのかといった点について意識する必要**があります。

以前、「上場によって調達した資金で、国債を買う」と発言した上場企業経営者がいましたが、ここまでの説明を踏まえれば、こうした発言がいかに馬鹿げているか、よくご理解いただけるのではないでしょうか。「WACC」や「ROIC」の存在を忘れた意思決定は、「PL脳」の典型的な表れです。

ROEが有効な理由

最後に、ROE(Return On Equity:株主資本利益率)にも触れておきましょう。ROEとは、PL上の当期純利益をBS上の株主資本で割ったものです。

ROE ＝ 当期純利益 ÷ 株主資本

「株主資本」とは、純資産の部に計上されているお金の額であると、ざっくり理解しておけばよいでしょう。厳密には、資本金＋資本剰余金＋利益剰余金−自己株式のことを指します。ROEは、株主から見た、会社の資本の活用度合いの効率を測るために用いられる指標です。

会社は株主と債権者から調達した資金を元手に事業を展開しますが、債権者に資金を返済した後に残るお金は、株主のものである、ととらえられます。会社は資金を元手にお金を稼いで株主資本を増やし、さらなる事業展開のために投じたり、配当や自社株買いを通じて株主に還元したりするのです。この点で、株主資本から毎期、どの程度の当期純利益を得ることができているのかを確認することは、株主にとっては、自分の資金が有効に活用されている元手に事業を行い、お金を稼ぎ出していきます。事業から得たお金によって、債権者や株主に対して還元をしていくわけですから、そこで営む事業から得るリターンは当然、資本コストよりも高くなければなりません。そうしないと、せっかく事業を営んだにもかかわらず、株主が期待するだけのリターンを上げていないという事態に陥ってしまうからです。

ここで、仮に皆さんが国債や地方債への投資を検討しているとしましょう。債券なので、原則としては元本が保証されており、発行する国や自治体が破綻しない限り、設定された利回りで投資した資金は確実に手元に返ってくるはずです。ところが、せっかくよい利回りの債券があるにもかかわらず、手元に十分なお金がないとしたら、皆さんならどうするでしょうか。

通常であれば、この債券の購入を諦めることでしょう。ですが、第2の選択肢として、金融機関や友人からお金を借りて、そのお金で債券を買うということも考えられます。運よく親から相続した持ち家があったとして、その家を担保に銀行からお金を借りることができたとしましょう。もし仮に、家を担保に借りるお金の利子よりも、買おうとしている国債や地方債の利回りが低いとすれば、皆さんはそれでもその債券を買うでしょうか。たとえば、家を担保にして借りるお金の利子が年利10%であるのに対し、債券の利回りが1%であったとしたらどうでしょう。

合理的に考えれば、こんな条件で債券を買うべきではないことは、火を見るよりも明らかです。もしもこの条件で借金をして債券を買ったとしたら、−9%分（1%−10%）、毎年損をすることになります。

会社の事業に対する投資判断も、こうした状況と同様の発想で考えていかなくてはなりません。先ほど例にとった会社の場合、WACCが8.2%でした。この8.2%という数字は、上の例で、家を担保にして銀行から借り入れた、年利10%の負債と変わりません。したがって、会社は8.2%よりも利回りが高い事業に資金を投じる必要があります。ある事業に対して投じたお金（株主資本と有利子負債）からどれだけの利益が得られているかを示す指標のことを、ROIC（ロイック。Return on Invested Capital：投下資本利益率）と呼びます。経営者はWACCを上回るROICの事業に資金を投じ、ROICとWACCのスプレッド（差分）を広げる努力を払わなければなりません。たとえ事業が黒字であったとしても、**ROICがWACCより低い事業とは、高い調達コストで資金を調達して、低い利回りの金融商品に投資をしている状態であり、ファイナンスの観点から見れば、実質的には赤字の状態**なのです。

図表ヲ　WACCを計算してみよう

資本金15億円　有利子負債額5億円
株主資本コスト10%　負債コスト4%　税率30%

$$\left(10\% \times \frac{15億円}{(15億円+5億円)}\right) + \left(4\% \times (1-30\%) \times \frac{5億円}{(15億円+5億円)}\right)$$

$$= \left(10\% \times 75\%\right) + \left(4\% \times 70\% \times 25\%\right)$$

$$= 8.2\%$$

30%）の税金を払わずに済んだともいえます。もしもこの5,000万円の利息を支払っていなかったとしたら、税引前当期純利益は5億5,000万円であり、納税額は1億6,500万円（5億5,000万円×30%）だったはずです。

このように負債には、利息の金額分にかかる税額を減らすという特性があります。こうした特性を踏まえ、WACCを計算する際には、負債コストから税率分を差し引いた割合を掛けて計算するのです。

さて、先の計算例で株主や債権者に対する資本コストの加重平均であるWACCが8.2%であることを鑑みると、この会社は8.2%以上の利回りで自社の資産を活用できるように事業を運営し、お金を稼ぎ出していかなければなりません。果たして会社はWACC以上のリターンを得られるように、効率的に事業を運営できているのか。これを判断するうえで重要な指標になるのが、次に述べるROICです。

投資に対するリターンを測るROIC

会社は、デット・ファイナンスやエクイティ・ファイナンスを通じて得た資金を

WACC（加重平均資本コスト）の構成

$$\mathrm{WACC} = \left(\text{株主資本コスト（パーセント）} \times \frac{\text{株主資本額}}{\text{株主資本額}+\text{負債額}} \right) + \left(\text{負債コスト（パーセント）} \times (1-\text{税率}) \times \frac{\text{負債額}}{\text{株主資本額}+\text{負債額}} \right)$$

大まかに言うと、WACCは「株主資本コスト（パーセント）と資本全体に占める株主資本の割合を掛けたもの」と、「負債コスト（パーセント）と資本全体に占める負債の割合を掛けたもの」を足して算出されます。これを式で表すと、上のようになります。

もしここに、資本金15億円、有利子負債5億円、株主資本コスト10%、負債コスト4%の会社があったとします。法人にかかる税率は、30%であるとしましょう。

この場合、会社のWACCは、273ページの図表ヲのように計算され、この会社のWACCは8.2%であることがわかります。

ここで、負債コストに（1－税率）を掛けていることに注目しましょう。PLの構造について見た際、支払う利息は、営業外費用に計上していたことを思い出してください。営業利益から営業外損益を足し引きした額が経常利益であり、そこからさらに特別利益と特別損失を差し引いた額が税引前当期純利益です。税金はこの、税引前当期純利益に課されます。これはつまり、利息で支払ったお金にかかる税率分、会社は税金を支払わずに済んでいるということを意味します（**タックスシールド**）。

仮にこの会社の営業利益が5億5,000万円で、支払った利息が5,000万円であり、特別利益も特別損失もなかったとする場合、課税対象となるのは税引前当期純利益である5億円（5億5,000万円－5,000万円）であり、納める税額は、1.5億円（5億円 × 30%）ということになります。見方を変えると、5,000万円を利息として支払っていることで、会社は1,500万円分（5,000万円 ×

ということはありません。まずもって設立時に出資金を準備しているため、世の中のすべての株式会社はすでにエクイティでの資金調達を行っている状態であるといえます。そこからさらに事業に必要なお金を集める場合には、事業のリスクや会社の財務状況に応じて、デットとエクイティを組み合わせて資金を調達するのです。

債権者と株主とでは負っているリスクが異なるため、会社が求められる資本コストも両者で異なると説明しました。さらに複数の債権者と株主から資金を調達している会社の場合、それぞれの投資家によっても資本コストが異なります。

先述の通り、負債コスト(デットでの資金調達にかかる資本コスト)は株主資本コスト(エクイティでの資金調達にかかる資本コスト)よりも安いものですが、過去に複数回、デット・ファイナンスを行っている場合、そのタイミングによって、返済時期や利息など、条件が異なることは珍しくありません。その場合、資金調達のタイミングによって資本コストも異なるということになります。

こうしたすべての資金提供者に対して会社が負っている資本コストを加重平均したものを、「WACC(ワック。Weighted Average Cost of Capital:加重平均資本コスト)」と呼びます。**WACCとは、会社が債権者や株主に対して還元しなければならないお金の利率の加重平均、加重平均リターン**と考えればよいでしょう。

裏返すと、資金調達コストの加重平均値です。先ほど、「企業価値」を算出する方法として、「DCF法(ディスカウント・キャッシュフロー法)」を挙げました。「DCF法」では、「時間的価値」に基づき、会社が将来稼ぐお金を「割引率」によって割り引いた「現在価値」の合計のことを「企業価値」であると考えます。このとき、実際の「割引率」が一体いくらなのかこそが、「企業価値」を計算するうえで重要なポイントになりますが、通常、「DCF法」では、「割引率」として、「WACC」を用います。

将来、会社が稼ぎ出すと期待されるお金の総額を、債権者や株主に対して還元しなければならないお金の利率の平均である「WACC」によって割り戻し、「現在価値」を求めるのです。逆の言い方をすれば、**会社は、今もっている資産を「WACC」以上の利回りで運用し、債権者や株主にお金として還元していかなくてはなりません**。そうしなければ、会社は資本コストを上回るリターンを得ることができず、債権者や株主の期待に応えることができないからです。それではWACCとは、具体的にどのような方法で計算するのでしょうか。

イナンスの実施が困難な事態を招く行為は、ファイナンスの観点からは評価できない経営ということになります。

中には「無借金経営」こそをよし、と考える人もいます。ですが、債権者だけでなく、株主もまたリターンを求めている以上、必ずしも借金のない経営がよいとは言えません。PLを見ていると、営業外費用の項目に、デットに対して支払う支払利息や社債利息が計上されています。そのため、明示的に利息がPL上の費用として差し引かれてしまうデットを、悪いものと感じてしまう人もいるのかもしれませんが、そんなことはないのです。

たしかに利益が出ておらず、デットの返済によって財務状況が圧迫されてしまうような会社にとって、借金はよくないものかもしれません。ですが、既存の事業から十分なキャッシュフローが生まれており、一時的に資金が必要という状況であれば、むしろエクイティ・ファイナンスよりもデット・ファイナンスによる資金調達のほうが望ましいという状況もありえます。

たとえば、ある会社の株主資本コストが10%、負債コストが5%であった場合、この会社が、調達した資金を元手に年15%のリターンで確実に事業を展開できるとしたら、金利5%の負債で資金を調達したほうが、リターンはより大きくなります。エクイティによる資金調達だと、そこから得られる余剰リターンが5%（15%－10%）になるのに対し、デットの場合は10%（15%－5%）になるからです。

経営者として事業を拡大し、キャッシュフローを最大化するという観点や、株主にとってのリターンを最大化するという観点からは、なるべく安いコストで資金を調達するのが望ましい行動です。一方で、デットは調達コストが安いのと引き換えに、一定期間後に定められた額のお金を債権者に対して返す必要があります。そのため、デット・ファイナンスでの調達があまりに多すぎると、倒産リスクが高まってしまいます。無借金経営をよしとする発想は、このうち後者の倒産リスクが過度に意識された結果、根づいたものでしょう。

会社の個別事情を踏まえ、安い資本コストで資金調達するメリットと、倒産リスクのデメリットを検討したうえで、最適なバランスを模索する必要があるのです。

資金調達コストを表すWACC

通常、会社が資金を調達する場合、デットかエクイティ、どちらか一方のみ

イナンスによる資金の提供は寄付行為ではありません。**株主は会社の株式を購入することにより、配当(インカムゲイン)を受け取ること、あるいは値上がりした株式を売却することで売却益(キャピタルゲイン)を得ることを狙っている**のです。

先ほど、「金銭には時間的価値がある」と説明しました。同じ100万円であっても、今入手できる100万円のほうが10年後に入手できる100万円よりも価値が高い理由として、①金利分の価値の差分があること(リスクフリーレート)、②将来、同じ価値を得ることができるか、「不確実性」があること(**リスクプレミアム**)、という2点を挙げました。

デットのように、特定の時点で利息と元本を支払うといった約束が交わされていない分、エクイティ・ファイナンスは、資金の提供者である投資家から見て、「不確実性」が高いということになります。株主は配当や売却益によって、デットよりも高いリターンを得られるかもしれませんが、元本は保証されていません。もしも会社が破綻すれば、大きな損失を被ることもあるのです。このような**「不確実性」のことを、ファイナンス用語で「リスク」**と呼びます。

このように、債権者よりも高いリスクを負っている株主は、会社に対してより高いリターンを求めるものです。確かにエクイティにはある時点である金額を返済しなければならないという契約上の縛りはありませんし、たとえ期待したリターンが返ってこなかったとしても、そのことを理由に株主は会社に対して、資金の返済を求めることはできません。ですがその分、株主はデットよりも高いリターンをエクイティに求めるという大前提は理解しておく必要があります。

仮にエクイティ・ファイナンスによるリターンがデット・ファイナンスのリターンよりも低いと、デット・ファイナンスのほうが投資家にとってはリスクも低いうえに、リターンも高いわけですから、誰もエクイティ・ファイナンスで資金を提供しようなどとは考えなくなってしまいます。会社による株主へのリターンの返し方としては、株主に配当を出す、自社株買いによって株主が保有する株式を高く買い取る、株主の保有株式の価値が高くなるよう企業価値を高める、といった方法がありますが、いずれの方法であれ、経営者は株主の期待を上回るようなリターンを返していくことを目指さなくてはなりません。

こうした考えをもたぬままに、経営者が株主の期待を裏切るような言動を続けていれば、株価は下がり、好条件でエクイティ・ファイナンスを実施するのが難しくなります。ファイナンスの定義の一部として、事業に必要な資金を最適な条件で調達すること(A)を挙げましたが、株価が下がり、エクイティ・ファ

負債コスト

資金の調達方法として、大きくデット・ファイナンスとエクイティ・ファイナンスという2つの方法があることは、すでに述べた通りです。

このうち、デットとは「借金」のことであると説明しました。銀行などの金融機関からお金を借りると利息を支払わなければならないということについて、特に違和感をもたれることはないでしょう。会社は借り入れた資金の額とその利率に応じて、定期的に利息を支払い、最終的には元本を返済しなくてはなりません。「お金を調達するために代金を支払う」と聞くと、少々イメージが湧きにくいかもしれませんが、**デット・ファイナンスの場合、将来にわたって支払う利息こそがお金を調達するために支払う代金**にあたります。デットに関する資本コストのことを、「負債コスト」と呼びます。

株主資本コスト

一方で、わかりにくいのはエクイティ（株式）で資金を調達する際に発生するコスト（株主資本コスト）です。エクイティ・ファイナンスとは、株式の発行による資金調達の方法であり、エクイティによって資金を提供する人や会社は、発行した会社の株主となります。株式会社の最高意思決定機関である株主総会の決議に対して、株主は自分が保有している株式の比率分、自分の意思を反映させることができます（ここでは、会社は誰のものかという議論はいったん置いておきます）。

仮に1万株の株式を発行しているレストランチェーン運営会社があったとして、そのうち1,000株を保有している人がいるとすれば、その人物はそのレストランチェーン運営会社の10%の株主ということになります。株主は自分の保有比率に応じて会社から配当を受け取ります。また仮に会社が解散した場合には、会社が保有する資産のうち、債権者の持ち分を除いた残余財産を保有比率に応じて受け取る権利をもっています。

会社の側から見れば、エクイティ・ファイナンスの場合、デット・ファイナンスの利息のように、将来のある時点で決まった金額を株主に支払わなければならないという取り決めがあるわけではありません。その意味では、ある時点で貸し付けたお金と利息を回収できるという契約を交わしている債権者の権利のほうが、株主の権利に比べて優先しているともいえます。

具体的な返済額と返済の時期が定められていないことによって、エクイティ・ファイナンスによって調達した資金を、あたかもコストのかからないお金のように錯覚してしまう経営者は少なくありません。しかしながら、エクイティ・ファ

DCF法（ディスカウント・キャッシュフロー法）とは何か

今日手に入る100万円と、10年後に得る100万円の価値が異なるのと同様に、会社が稼ぐお金もまた、今年稼ぐお金と将来に稼ぎ出すお金とでは、たとえ額面が同じであったとしても、価値が異なります。企業価値とは「その会社が将来にわたって生み出すと期待されるキャッシュフローの総額を現在価値に割り戻したもの」であると述べましたが、基本的には「時間的価値」の考え方に則って算出します。

たとえば、1年後から10年間、毎年1億円を稼ぎ出すことが期待される企業があったとしましょう。リスクフリーレートとリスクプレミアムを元に計算して、仮に「割引率」が5%であったとします。このとき、1年後に得られる1億円の現在価値は1億円÷1.05で、約9,524万円であり、2年後に得られる1億円の現在価値は、1億円÷1.05÷1.05で、約9,070万円です。このようにして、3年後、4年後と、将来に稼ぐことが期待できる1億円の価値を10年先まで計算して足し合わせると、その合計は、約7億7,217万円になります。これが、1年後から10年後にかけて、会社が毎年稼ぎ出す1億円の合計額の現在価値であり、この会社の企業価値であると考えます。

仮に毎年1億円を稼ぎ出すこの会社が買収候補として挙がっており、買収にかかる費用が、企業価値である約7億7,217万円よりも安かったとしたら、この会社を買収することは、ファイナンス理論上は合理的な判断であるといえます。また、外部の会社ではなく、自社内の新規事業であったとしても、10年にわたって1億円を稼ぎ出し続ける割引率５%の事業の場合でも、投資額が約7億7,217万円よりも安いのであれば、その新規事業に投資するのは合理的な判断であるといえます。このように、会社が将来稼ぐことを期待されるお金をベースにして、企業価値を算出する手法のことを、「DCF法（ディスカウント・キャッシュフロー法）」と呼びます。

資本コストとは何か

さて、事業に必要な資金を最適な条件で調達することは、ファイナンスにおける中心的な活動のひとつです。「最適な条件で」と述べていますが、お店で商品を買ったら代金を支払わければいけないのと同様に、実は資金を調達するにあたっても、その代金を支払わなくてはなりません。この、**資金を調達するために支払う代金のことを、「資本コスト」**と呼びます。

図表ル　10年後に得られる100万円の「現在価値」

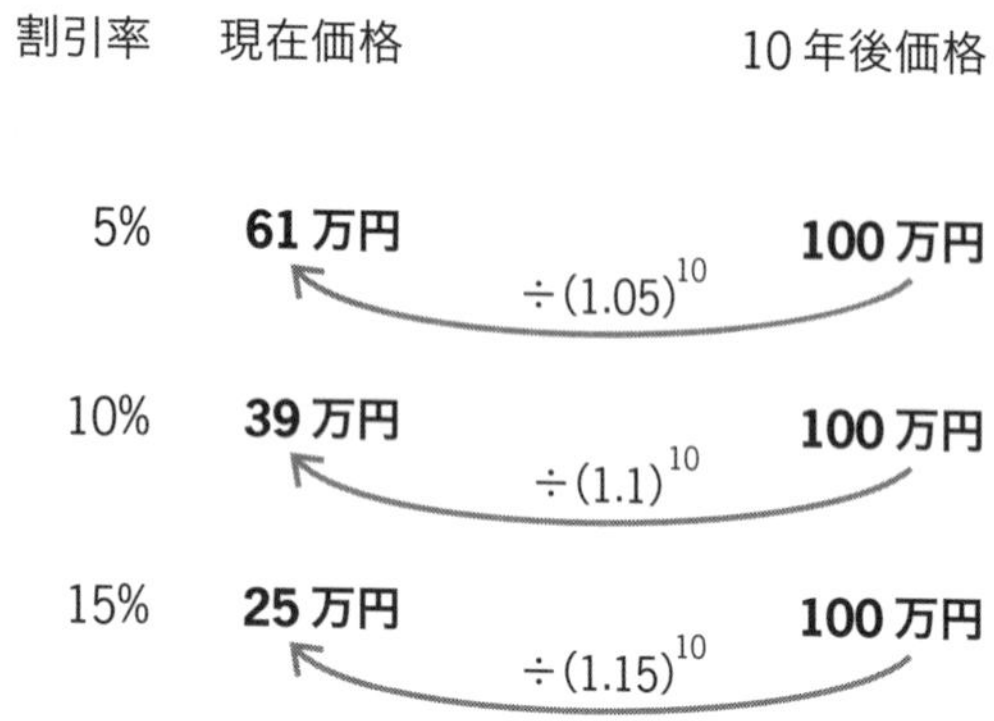

しょう。

リスクが低ければ不確実性も低く、「割引率」に用いるリスクプレミアムの数値を低く設定し、「割引率」も低く設定されることになります。結果として、**リスクが低く、「割引率」の低い将来のお金の「現在価値」は高く**なります。逆に、将来入手できるかどうかの**不確実性が高いお金であれば、「割引率」は高くなり、「現在価値」は低く**なります。こうしたリスクプレミアムの設定と、それによって算出される割引率の違いによって、10年後に得られる100万円の「現在価値」が90万円になることもあれば、60万円になることもあるのです(図表ル)。

10年後にもらえる100万円の現在価値を、「10年後に100万円を受け取る権利に対して支払う価格」と置き換えて考えるとわかりやすいかもしれません。果たして、その権利の価値を具体的に何円と見積もるかは、相手や経済環境によって異なるはずです。デフレの進行が予見され、信頼できる相手であれば90万円でも安いということになりますし、信頼できない相手であれば、10万円でも高いということになりかねません。これがファイナンスにおける「時間的価値」の考え方です。

ます。

額面は同じであっても、時間が介在することによって、今得られるお金の価値と、将来に得られるお金の価値は異なります。**将来に得られるお金の価値を、現在の価値に換算したものを「現在価値」**と呼びます。

それでは「現在価値」とは、具体的にはどのようにして算出するものなのでしょうか。「現在価値」は将来に受け取ることが期待されているお金の額面を割引率で割ることによって算出します。この**割引率とは、一定期間後に必ず元本や金利が返ってくる金融商品(通常は国債を用います)の金利(リスクフリーレート)に、そのお金を得ることができるかどうかの不確実性(リスクプレミアム)を足すことによって算出**します。この計算によって、年間あたりに何パーセントの割合で将来得るお金の価値を割り引いて考えるかという数値を算出するのです。

仮に、割引率が5パーセントであるとしましょう。この時、1年後に受け取ることのできる100万円の現在価値は、100万円÷1.05(100%+5%)で、95万2,381円ということになります。仮に2年後に受け取ることのできる100万円であれば、100万円÷1.05÷1.05で、90万7,029円です。10年後に受け取る100万円であれば、100万円を10回、1.05で割ることになり、61万3,913円ということになります。これが、割引率が5%である場合の、10年後に受け取る100万円の「現在価値」です。逆に考えると、今、手元に61万3,913円があったとして、これを5パーセントの利回りで運用し続けると、10年後には100万円を手に入れることができます。こうした利回りと同じ発想で、将来に受け取る額面から割引率で割り引くことで「現在価値」を計算するのです。

「割引率」は無リスクの金融商品の金利(リスクフリーレート)と、実際にお金を得ることができるかどうかの不確実性(リスクプレミアム)を足して算出すると述べましたが、**リスクフリーレートは一般的に国債の利回り**を用います。

一方で、リスクプレミアムは、投資対象のリスクの高さによって妥当な数値を検討しなくてはなりません。「10年後に100万円を払う」という約束を交わしているケースであれば、言っている人が一体誰なのか、あるいは、どんなプロジェクトから10年後に100万円を得ようとしているのかによって、不確実性の度合いは変わります。仮に発言している人物が莫大な資産をもつ大富豪であれば、リスクは低いということになりますし、逆に、まったく資産のない人物が出世払いすると言っているのであれば、「リスクが高い」と判断するのが妥当で

図表ヌ　100万円の現在価値（割引率5%の場合）

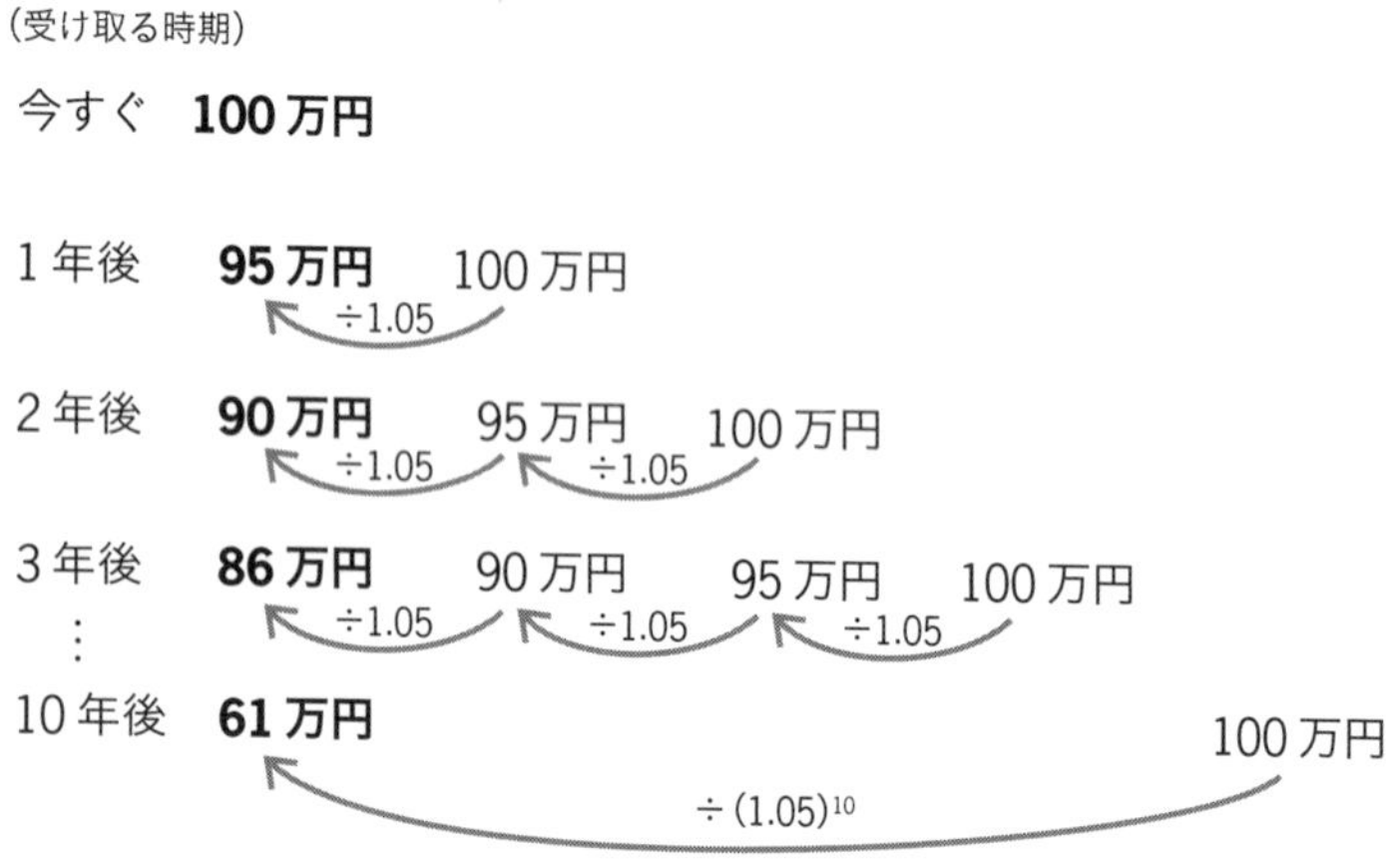

ひとつは、**金利分の価値の差分**によるものです（**リスクフリーレート**）。もし今、目の前にある100万円で、元本が保証されている国債のような金融商品を購入して運用すれば、10年後には元本の100万円に加えて利息分のお金も入手することができます。この金利分が得られないという点において、10年後の100万円は現在の100万円よりも価値が低いのです。

もうひとつの理由は、**不確実性**によるものです（**リスクプレミアム**）。10年後に同じ価値（今の100万円分の価値）を得ることができるかどうかが不確実な分だけ、価値を差し引いてとらえる必要があるのです。たとえば時間を経ることによって、額面上の価値そのものが変化してしまう可能性があります。仮に急激にインフレが進行したとすれば、10年後の「100万円」の価値は、現在の「100万円」の価値よりも激減しているかもしれません。また、「10年後に100万円をあげるよ」と言われていたとしても、10年後に本当に100万円を受け取ることができるかどうかは、そもそも確信をもつことはできません。

このように、将来における「不確実性」を考えると、10年後にもらえる「100万円」は、現時点でもらえる「100万円」よりも、より低い価値として評価するのが妥当であると、ファイナンス理論では考えるのです。このような考え方を指して、ファイナンス理論では**「金銭には時間的価値がある」**という言い方をし

事業を運営するために必要なお金をいかにして効率よく調達し、既存事業を通じていかにしてより多くのお金を創出するか。そしてまた、こうして得たお金を新規投資やステークホルダーへの還元などに最適化したうえで、その正当性、合理性についての説明責任をいかに果たすか。こうした会社経営に必要なお金の流れに関する一連の活動のことを本書では「ファイナンス」と定義します。

時間的価値をどう測るか

「企業価値の最大化」を目的とすることが、ファイナンスの出発点です。会社が事業活動を通じて世の中により大きな価値を提供する(可能性が高まる)のと連動して、企業価値は大きくなっていきます。それでは「企業価値」とは、具体的には一体何を指すのでしょうか。ファイナンスでは企業価値のことを、「その会社が将来にわたって生み出すと期待されるキャッシュフローの総額を現在価値に割り戻したもの」と考えます。

まず、キャッシュフローとは、会計で説明したキャッシュフロー計算書と同様、会社が得る現金のことを意味します。順調に安定した経営を続けている会社であれば、会社は当期の現金を得るでしょうし、来年度も、そのまた先も、継続して現金を得ることが期待できるでしょう。言い換えれば、将来にわたって会社が稼ぎ出すお金の総量をなるべく多くすることを目的とし、そのために、効率的にお金を得て、有効活用することがファイナンスです。そのうえで会社にとって最適なファイナンスのあり方を考えるための観点となるのが「ファイナンス思考」なのです。

さて、**ファイナンス理論では、お金の価値を額面に記載された価格だけでなく、時間の要素を加味**して測ります。

たとえば、ある人から今すぐに100万円をもらえるのと、10年後に100万円をもらえるのとでは、皆さんは果たしてどちらをより嬉しいと感じるでしょうか。もちろん、今すぐ100万円もらえるほうが嬉しいでしょう。今、この場で100万円が手に入れば、すぐにでも何かを買うことができますが、後者であれば、10年も待たないとお金を手に入れて使うことができません。

今入手できる100万円のほうが10年後に入手できる100万円よりも価値が高い理由をファイナンスの観点から考えると、2つの理由を挙げることができます(図表ヌ)。

Ⅱ. ファイナンスの基礎

ここから、会計知識と並んで「ファイナンス思考」を身につけるために不可欠なファイナンスの基礎知識について見ていきましょう。

会社は①**事業の成果**、②**保有する経営資源**、③**会社の価値**という側面から金銭で評価されるということはすでに述べた通りです。ファイナンスはこのうち、主に③会社の価値について考えるための観点です。

会社の決算に際しては、PL、BS、キャッシュフロー計算書といった財務諸表の作成と報告が義務づけられています。これらの財務諸表は会計の考えに基づいて取りまとめられたものです。一方、ファイナンスに関しては、ファイナンスの考えに基づいた「ファイナンス計算書」などといった書類を作ることは求められていないのです。

それではファイナンスとは何なのでしょうか。ファイナンス理論は、お金に関する意思決定を合理的に行うための理論ですが、投資を通じていかにしてお金を増やすかという投資家の視点に立つ**投資理論（インベストメント）**と、企業の財務活動をいかにして最適化するかという観点に立つ**企業金融理論（コーポレート・ファイナンス）**の2つに大別されます。

本書では、企業の財務活動である「コーポレート・ファイナンス」を指して「ファイナンス」と略しますが、本書で言う「ファイナンス」の活動を、やや乱暴ではありますが、実務家の視点からシンプルに言語化すると、以下の4つの要素に体系化できます。

> 会社の企業価値を最大化するために、
> A　事業に必要なお金を外部から最適なバランスと条件で調達し、（外部からの資金調達）
> B　既存の事業・資産から最大限にお金を創出し、（資金の創出）
> C　築いた資産（お金を含む）を事業構築のための新規投資や株主・債権者への還元に最適に分配し、（資産の最適配分）
> D　その経緯の合理性と意思をステークホルダーに説明する（ステークホルダー・コミュニケーション）
> という一連の活動

図表9 「内部留保」という項目はBSにない

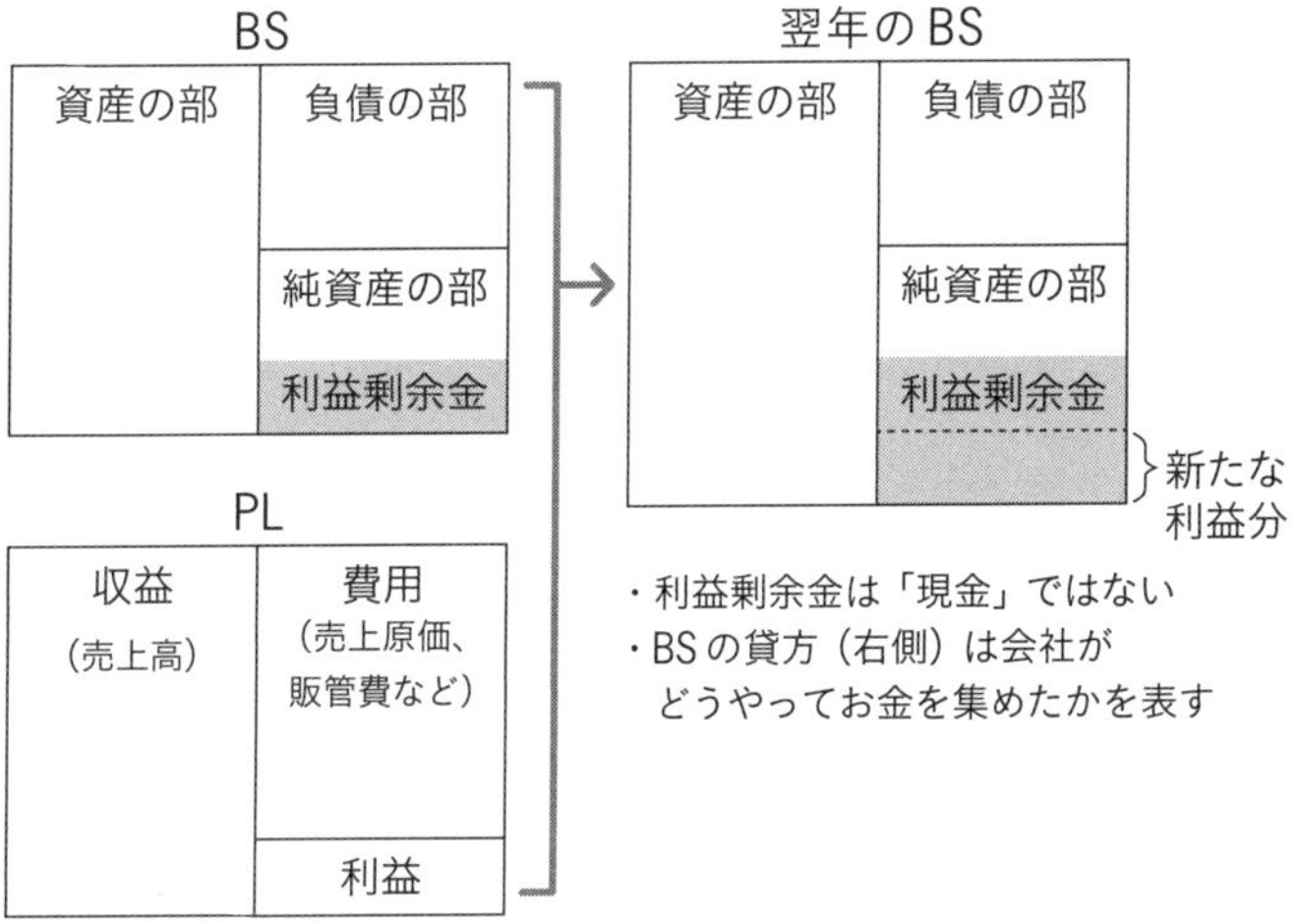

支払わなければならないという事態に陥ります。「利益剰余金」をあたかも「企業が活用せずに保有している現金」ととらえ、「内部留保」と呼んで課税しようとする発想がいかにナンセンスで本末転倒な考え方であるか、よくわかることでしょう。

一方で、会社が過去に蓄積したストックとしての「利益剰余金」ではなく、毎年の当期純利益から株主へ配当を支払った後に、会社内に残す金額のことを指して、「内部留保」と呼ぶこともあります。このフロー概念としての「内部留保」であれば、現金として課税することも可能ではあります。ただこの場合であれば、そもそも法人税率を引き上げれば目的は達成できる話であり、わざわざ「内部留保」などという概念をもち出す必要もありません。

いずれにせよ、この「内部留保」が果たして会計上の何を指しているのかによって、意味合いが大きく異なります。意味を取り違えたままで議論するといったことがないよう、紛らわしい「内部留保」という言葉を使うのは控えたほうがよいと考えています。

参考：http://ontrack.co.jp/author/y-ishino/page/13/

column

まぎらわしい「内部留保」

近年、新聞などで企業が得た利益を社内に溜め込み、従業員への給与や設備投資、配当に回さないことを批判する記事を目にすることが多くなりました。こうした企業の消極的な態度によって、いつまで経っても日本はデフレから脱却できないというのが、主な論調です。またこのような批判を受けて、企業の内部留保に課税すべき、という声は政界からも挙がっています。

ここで注意すべきは、「内部留保」という項目は、財務三表には存在しないという点です。税務会計の観点から、「企業が溜め込んだお金に課税しよう」と考えるのであれば、果たして「内部留保」とは何なのか、財務三表上のどの項目にあたるのかを、明確にしなくてはなりません。

一般に「内部留保」とは、「企業が過去に上げた利益を社内に溜め込んだもの」といった漠然としたイメージでとらえられています。この概念に最も近いのは、BS上の「利益剰余金」でしょう(図表リ)。先述の通り、会社が稼ぎ出した当期純利益のうち、株主に配当されなかった額が、利益剰余金としてBSの純資産の部に計上されます。この利益剰余金は会社が事業を行うための資金になるという意味で、デット・ファイナンス、エクイティ・ファイナンスに続く、第3の資金調達方法といえます。

ところで、BSの右側のボックスは、会社が資金を調達した方法を表す、と説明しました。この調達した資金をどのように投資して、どのような資産として保有しているのかを表したのが左側のボックスです。これはつまり、「利益剰余金」が現金として会社内に保存されているわけではないことを意味します。負債や資本金がそのまま社内に現金として保有されていないのと同様、「利益剰余金」もまた、さまざまな設備などに姿を変えて、会社に保有されているのです。

もしも会社が自社の資金を積極活用して生産設備などの資産を購入していた場合、どれだけBS上の「利益剰余金」が多くても、会社には支払うべきお金が存在しないということも起こりえます。それでもなお、「利益剰余金」に課税するというのであれば、会社は保有する資産を売却し、現金化して、税金をき、必要に応じて無造作に出し入れして使っていました。このことから、手元にあるのにまかせて、帳面もつけずに大雑把にお金を出し入れすることを「どんぶり勘定」と呼ぶようになったのだそうです。

従来、資産状況など、会社の実態は極めて感覚的に把握されていました。ここに会計という、経営管理に有効なツールが導入されたことによって、会社の活動とその状況が正しく数字で管理できるようになりました。これにより、会社を経営するうえで合理的な意思決定が可能になったのです。

この意味で、会社経営をある地点から目的地に向かう旅にたとえると、会計は会社の現在地を理解するための道具であるといえます。京セラ創業者の稲盛和夫氏が会計に紐づいたご自身の経営哲学をお書きになった『稲盛和夫の実学』の帯には、「会計がわからんで経営ができるか！」という言葉が印字されています。会計が現在地を理解するための道具である以上、まさに会計がわからないままで経営ができるはずがありません。会計を理解しないままの経営は、「どんぶり勘定」と変わらないのです。

支配株主持分40%）は非支配株主のものです。そこでこうした状況を正確に反映するために、A社の連結PLからこの28億円を差し引きます。したがって非支配株主分の利益を控除したA社の連結上の最終利益（これを「親会社株主に帰属する当期純利益」と呼びます）は112億円（140億円−28億円）ということになるのです。

一方、関連会社の場合、子会社に比べて親会社からの影響力が乏しいということもあり、売上高は親会社の連結PL上には加算しません。したがってケース２では、A社の連結決算上の売上高は、1,000億円のみです。同様に営業利益にも、C社の営業利益は加算されません。それではC社の業績はA社の連結PL上、どこに反映されるのかというと、営業外収益の「持分法による投資損益」という項目で表されます。

この際、C社単体の当期純利益から、A社が保有している株式比率分のみが上乗せされます。C社の当期純利益は70億円ですから、このうちの21億円（70億円×A社持分30%）が営業外収益に加算されます。C社がA社の連結決算に貢献する当期純利益21億円分は、すでに法人税が差し引かれた額ですので、A社の連結決算上でC社の法人税分が差し引かれることはありません。結果、ケース２におけるA社の連結PLの「親会社の所有者に帰属する当期純利益」は、91億円（70億円+21億円）になります。

つまり、より経営に対する影響力を強く行使できる子会社を連結するケース１の場合、売上高や営業利益がそのまま加算されたうえで、PL上の最後に非支配株主の持分が差し引かれるのに対し、影響度合いの低い関連会社を連結するケース２の場合、営業外収益に株式保有比率に応じた利益分が加算されます。これが子会社と関連会社の連結方法の違いです。

経営における会計の意味

以上が、会計の非常に基礎的な知識の概要です。改めて、会社経営における会計の意味について考えてみると、**会計とは、自社の状況を正確に把握し、事業活動を経営管理の観点からとらえるための発想**です。企業経営に必須の観点を経営者に与えるものであるといえるでしょう。

みなさんは「どんぶり勘定」という言葉を聞いたことがあるでしょうか。この「どんぶり」とは、職人などの腹掛けの前に付けた大きな物入れのことだそうです。その昔、職人達は労働によって得たお金をこのどんぶりの中に入れてお

図表チ　子会社と関連会社の業績は親会社にどう反映されるか

A社単体	
売上高	1,000億円
営業利益	100億円
当期純利益	70億円

ケース1

60%保有

子会社B社	
売上高	300億円
営業利益	100億円
当期純利益	70億円

A社連結	
売上高	1,300億円 (1,000億円＋300億円)
営業利益	200億円 (100億円＋100億円)
税金 (税率30%)	60億円 (200億円×30%)
当期純利益	140億円 (200億円－60億円)
非支配株主に帰属する当期純利益	28億円 (B社純利益70億円×40%)
親会社株主に帰属する当期純利益	112億円 (140億円－28億円)

ケース2

30%保有

関連会社B社	
売上高	300億円
営業利益	100億円
当期純利益	70億円

A社連結	
売上高	1,000億円
営業利益	100億円
営業外収益	21億円 (70億円×30%)
経常利益	121億円
税金 (税率30%)	30億円 (100億円×30%)
当期純利益	91億円

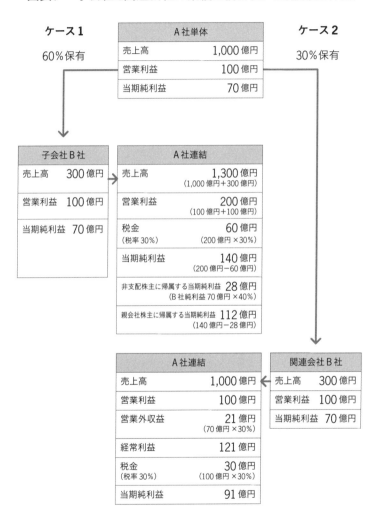

社の業績を実態に合わせて表現するのです。以下、具体的に事例を見ていきましょう。

たとえば、売上高1000億円、営業利益100億円、当期純利益70億円のA社が、売上高300億円、営業利益100億円、当期純利益70億円のB社の株式を60%保有していたとしましょう。この場合、B社の当期純利益のうち、A社の連結財務諸表に反映されるのは42億円(70億円×60%)です。もし仮にA社のグループ会社がB社しかなかった場合、A社の連結財務諸表上の当期純利益は、112億円(70億円+42億円)です。

ここで注目すべきは、**子会社か関連会社かの違いによって、親会社の連結財務諸表への反映方法も異なる**ということです。ここではPL上の記載方法に絞って解説しましょう。

先ほど例に挙げた、親会社であるA社と子会社B社が存在している状況をケース1とします(図表チ)。もうひとつのケースとして、B社とまったく同じ業績のC社が存在している状況を例にとって考えてみましょう。A社はC社の株式を30%保有しているとします。この場合、C社はA社の関連会社ということになります。このA社とC社が存在する状況のことを、ケース2とします。

まずケース1ですが、子会社の場合、売上高にも営業利益にも、親会社の連結PLにいったんすべての業績を反映します。したがって、A社の連結PLは、売上高が1,300億円(1,000億円+300億円)、営業利益が200億円(100億円+100億円)になります。一方、A社がB社の株式を60%保有しているということは、裏を返せばB社の40%分の株式は、ほかの会社や個人が保有していることを意味します。親会社であるA社以外の株主を「非支配株主」と呼びます。この非支配株主40%分の利益を、A社の連結PLから差し引かなくてはなりません。それが、PL上の「当期純利益」の下に記載されている「非支配株主に帰属する当期純利益」です。

A社単体とB社単体には仮に営業外損益がなく、A社単体の連結PL上の経常利益は営業利益と同じ200億円であるとしましょう。税金で差し引かれる率が経常利益の30%であったとした場合、法人税等にかかるのは60億円(200億円×30%)であるため、単純に考えるとA社の連結上の当期純利益は140億円(200億円−60億円)ということになります。ここから、B社の非支配株主分の利益を差し引くのです。

B社単体の決算で考えてみると、当期純利益は70億円(経常利益100億円−法人税等30億円(100億円×30%))ですが、このうち28億円(70億円×非

図表ト　子会社と関連会社の区分

区分	議決権その他条件
子会社	50％超
	40％以上50％以下。特定の者の議決権と合わせて50％超または一定の要件を満たす
	40％未満だが、特定の者の議決権と合わせて50％超かつ一定の要件を満たす
関連会社	20％以上
	15％以上20％未満だが、一定の要件を満たす
	15％未満だが特定の者の議決権と合わせて20％以上かつ一定の要件を満たす

でしょう（図表ト）。

複数の子会社や関連会社をもつA社の事業活動を理解しようとすると、A社単体の財務諸表のみを見ていては、その全体像をつかむことはできません。A社が影響力を行使できる、子会社や関連会社の経営状況をも包括的に理解することによって、はじめてA社の状況を、俯瞰することができるのです。こうした**子会社や関連会社の業績を反映し、グループ全体としての経営状況を表すために作成されるのが「連結財務諸表」**です。通常、複数の子会社や関連会社をもつ会社の場合、「個別財務諸表」よりも「連結財務諸表」のほうがより注目される傾向にあります。

さて、連結財務諸表には子会社や関連会社の業績が反映されると述べましたが、子会社や関連会社の業績がすべて親会社（A社）の業績にそのまま加算されるわけではありません。実際には、A社の株式保有比率に応じた子会社や関連会社の業績分だけが、A社の業績に反映されます。

PLの説明で、利益は大きく5つに分けられる（売上総利益（粗利）、営業利益、経常利益、税引前当期純利益、当期純利益）と述べました。これは「個別財務諸表」を念頭に置いた説明ですが、「連結財務諸表」では、「当期純利益」の下に、「非支配株主に帰属する当期純利益」と「親会社の所有者に帰属する当期純利益」が加えられています。グループ全体としての「当期純利益」から「非支配株主に帰属する当期純利益」を差し引くことによって、A

上されます。この50億円がBS上に計上される「のれん」です。「のれん」はBS上の左側（借方）の無形固定資産の部に計上されます。

通常、のれんは一定期間をかけて会社のBSから均等に償却されていきます。仮にA社が10年でこの買収に関するのれんを償却する場合、A社のPLでは毎年5億円が差し引かれ、営業利益がまるまる5億円分減っていくのです。本来、買収時に必要なキャッシュはすでに支払われた後であり、会社が保有する**キャッシュに変化はないのですが、「のれん」の償却によって、外部から見るとPL上の利益が目減りしているように映ってしまう**のです。一方で、現実のお金の出入りを表現するキャッシュフロー計算書上では、買収時に支払った150億円分の支出額が計上されるため、翌期以降にのれん償却の5億円が計上されることはありません。

連結会計と個別会計

さて、上場企業の決算を見ていると、**「個別財務諸表」**と**「連結財務諸表」**という2つの財務諸表が存在することに気づくはずです。同じ会社であるにもかかわらず、記載内容の異なる2つの財務諸表が存在するというのはどういうことでしょうか。

「個別財務諸表」は、ある会社単体の業績を表すシンプルな内容であるのに対し、「連結財務諸表」は、会社と、その「子会社」や「関連会社」を含めた、会社グループ全体の業績や資産状況を表しています。個別財務諸表と連結財務諸表は、対象となる会社の状況を、それぞれ違う側面から表したものなのです。

「子会社」とは、ある会社（以下、「A社」と呼びます）が議決権のある株式の50%超を保有している会社のことです。これに加えて、40%以上の株式を保有しており、事業方針の決定権、役員の派遣状況等からA社が実質的に支配していると判断される会社もまた、A社の子会社であると会計上は見做されます。

それに対して「関連会社」とは、主にA社が20%以上の議決権を保有している会社のことを指します。またA社が15%以上20%未満の議決権を保有している会社の場合でも、役員の派遣等によって事業の方針決定に重要な影響を与えられると判断されれば、会計上はA社の関連会社と判断されます。大まかには、A社が50%以上の議決権を保有する会社はA社の子会社、20%以上50%未満の議決権を保有する会社は関連会社と覚えておけばよい

「**減価償却**」と呼びます。

一方でキャッシュフロー計算書は、あくまで現実のお金の出入りを表すものなので、パソコンを現金で購入した時点で、20万円分が「投資活動によるキャッシュフロー」上に支出として計上されます。このため、減価償却が発生する設備などに多くの資金を投資していると、PLとキャッシュフロー計算書の数値が大きくずれることがあるのです。

「のれん」はどのように計上するのか

減価償却が発生するなかでも典型的な例が、M&Aによって会社や事業を買収した時に発生する「のれん」です。

たとえば、ある上場企業A社が、100億円の純資産を保有する成長途上のソフトウェア会社B社の全株式を150億円の現金で買収したとしましょう(図表へ)。この時、B社がもっている100億円分の純資産は、A社の資産にそのまま計上されます。一方で、A社はB社が将来的にさらに成長してA社の利益に寄与することを見込み、B社の純資産100億円に、さらに50億円を加えた150億円で、B社を買収しています。この純資産以外の50億円については、PL上で即座に費用として売上から引かれるのではなく、いったんはBS上に計

図表へ　A社のBSはどう変化するか

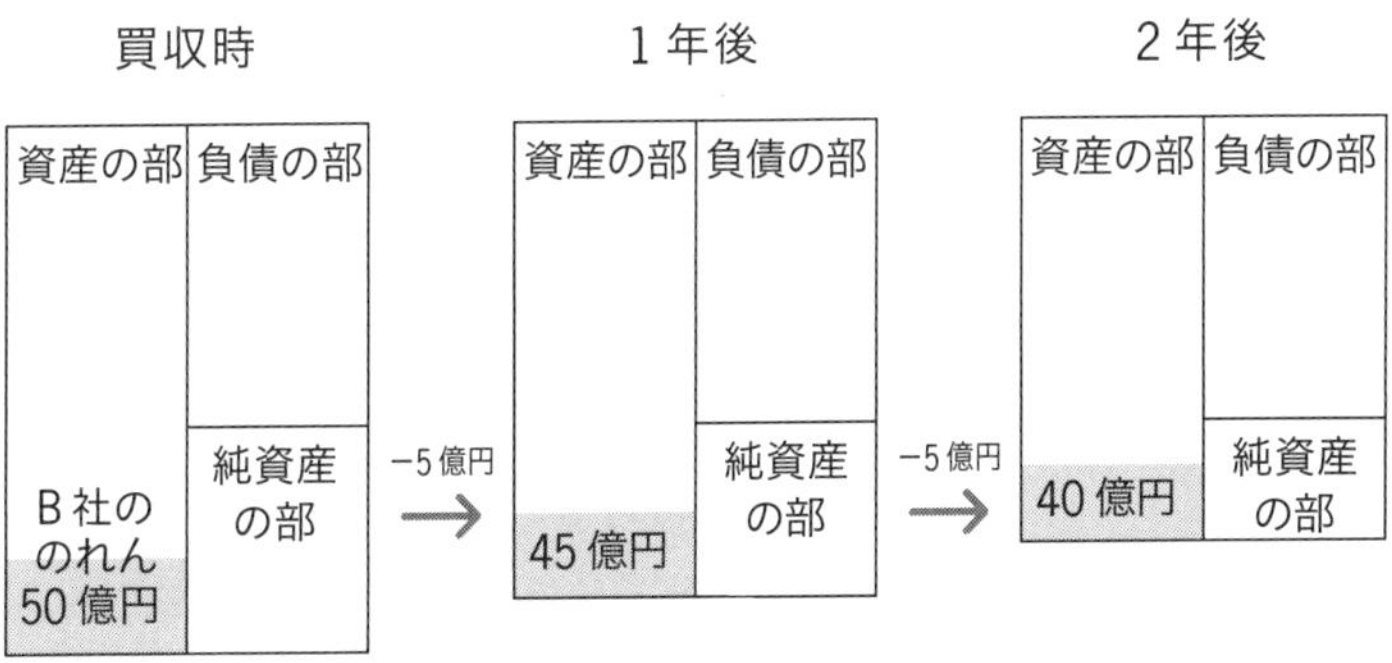

のれん償却額の5億円は毎年PL上の販管費に計上される。

め、財務活動によるキャッシュフロー上のキャッシュは増加したと表現されます。逆に借入金を返済したり、株主に対して配当を支払ったりすると、現金は減少するため、財務活動によるキャッシュフロー上のキャッシュは減少したと表現されるのです。

PLとキャッシュフロー計算書の間のズレを生む「減価償却」

さて、ここまで財務三表と連結の仕組みについて見てきました。このうち、PLとキャッシュフロー計算書の違いは少々ややこしく感じるのではないでしょうか。両者はともに、会社が稼いだお金と費やしたお金を表しているわけですから、本来であれば数値が合致するように感じるのも無理はありません。

この点で、**PLへの売上や費用の計上には解釈の幅があるのに対して、キャッシュフロー計算書には解釈の余地がない**ことは述べた通りです。そのため、PLとキャッシュフロー計算書の間では、数値にズレが生じるのです。こうしたズレを生む大きな要因のひとつに「減価償却」があります。

事業を営んでいると、運営のために多くのモノを購入しますが、そのどれもがすぐに消費されてしまうわけではありません。レストランを例にとると、料理に用いる食材はすぐに消費されてしまうため、食材の費用は原価として全額がPLに計上されます。一方で、発注管理などに用いるパソコンであれば、通常は1年で使い切って捨ててしまうことはまずなく、数年間にわたって利用され続けるはずです。このように、事業運営に必要で、なおかつ複数年にわたって利用し続けることができる資産のことを、「固定資産」と呼びます。

建物や機械設備、車両など、現実に物体として存在する固定資産のことを「有形固定資産」と呼びますが、固定資産はそれぞれ、モノによって異なる「耐用年数」が定められています。その期間はその固定資産を継続して利用し続け、**耐用年数が過ぎると会計上、その資産の価値はないものと見なす**のです。

たとえばパソコンの場合、耐用年数は税法によって4年と定められています。もしも現金20万円でパソコンを買っていたとしたら、PL上からは毎年5万円(20万円÷4年)が引かれます。パソコンを購入した年に、一気に20万円が費用として引かれるわけではありません。BS上は、買った時点ではそのパソコンに20万円分の価値があるものとして有形固定資産に計上されていますが、翌年には15万円分の価値、その翌年には10万円分の価値と、耐用年数に応じて年々価値が下がっていきます。このように、資産の購入費用を購入したタイミングではなく、PL上で年度をまたいで徐々に費用として計上していくことを、金融業界で働く人たちのお決まりのフレーズに「利益は意見。キャッシュは事実」という格言があります。PL上の利益については会計上のルールこそあるものの、第1章でも触れているように、売上や費用の判断には解釈の幅があります。本来は費用として計上されるべきと思われる内容であっても、解釈次第では計上されないといった事態も起こりえるのです。このため、PLには、どうしても経営側の意思が反映される余地があります。

一方でキャッシュフロー計算書は、実際に会社に出入りする現金そのものを対象として表現するため、解釈が介在する余地がなく、意図的にごまかすことが非常に困難です。そうした事情もあって、投資家の中にはPLよりもキャッシュフロー計算書をより重視して投資判断を行う人もいます。

キャッシュフロー計算書は、**「営業活動によるキャッシュフロー」**、**「投資活動によるキャッシュフロー」**、**「財務活動によるキャッシュフロー」**という、3つの区分から構成されており、それぞれ、決算期の期首から期末にかけて、どれくらいの現金が会社に入り、出ていったのかを、カテゴリーごとに示します。

まず営業活動によるキャッシュフローは、原材料の仕入れや製品の販売など、通常の営業活動を通して会社にどれだけの現金が入り、出ていったのかを表します。PL上の利益の増減ではなく、現金の増減をキャッシュフロー計算書は扱うため、仮に売上が立っていたとしても、売上の代金が現金として支払われていない限り、営業活動によるキャッシュフローは増加したと見なされません。PL上で売上が発生していても、本当にお金が支払われたのかはわかりません。実際にお金の受け渡しを知るためには、キャッシュフロー計算書を確認する必要があるのです。

投資活動によるキャッシュフローは、主に土地、設備、有価証券等を含む固定資産の取得や売却など、事業活動を維持するために用いられたお金の出入りを表します。ほかの区分と同様、社内の現金の増減を表すものなので、たとえば事業拡大のために設備投資をするなど、固定資産を積極的に取得している状態であれば、この区分のキャッシュフローはマイナスになることもありますし、逆にこうした固定資産や保有する有価証券を売却するとキャッシュは増加します。

3つ目の財務活動によるキャッシュフローですが、こちらは資金の借入や返済、株式での資金調達など、ビジネスを行ううえで必要なお金をどの程度調達し、また返済したのか、それによって会社の現金がどの程度増減したのかを表すものです。借入や株式発行によって資金を調達すれば現金は増加するたこうしたPLとBSの関係を表すと、図表ニのような状態になります。この図からもわかるように、PLとBSは有機的につながっているのです。

調達した資金がBSの左側（借方）に現金として積み上がり、その現金を使って会社は事業に必要な資産に投資を行います。そうして構築された事業資産がPL上の利益を生み出し、その利益が利益剰余金としてBSに計上されるのです。資金は、PLとBSをまたいで循環し、事業を通じて価値を生み出していくのです。こうしたお金の循環をうまくコントロールするのが、ファイナンスです。PLとBSのつながりを理解することは、会計の仕組みを理解する近道であり、「ファイナンス思考」を体得するうえでも非常に重要です。こうした関係の詳細については『財務３表一体理解法』（國貞克則著、朝日新書）の解説をご参照ください。

嘘をつけないキャッシュフロー計算書

財務三表の最後は、キャッシュフロー計算書です（図表ホ）。これは、四半期や1年間といった一定期間に会社の中にある現金がどれだけ増減したかを表す計算書です。

図表ホ　キャッシュフロー計算書の構成

キャッシュフロー計算書（CS）

営業活動によるキャッシュフロー
投資活動によるキャッシュフロー
財務活動によるキャッシュフロー
現金および現金同等物の増減額
現金および現金同等物期首残高
現金および現金同等物期末残高

損益計算書（PL）と貸借対照表（BS）のつながり

さて、調達した資金の使い道としては、資産として計上される以外にも、レストランチェーンであれば食材や店員の賃金など、PL上に原価や販管費といったコストとして計上されるものもあります。こうしたPL上の費用は、基本的にはBS上には記載されません。それでは、このようにPL上で計上される費用は、BS上にはどのように反映されるのでしょうか。

先ほど、PL上の「当期純利益」のうち、株主に配当されずに「利益剰余金」として残ったお金はBSの「純資産の部」に計上されると述べました。「当期純利益」とは、会社が稼ぎ出した「売上高」から「原価」、「販管費」、「営業外損益（営業外収益－営業外費用）」、「特別損益（特別利益－特別損失）」、「税金」を足し引きして残る利益のことです。食材は「原価」として、賃金は「販管費」として、売上から差し引かれており、「当期純利益」の一部が「利益剰余金」としてBSに計上されます。こうすることによって、PL上に計上される資金使途の結果も、最終的にはBSに反映されているのです。

逆に売上高から諸費用を差し引いた結果、赤字となって「純損失」が出た場合、この赤字分がBS上の利益剰余金から差し引かれることになります。赤字が連続して利益剰余金がなくなると、今度は資本金から赤字分を差し引くことになります。赤字分の減額によって利益剰余金も資本金もなくなり、「純資産の部」に計上される資金がなくなる状態（負債が資産よりも多い状態）のことを「債務超過」と呼び、企業のすべての資金が借金によって賄われている状態であることを意味します。

図表二　PLとBSのつながり

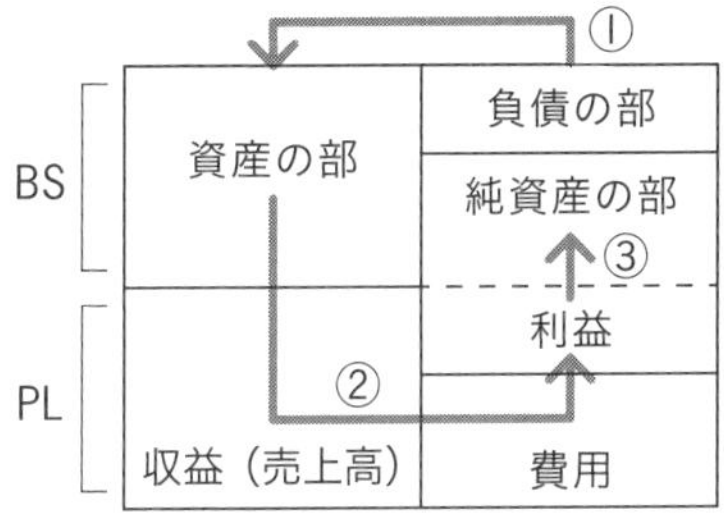

①負債や純資産として調達したお金が資産になり
②資産を活用した事業で利益を創出し
③利益は純資産の一部となる

金を回収します。「純資産の部」に計上されている「資本金」と「利益剰余金」は会社が事業を拡大するために集めた資金と、事業から稼ぎ出した資金の総和であり、株主に帰属しているお金の総量を表しているといえます。一方、負債の部は、債権者から集めた資金の総和を表します。

続いて、BSの左側にあたる**「借方」は、「会社が資金調達や事業運営を通じて獲得した資金を何に使い、どのような資産として保有しているのか」**を表しています。この左側のボックスのことを、「資産の部」と呼びます。資産の部の中身は、さらに「流動資産」、「固定資産」、「繰延資産」の3つに分けられており、ほとんどの会社で、その大半は「流動資産」、「固定資産」で構成されています。

会社の**資産を「流動」と見なすか、「固定」と見なすかについては、「正常営業循環基準」と「1年基準」という2つの基準によって判断**します。原則として「通常の営業活動で生じる資産（原材料、製品、売掛金など）」とそれ以外でも「1年以内に現金化できる資産」については流動資産として取り扱い、それ以外の資産については固定資産に分類するのです。

PLの説明と同様に、レストランチェーンを例にして考えてみましょう。レストランがお店をオープンしようとすると、キッチンの調理機材や冷蔵庫、テーブル、椅子といった什器を買い揃えなくてはなりません。このような什器は、BSの資産の部に、「有形固定資産」として計上されます。

たとえば出資金が支払われて創業したばかりの、まだ何も購入していない会社であれば、「資産の部」はすべて流動資産である現金預金のみで構成されているはずです。什器を購入する場合であれば、「固定資産」に什器が計上されると同時に、「資産の部」の中で「流動資産」として計上されている現金預金が、什器の購入に支払った代金分、減ることになります。

この時、BSの右側はあくまで会社が取り扱う資金がデットによって調達されたのか、エクイティによって調達されたのかを表すだけなので、特に変化はありません。かつて、パナソニックの創業者である松下幸之助は、「資産とは金が化けたもの」と述べたそうですが、まさに資産とは、調達したお金が姿形を変えたものです。調達した資金が資産に化けているわけですから、調達した資金の量を表すBSの右側の総量と、資産の内容を表すBSの左側の総量は、常に等しい関係にあります。

図表ハ　利益は会社の純資産にも

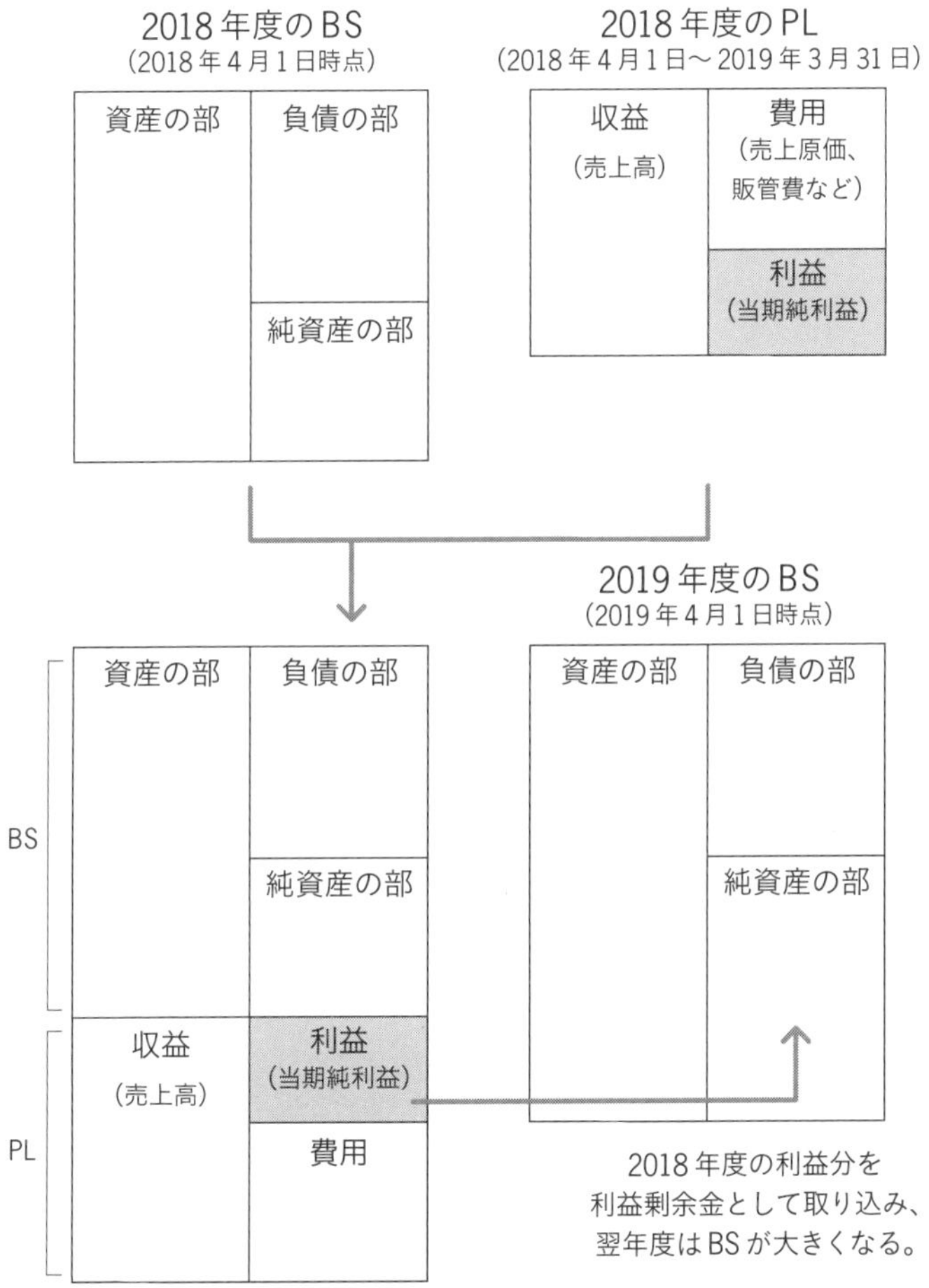

会社が事業に必要な資金を外部から調達する方法は、「**デット・ファイナンス**」と「**エクイティ・ファイナンス**」の2つに大きく分かれます。このうち、デット・ファイナンスによって調達された資金は上のボックスの「負債の部」に分類され、エクイティ・ファイナンスによって調達された資金は、下のボックスである「純資産の部」に分類されます。

デットとは、平たく言えば借金のことです。金融機関などから会社がお金を借り、利子を支払いながら、一定の期日に全額を返済することを前提として融資を受ける調達方法のことを、デット・ファイナンスと呼びます。会社に対してデットで資金を提供している会社や人のことを、債権者と呼びます。

もう一方の**エクイティとは、会社の株式**のことです。エクイティ・ファイナンスとは、会社が自社の株式を発行し、その株式と引き換えに投資家から資金を調達する手段のことです。エクイティ・ファイナンス時に発行される株式を買うお金の出し手は、その会社の株主となり、出資されたお金は「資本金」（あるいは資本準備金）として「純資産の部」に計上されます。経営者がみずから設立した会社に対して、創業時に出資している場合、会社はこの創業経営者からエクイティによって資金を調達している、ということになります。

デットとは異なり、エクイティには決まって支払わなければならない利子は設定されていませんし、ある時期に全額を返済するといった取り決めもありません。しかしながら、PLの項目で説明したように、株主は債権者よりも後にリターンを受け取ります。仮に会社が経営破綻した場合、残った資金を優先して受け取るのは債権者であり、債権者に資金を返済した時点でお金が残っていなければ、株主は投資したお金のすべてを失いかねないリスクを負っています。したがって株主は、デットで資金を提供する債権者よりもリスクを負っている分だけ、より多くのリターンを求めるのです。「資本コスト」の項目で、このことについては詳しく説明します。

「純資産の部」には、エクイティで調達した資金以外にも、会社が事業を通じて得たお金の一部が計上されます。PLに関する説明で、当期純利益で得られた利益は株主に配当されるか、社内に利益剰余金として留められると述べましたが、この「利益剰余金」がBSの「純資産の部」に計上されるのです（図表ハ）。

会社が事業を通じてお金を儲けることを期待して、株主は資金を投資し、会社の株式を購入します。会社が稼ぎ出した純利益を配当として受け取る（**インカムゲイン**）、あるいは株価（株式の価値）が上がったタイミングで株式を売って売却益を得る（**キャピタルゲイン**）ことによって、株主は投資した資態であれば、世の中の投資家は会社に投資しようとは考えないでしょう。つまり、**株主は債権者よりも高いリスクを取っており、それゆえに、より高いリターンを求める**のです。

貸借対照表（BS）

次に、**貸借対照表**（**BS**：Balance Sheet）について見てみましょう（図表ロ）。BSとは、ある時点において、会社が事業運営に必要なお金をどのように調達しており、そのお金がどのような形態（資産）で保有されているのかを表した計算書です。

BSの実物を見てみると、左右に大きく2つのボックスがあることがわかります。この2つのボックスのうち、右側にあたる**「貸方」**は**「会社がどのようにして事業に必要なお金を調達しているのか」**を表したものです。この右側のボックスは上下でさらに2つのボックスに分割されています。上のボックスのことを**「負債の部」**、下のボックスのことを**「純資産の部」**と呼びます。「負債の部」と「純資産の部」には、事業や資金調達を通じて会社が集めてきた金額が計上されていますが、お金の調達方法の違いによって、それぞれのボックスに分類されています。

図表ロ　貸借対照表の構成

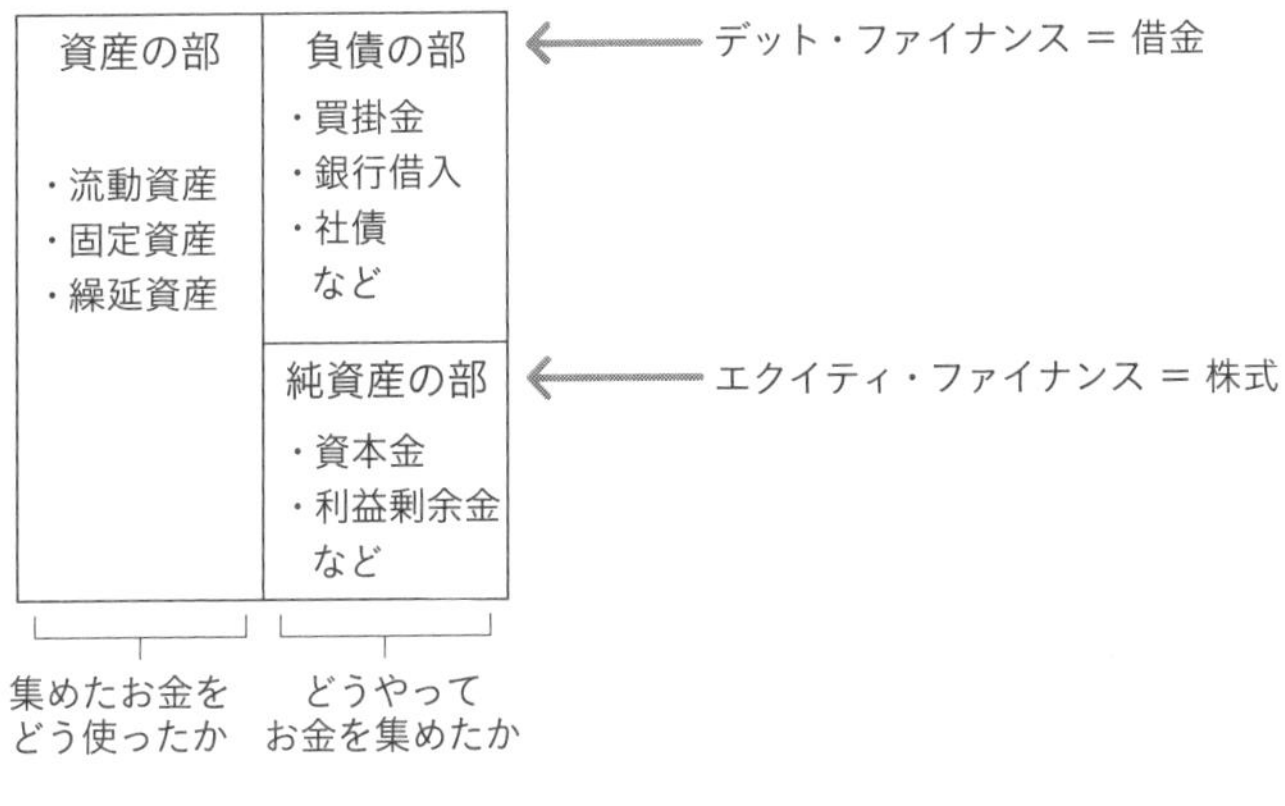

業員や本社スタッフの賃金といった経費がそれにあたります。お店を借りるのに支払っている家賃や、水道光熱費も、販管費に含まれます。この点で営業利益とは、会社の通常の事業活動を通じて得たお金ということができるでしょう。

この営業利益に、営業外収益を足して営業外費用を差し引いたものが経常利益です。「営業外」という呼び名からもわかるように、営業外収益と営業外費用は、会社の本来の事業活動以外から得たり支払ったりしたお金のことです。たとえば銀行預金から受け取る利息は営業外収益であり、逆に融資を受けるにあたって支払う利息は営業外費用にあたります。

この経常利益にさらに特別利益を加え、特別損失を差し引いた額が税引前当期純利益です。こちらもまた、「特別」という言葉からもわかるように、通常の事業年度には起こらない突発的な収益や損失のことです。たとえば、直営店舗を売却して得た収益は、一時的にしか発生しない収益ですから、特別利益に該当します。店舗で火事が起こるなどして生じた損失もまた、通常では起こり得ない損失ですから、特別損失に計上されます。

最後に、この税引前当期純利益から税金を支払った残りの額が当期純利益です。ここに残った利益は株主に配当されるか、社内に利益剰余金として留められ、さらなる営業活動に活用されます。

ここで着目すべきは、**投資家が得るお金は、売上からさまざまなコストが差し引かれた後に支払われる**ということです。会社にはさまざまなステークホルダーが存在します。従業員であれば、その賃金は売上原価や販管費の中に含まれており、PL上は比較的早い段階に優先して労働の対価を得ることができます。原料などを提供する取引先への支払いは売上原価に、会社に対してお金を貸している債権者に対する利息の支払いは営業外費用に含まれます。

一方で、こうしたコストが支払われたうえで、最後に残った当期純利益が株主の持ち分となるのです。費用が費やされた結果、最終的には赤字になる場合もあることを考えると、会社を取り巻くステークホルダーの中で、株主は相対的に高い経済的リスクを負っているといえます。通常、投資した金額に対して株主は債権者よりも多くのリターンを求めますが、それはこうした分配の構造によるものです。会社から見れば営業外費用にあたる利息を受け取る債権者よりも、当期純利益（より正確には、BSで説明する利益剰余金）から配当を受け取る株主は、お金のリターンを得る順位が低くなります。もしも返ってくるお金の額が債権者と変わらないのに、返済順位は劣後してしまうという状

図表イ　損益計算書の構成

売上高	
－売上原価	→ 取引先への支払い
売上総利益（粗利）	
－販売費および一般管理費（販管費）	→ 従業員への給与支払い
営業利益	
±営業外損益	→ 債権者への返済
経常利益	
±特別損益	
税引前当期純利益	
－税金	
当期利益（純利益）	→ 株主への配当はこの後

【レストランチェーンの場合】

売上高	
－売上原価	→ 食材
売上総利益（粗利）	
－販売費および一般管理費（販管費）	→ 従業員への給与支払い、家賃、水道光熱費など
営業利益	
±営業外損益	→ 利息の受取、支払
経常利益	
±特別損益	→ 店舗で起きた火事の修繕費用
税引前当期純利益	
－税金	
当期利益（純利益）	

りません。また報告が義務づけられているものでもないため、取りまとめ方のルールなどもありません。各事業の状況を正しく把握できるよう、各社が創意工夫を重ねて独自の管理会計制度を整えています。

たとえば電子機器や情報機器、通信機器などを扱う京セラでは、「アメーバ経営」と呼ばれる管理会計の仕組みが取り入れられています。「アメーバ経営」では、組織を「アメーバ」と呼ぶ小集団に細分化し、アメーバごとに売上やコストといった月次のPLを作成します。各アメーバが独自の計画を立て、少しでも月次PLの利益を最大化しようとすることによって、全体の売上を最大化し、コストを最小化しようとする考え方です。アメーバのメンバー全員が知恵を絞って計画の達成を目指すことによって、社員全員が主体的に経営に参加する「全員参加経営」の実現を狙いとしています。

損益計算書（PL）

財務会計、税務会計、管理会計の意味と違いを確認したところで、ここからは財務三表の役割、仕組みについて、見ていきましょう。

財務三表の中でも会計初心者にとって特に馴染みやすいのが**損益計算書**（**PL**：Profit and Loss statement）です（303ページの図表イの上）。PLとは、四半期や1年といった一定期間の間に、事業を通して会社がどれだけの売上を上げたのか、どれだけのコストを費やしたのか、またその結果としてどれだけの利益を稼ぎ出したのかを表す計算書です。

「利益」と述べましたが、日本の会計基準に則ってとりまとめるPLでは、利益を大きく5つに分けて表します（国際会計基準やアメリカの会計基準では、分け方が異なります）。**売上総利益（粗利）、営業利益、経常利益、税引前当期純利益、当期純利益**の5つです。ひと括りに「利益」といっても、記事を読む場合や人と話す際、これら5つの利益のうち、どれを指しているのかを正確に把握する必要があります。

PLの構造を見てみると、一番上に売上高が記載されています。ここから売上原価を差し引いたものが売上総利益（粗利）です。レストランチェーンを例に取ると（図表イの下）、お店に来たお客さんが支払った代金の総額が売上高にあたりますが、そこから仕入れた食材などの原価を差し引いた金額が、売上総利益（粗利）にあたります。

ここからさらに販売費および一般管理費（販管費）を差し引いたのが営業利益です。販管費というのはレストランチェーンであれば、たとえば店舗の従況を少しでもよく見せたいというインセンティブが働きます。しかし、その結果として、開示される情報が実態とかけ離れた姿になってしまっては、財務三表を作成する意味がありません。

そこで、会計にあたっては「会計基準」と呼ばれる定められたルールに則って会社の財務状況を表すことが求められます。こうした共通のルールに基づいて財務三表が作られることによって、会社の状況をほかの会社と比較したり、同じ会社の過去の業績と比較したりすることが可能になるのです。

また決算にあたり、**大企業であれば、監査法人や公認会計士が会社の取りまとめる財務三表が適正であるかどうかを監査**します。第三者である監査法人や公認会計士がチェックすることによって、投資家や債権者が正確な情報が得られるような仕組みづくりがなされているのです。

税務会計

税務会計は、税務署などの税務当局が、会社が前年度に稼ぎ出した利益を把握し、適切に税金を徴収することを目的としています。会社は、ビジネスを行って得た利益(正確には「課税所得」)から税金を支払う必要があります。世の中の会社から公平に税金を徴収するために、会社が稼ぎ出したお金を正確に把握するための会計制度が整えられているのです。**税務会計と財務会計では、損金(費用)算入の項目や時期に違い**があります。そのため、両者の数値にはしばしば差異が発生します。

財務会計とは逆に、税金を計算するための対象となる課税所得をできるだけ少なく見せて、支払う税金の額を抑えたいというインセンティブが会社側には働きます。**適法な範囲内で支払う税金を抑えることを「節税」と呼びますが、税法を逸脱して不当に納税額を低くしようとする行為は「脱税」**にあたります。公平な徴税を実現するために、税務会計にもまた財務会計と同様に一定のルールがあり、税務調査を通して正しい課税所得の把握が図られます。

管理会計

投資家や債権者、税務当局といった社外の人への情報開示を目的とする財務会計や税務会計に対し、少々毛色が異なるのが管理会計です。管理会計とは、会社の経営者が自社の状況を正確に把握し、今後の経営方針に活用するための仕組みです。財務会計、税務会計との大きな違いとしては、この2つは法律上、決算を通じた取りまとめが求められるのに対し、**管理会計はあくまで経営状況を把握するために自主的に行う取り組み**であって、義務ではあ

3つの会計

	対象	目的	制度区分
財務会計	株主や債権者などのステークホルダー	会社の経営・資産状況の把握	公式
税務会計	税務当局	課税所得の把握	公式
管理会計	経営者、事業責任者などの社内関係者	経営の意思決定	非公式

(BS)、キャッシュフロー計算書の財務三表を、毎年度の決算で取りまとめるよう義務づけられています。詳しくは後述しますが、このうち、PLとキャッシュフロー計算書は①事業の成果を表すものであり、BSは、会社が事業を運営するための資金をどのようにして調達したのかも含めて、②保有する経営資源の現状を把握するためのものです。

会計では基本的にこの3つの表をベースにして、会社の状況を把握しますが、これらの財務三表は、誰を対象にして作成されたものかによって、大きく3つに分類されます。投資家や債権者向けの**財務会計**、税務署向けの**税務会計**、企業内向けの**管理会計**の3つです。一言で「会計」といっても、このうちのどれについて語っているかによって、意味がまったく異なる点に注意が必要です。以下、財務三表の分類について、もう少し詳しく見てみましょう。

財務会計

財務会計は、主に株主や債権者といったステークホルダーが、会社の経営状況を客観的に把握することを目的としています。投資家が会社への投資を検討する、あるいは銀行などの金融機関が会社にお金を貸すかどうかを決めるためには、会社の経営状態がどうなっているのかを正確に把握する必要があります。**財務会計は、そうした社外の人たちに向けて、会社が置かれた状況を正確な情報として提供するための仕組み**です。

社外に対して情報を開示する会社の経営者としては当然、自社の経営状

I. 会計の基礎

会社の価値を最大化するために、長期的な目線に立って事業や財務に関する戦略を総合的に組み立てる考え方のことを、本書では「ファイナンス思考」と呼んでいます。ファイナンス思考でものごとを考えるにあたり、「ものさし」となるのが、会計とファイナンスの知識です。会計とファイナンスはそれぞれ、お金の観点から、過去に会社が行ってきた事業の成果を評価し、現時点で会社が保有している資産の価値を把握し、またこれから会社が稼ぎ出すと期待できるお金の額から会社の価値を算出するうえで必要不可欠なツールです。

会計とファイナンスを理解しないままでビジネスの世界に飛び込むということは、いわばものさしがない状態で日曜大工をするのに似た状態であるといえるでしょう。材木の正確な長さがわからないことには、設計した通りの家具が作れないのと同様に、会計やファイナンスがわからないことには、一体会社がどのような状態にあるのか、また自分が下した決断が会社の価値を向上するうえで意味があることなのかどうか、わかるはずがありません。**ファイナンス思考によって正しい意思決定を行うためには、会計とファイナンスに対する初歩的な理解が不可欠**です。

「はじめに」でも述べた通り、本書は「ファイナンス知識」ではなく「ファイナンス思考」についてお伝えすることを主眼としています。ですが、「ファイナンス思考」を理解するうえでも、会計とファイナンスに関する最低限の知識については、触れておかなければなりません。本書を読み進めていくにあたり、会計やファイナンスについての基礎的な知識を身につけたい方は、こちらからお読みください。

さて、本書の第1章で、会社は①**事業の成果**、②**保有する経営資源**、③**会社の価値**という3つの側面をお金によって測られると述べています。ここで、会計とファイナンスが、この3つの側面とどのように関係しているのかを見てみましょう。

会計の3分類

会計は主に、①**事業の成果**、②**保有する経営資源**という2点を評価するための“ものさし”です。そのための計算書である損益計算書(PL)、貸借対照表

特別付録

これだけは押さえておきたい！

会計とファイナンスの基礎とポイント

［著者］
朝倉祐介（あさくら・ゆうすけ）
アニマルスピリッツ合同会社代表パートナー

兵庫県西宮市出身。競馬騎手養成学校、競馬馬の育成業務を経て東京大学法学部を卒業後、マッキンゼー・アンド・カンパニーに勤務。東京大学在学中に設立したネイキッドテクノロジーに復帰、代表に就任。ミクシィへの売却に伴い同社に入社後、代表取締役社長兼CEOに就任。業績の回復を機に退任後、スタンフォード大学客員研究員、政策研究大学院大学客員研究員を経てシニフィアンを創業、共同代表に（現任）。同社ではグロースキャピタル「THE FUND」を通じてレイターステージのスタートアップに対する投資活動に従事。2022年にアニマルスピリッツを創業し、「未来世代のための社会変革」をテーマに、シード・アーリーステージへの投資を行う。ラクスル、セプテーニ・ホールディングスなど、上場／未上場企業の独立社外取締役を歴任。Tokyo Founders Fundパートナー、スタートアップエコシステム協会理事。

ファイナンス思考
――日本企業を蝕む病と、再生の戦略論

2018年7月11日　第1刷発行
2024年11月8日　第9刷発行

著　者――朝倉祐介
発行所――ダイヤモンド社
〒150-8409　東京都渋谷区神宮前6-12-17
https://www.diamond.co.jp/
電話／03･5778･7233（編集）　03･5778･7240（販売）

協力――――村上誠典、小林賢治
ブックデザイン――水戸部 功
図表制作――うちきば がんた（G体）
校正――――加藤義廣（小柳商店）
DTP ―――桜井 淳
製作進行――ダイヤモンド・グラフィック社
印刷――――八光印刷（本文）・加藤文明社（カバー）
製本――――本間製本
編集担当――柴田むつみ

ISBN 978-4-478-10374-6